아이 영어, 초영비가 답이다

START

엄마표로
'평생 영어'가
든든해지는
초등 영어 로드맵

아이영어,

초영비가

답이다

줄리쌤(이경희)
지음

FINISH

Q&A와
부록 수록

이담북스

yes
you
can

제대로 시작해서
제대로 완성되는 초영비 학습법

—

영어가 너무 좋아서 영어를 너무 잘하고 싶어서 혼자 8살 6살 어린아이 둘과 이민 가방 6개를 들고 무작정 미국으로 날아갔던 나의 무모함이 돌이켜보면 영어 선생님 '쥴리'의 첫 발걸음이었는지도 모르겠다. 특히 미국 교육정책의 기반이 되는 조지 W 부시 대통령의 "낙제생은 없다(NCLB: No Child Left Behind)"를 바탕으로 미국초등학교에서 기초, 기본 교육을 얼마나 제대로 잘 가르치고 열심인지를 본 경험이 영어 선생님으로서의 새로운 전환점과 계기를 가지게 해주었다. 그리고 그 첫 발걸음 덕분에 나는 우리 아이들이 모두 성인이 다 된 지금도 현장에서 영어를 가르치는 '영어쌤'으로 살고 있다.

'영어를 잘하게 해서 아이들 스스로 영어 학습이 재미있다고 생각하는 시기', 그 시기는 바로 초등이다! 초등이 영어 공부를 잡기에 가장 적당한 골든타임이라고 생각한다. 이 시기 아이들의 인지능력이나 언어 능력 속도는 하루가 다르게 성장하고 발전한다. 그래서 이 시기에 영역별 단계별로 제대로 완성되지 않으면 가깝게는 중학교 조금 멀게는 고등학교에 가기도 전에 영포자가 될지도 모를 일이다. 결론적으로 영어는 재미있어서 잘하는 게 아니고 잘하면 재미있어지는 것이었다.

맘(mom) 편한 초영비로 영어 마스터하기!

아이가 어릴 때 가장 먼저 만나는 가장 좋은 선생님은 엄마다. 엄마만큼 관리를 잘해주고 아이들을 잘 아는 사람이 또 있을까? 엄마가 아이를 가르치는 것은 그 옛날 신사임당 이전에도 있었지만, 근래에는 코로나로 인해 엄마표 교육의 춘추전국시대가 열린 느낌이 들기도 한다. 유튜브 어디를 보든지 엄마표 영어가 나오는 것을 보면 대세는 대세인거 같기도 하고 실제로 주변에서도 엄마표로 어린 아이들을 지도하는 분들을 만나기도 했었다.

그러나 모두 비슷한 고민을 가지고 있었다. "엄마표로 어릴 때부터 갖은 방법으로 영어 노출을 해주었는데 이제 아이가 크니 아웃풋을 내는 방법이나 학습적인 영어로의 접근을 어떻게 해야 될지 모르겠다." "여기서 멈추면 어릴 때부터 해주었던 노력과 시간이 모두 물거품이 될까봐 걱정된다." 이러한 질문에 자세하게 도움을 드리지 못하는 것이 안타까웠다. 그 안타까운 마음이 이 책을 쓰게 된 배경이기도 하다.

이 책은 영어를 가르치는 책도 아니고 문법을 지도하는 책도 아니다. 최신 경향을 담은 생생한 엄마표 영어 책도 아니다. 필자의 아이들은 이제 다 늙은 아이라(미안하다 얘들아^^) 엄마표로 지도도 끝났고 시간이 오래 흐른 만큼 구시대적 교육법 같아 감히 이게 좋다고 할 것도 없다. 이 책은 그저 진심에서 우러나온 감사에서 시작되었다.

30년 동안 사교육을 통해 평생 돈을 벌게 해주신 분들에 대한 고마운 마음. 그 고마운 마음을 어떻게든 보답하는 게 내가 할 수 있는 최소한의 도리이자 의무라고 생각했다. 그래서 제일 자신 있고 잘 하는 초등 영어 교육의 비법을 풀어놓았다. 엄마표 영어를 위한 이론서가 아닌 활용서 하나쯤은 있었으면 좋지 않을까 하는 마음에 이 책을 쓰게 되었다.

이 책은 초등에 올라온 아이들을 제대로 가르칠 수 있는 방법들을 제시한다. 너무 어린나이의 아이를 대상으로 하는 엄마표 선생님을 위한 책은 아니다. 아이가 모국어 구사를 어느 정도 확립했고 영어로 읽기와 쓰기를 시작하는 아이들을 위해 엄마표 영어를 지속하고 싶으신 분들게 더 적합한 도움이 될 것이다. 엄마표로 시작해서 말문이 탁 터지는 그 시점부터 시작해서 초등학교까지 엄마표로 계속해서 힘들지 않게 쭉 하고 싶으신 학모님들께 정말 맘mom편하라고 초등 영어비법들을 모두 드리기로 작정을 했다.

초등에 영역별로 제대로 가르쳐야 포기하거나 절대 실패하지 않는다.

일반적으로 영어의 4대 영역을 듣고 읽고 쓰고 말하기라고 한다. 그런데 여기에서 간과해서는 안 되는 부분이 어휘와 문법이다. 아이들에게 영어를 30년 가까이 가르치면서 영어구멍이 생기는 이유는 분명히 여기에서 보여진다. 한마디로 짝꿍처럼 듣기와 읽기를 함께 공부하고 쓰기는 말하기와 그리고 어휘는 문법과 함께 시키는 것이 제대로 균형을 잡을 수 있게 하는 기본이다.

ELT(English Language Teaching) 교재로 아이들에게 영어를 가르칠 때 내가 가장 신경 쓰는 부분이기도 하다. 리딩 교재 한권으로 듣고 읽고 쓰고 말하고 어휘와 문법까지 탄탄하게 학습시키다보면 학습편식도 학습구멍도 잘 보이지 않게 된다. 선생님으로서 쉽지 않은 시간과 노력이 있었지만 매일 조금씩 균형 있게 포기하지 않고 실력을 쌓아가는 아이들을 보면 그 시간과 노력이 아깝지 않았다. 어느 하나 편중되지 않고 골고루 성장하는 영어영역, 진정한 영어 실력은 거기에서 시작된다.

누구나 쉽게 가르치며 놀면서 배우는 알파벳부터 중학교 필수문법까지

아이들의 영어 학습 연령은 점점 낮아지고 있다. 또한 언어로서의 영어를 접하는 시기와 학습으로서의 영어를 접하는 시기도 점점 빨라지고 있다. 이것이 가능한 이유는 온라인이나 쉽게 접할 수 있는 노출매체가 넘쳐나는 시대에 살고 있어서이다. 당연히 영어 학습이 완성되는 연령도 어려지고 있다.

30년 가까이 학생들에게 영어를 가르쳐 왔지만 요즘처럼 중학생 고등학생을 가르치는 게 점점 쉽지 않다고 느끼는 건 비단 나만의 생각은 아닐 것이다. 그러면서 하나의 돌파구처럼 찾아낸 것이 초등 중심의 영어 학습 완성이었다. 정해진 시간 내에 가르쳐야 하는 학원의 커리큘럼들을 소화해나가기 위해서는 가정과의 연계학습이 아주 중요한데 중고등보다 초등 아이가 훨씬 수월하게 잘 따라온다. 엄마 말을 제일 잘 들어주는 초등 시기야말로 엄마표 선생님이 아이들에게 영어의 습관과 영어 실력을 만들어 줄 수 있는 최적의 타이밍이다.

그럼 이 시기에 어떻게 가르쳐야 할까? 말을 잘 듣는 것과 학습을 잘 시키는 것은 또 차이가 있다. 그래서 영어를 공부 같은 공부 아닌 공부로 가르칠 수 있는 방법들과 알파벳부터 중등 과정의 영어문법까지 교재 없이도 가르쳐줄 수 있는 특별한 알파벳, 파닉스, 사이트 워드, 리딩, 말하기, 문법 등 아이들 스스로 놀면서 익히는 방법들을 모두 모았다. 이 책을 읽으시면서 모두 가져갈 수 있을 것이다.

감사의 마음을 담아
쥴리쌤 이경희 드림

1부

warm up!

왜 엄마표 영어일까?

엄마표 영어의
답을 찾아서

1. 미국학교에서 만난 자기주도학습법

미국에 잠깐씩 여행으로 다니다가 아이들과 미국에서 감사하게 공부할 수 있는 시간이 있었다. 첫 번째는 2005년으로 초등학생이던 아이 둘을 데리고 작은 시골마을 데이턴(Dayton)에서 1년을 보냈다. 어학연수가 목적이었지만 아이가 유학비자가 없는 관계로 사립초등학교를 알아보던 중 미션스쿨인 'Huber Heights Christian Academy'를 다니게 되었다.

미국식 선진교육 시스템을 동경했던 나는 처음 그 학교 시스템을 접하고는 적지 않은 실망을 가질 수밖에 없었다. 미국식 수업이라고 하면 프로젝트 수업을 시작으로 토론이 주가 되리라 생각했었는데, 그곳은 한 클래스에 보통 10명 내외의 학년과 레벨이 다른 아이들이 있었고 한 명씩 아이가 모르는 것이 생기면 교사에게 찾아가서 묻고 설명 듣고 또 다시 자리로 돌아와 과제를 해결하는 형태의 수업이었다. 한국의 일대일 자기주도학습 형태의 프랜차이즈 공부방들과 너무 흡사했다. 과연 여기서 내가 원하는 아이들 교육을 제대로 시킬 수 있을지 의구심이 들 정도였다.

그러나 아이들의 적응과정과 학교 행사에 참여하게 되면서 '아~ 이래서 개별학습의 장점이 좋은 거구나.' 하고 생각하게 되었다. 작은 아이가 학교에서 처음으로 한 쿼터(4학기제에서의 한 학기)가 끝났을 때 성적표를 가져왔다. 영어와 수학에서 A+를 받은 아이는 세상을 다 가진 듯 본인은 아무래도 미국이 체질이라는 둥 자랑을 했다. 그러나 한국에서도 영어 선생님이었던 나는 우리 아이가 그 정도의 실력이 되지 않는다는 것을 너무도 잘 알고 있었다. 아니나 다를까, 홈룸 티처(homeroom teacher, 담임 선생님)께 여쭤보니 과목별 레벨이 있는데 우리 아이는 영어 C레벨에서 A+를 받은 것이었다. C레벨에서 A+를 받으면 어떤가. 아이의 영어자존감은 하늘을 찌르고 영어가 점점 좋아지고 미국 생활에 적응 못할까봐 노심초사한 내 걱정을 한 방에 날려주었으니 이 얼마나 고마운 학교인가! 게다가 수학은 정말 수학천재인가 싶다고 말씀해주셔서 살짝 어깨가 으쓱했던 기억이 있다.

미국 생활에 적응하는 동안 작은 아이에게는 웃지 못 할 에피소드가 많았다. 하루는 A4 빈 종이에 한국에서 외워갔던 구구단을 영어가 안 되니 쭉 적어서 선생님께 드린 모양이었다. 선생님은 상담 중 정말 수학천재가 맞는 것 같다고 칭찬했다. 초2에 구구단을 외우는 일이 한국에서는 흔한 일인데 미국에서는 천재소리를 들으며 미국선생님들의 전매특허와 같은 과한 칭찬을 들을 수 있던 것이다. 그러니 우리 아이들이 미국을 참 좋아할 만도 했지 싶긴 하다.

이런 경험이 쌓여, 한국에 돌아간다면 이 학교와 비슷한 영어교실을 만들고 싶다는 생각을 하게 되었다. 일 년 후 한국에 돌아온 나는 기적처럼 공부방계의 새로운 신화를 쓰며 '공부방 130명'이라는 기록을 세울 수 있었다. 그건 아마도 한 명의 낙오자 없이 아이들을 끌어 올리고자 노력했던 미국 선생님들을 보면서 아이들마다 성장속도와 능력이 다름을 인정하는 것이 모든 교육의 시작점이라는 것을 알았기 때문이었던 것 같다.

아이가 진정한 자기주도학습 능력을 가지도록 만드는 과정들은 시간이 걸리고 결코 쉽지 않았다. 잘못된 길처럼 보이기도 했다. 그러나 아이들 스스로 학습의 주도권을 가지면서 만들어낸 놀라운 결과들은 내 선택이 틀리지 않았음을 알게 해 주었다. 각자의 속도와 능력을 인정하고 격려해주자 아이들은 놀랍게도 영어 학습에 대한 만족감을 가지면서 과정과 결과 그리고 나아가서 혼자서도 공부하려고 하는 진정한 자기주도학습자의 길을 찾아가는 모습을 보여주었다. 공부하는 내용이 자신의 수준과 능력에 맞았을 때 한번 해보고 싶다는 동기가 생기고, 그때 비로소 스스로 하려는 자기주도성이 생기는 것이다.

처음부터 잘 하는 아이들은 세상에 한 명도 없다. 그러나 모든 아이들은 잘하고 싶어 한다. 혼자해서 잘 못하는 것보다는 엄마나 교사의 적절한 간섭과 코칭 그리고 훈련과 연습으로 계기를 만들어 주어야 한다고 생각한다. 짧지 않은 긴 시간 동안 아이들은 영어에 노출될 것이고 그건 아이들에게 상상할 수 없는 피로감과 압박감을 줄지도 모른다. 이러한 영어강박에서 벗어나게 해줄 유일한 대안은 공부하라는 말 대신 공부 하는 방법을 제시하는 것이다. 그래야 아이가 영어라는 깊은 바다에서 진정한 자기주도학습의 길을 묻고 찾을 수 있으리라 생각한다.

2. 미국 초등교육의 힘은 바로 이것

미국에서 초등학교 저학년은 모든 과목에서 실생활과 연관 지어 학습한다. 수업 학습량은 한국에 비해 굉장히 적고 쉬워 보였는데, 암기 교육이 아니라 꾸준히 반복된 연습을 거쳐 단 하나라도 완성하게 기초를 다지고 넘어가기 때문이었다. 미국에서 초등 저학년은 고학년에 늘어나는 학습량과 프로젝트 분량을 해내기 위한 준비단계이다. 그 준비단계에서 교사들은 정말 엄청난 수업 준비와 보충자료들을 만들어 내고 있었다. 아이가 집에 가지고 오는 모닝 워크시트(morning worksheet)* 만 봐도 교사의 준비가 만만치 않겠구나 생각되었다.

미국 학교의 수업을 지켜 볼 기회가 있을 때 보면 미국선생님들은 쉬는 시간도 없이 수업을 하고 있었던 거 같다. 공립학교든 사립학교든 마찬가지였다. 정해진 틀에서 단순한 티칭을 하는 것이 아니라 아이가 공부할 내용 그리고 어떻게 할 것인가에 대한 고민들 그리고 정답을 알려 주기 전에 서로의 생각을 물어보고 왜 그런지 비교하고 해결한 문제가 올바른 방향이었는지를 확인했다.

한국식 수업에 익숙했던 나는 아이들 힘들게 왜 저렇게까지 할까라는 의구심이 들기도 했다. 수업이 늘어지거나 지루해지지 않을지 걱정도 되었다. 빨리빨리 학습에 익숙해진 내 모습이 그대로 드러나는 순간이었다. 그러면

---

* 미국학교에서는 수업시작 전 소소하게 영어, 수학, 미술 같은 과목의 워크시트를 가볍게 풀게 한다.

서도 아직 영어가 익숙하지 않은 우리 아이가 수업을 못 따라갈까 봐 걱정했다.

그런데 그건 기우에 지나지 않았다. 학습 능력이 떨어지는 아이들을 위한 보조교사 시스템(sub teacher), 아이들의 공부를 도와주는 자원봉사(volunteer) 학부모, 고학년 학생이 저학년 교실로 찾아와서 책을 읽어주기 등 한 교실 안에서도 아이들의 수준을 고려하고 있었다. 미국 선생님들은 교실 안에서 아이들을 가르치고 지켜보고 평가하면서 다양하고 적절한 교육의 기회를 제공했다.

아이들 각자의 수준에 맞는 공부를 할 수 있도록 잘하는 아이들은 더 잘할 수 있게 못 따라 오는 아이들은 포기하지 않도록 도움을 주는 것이 어쩌면 진정한 조력자의 역할은 아닐까. 교사들은 아이들에게 언제든지 도움을 줄 준비를 한 채 아이가 스스로 편안하게 도움을 요청할 수 있는 분위기를 만들어 주고, 아이들마다에게 실패를 두려워하지 않도록 편안하고 동일한 기회를 부여하면서 실패와 성공이라는 경험을 시키고 있었다. 실제로 내가 한국에 돌아와서 130명 규모의 공부방으로 성공할 수 있었던 이유도 미국 선생님들의 모습이 나에게 큰 지침이 되었던 덕분이었다.

한국에서도 직업이 아이들을 가르치는 영어 선생님이었기에 우리 아이들도 자연스럽게 영어에 어릴 때부터 노출되었다. 그래서 미국에 와서도 처음부터 잘 적응하고 교과도 잘 따라가리라 생각했었다. 그러나 그것은 나만의 착각이었다. 단순히 읽고 쓰는 것만으로 미국학교에서 살아남기란 꿈같은 얘기구나를 현실에 부딪히고 나서야 알게 되었다는 소리다. 아이가 자연스럽게 학교 수업에 적응하기만을 기다릴 순 없었다. 아이들을 위해서 미국까지 데려온 엄마로써 무책임한 행동이라고 생각했다.

제일 먼저 아이들 담당 학교 ESL(English as a second language)선생님께 상담 신청을 하고 찾아갔고, 미국생활 중 가장 힘이 되어 준 멘토(유정은 님)도 찾아가서 조언을 구했다. 신기하게도 두 분의 대답은 똑같았다. "아이들을 데리고 도서관에 가보세요!" 학원에서 아이들에게 원서 수업을 했고 우리 아이들에게도 원서를 읽어주고 사주었으면서 왜 그 생각을 하지 못했을까.

내가 살던 후버 하이츠(Huber Heights)는 정말 작은 시골이었다. 지금도 처음 그 도서관을 방문했을 때의 감동이 잊혀지지 않는다. 작은 시골마을에 어쩌면 이렇게 다양하고 훌륭한 도서가 많이 있을 수 있는지! 그날부터 아이가 학교에 가있는 동안에는 내가 도서관에 푹 빠져서 살았다. 게다가 미국 도서관 프로그램은 정말 다양해서 아이가 영어뿐 아니라 정서적으로 학습적으로 많은 체험을 할 수 있었다.

후버하이츠 도서관

도서관 프로그램

책을 읽어주는 'story time', 미술활동 'art craft', 영화 보는 'movie day', 요리하는 'cooking class', 아이들과 함께하는 'game day', 컴퓨터 배우기 등 매주 보물찾기하듯 도서관을 투어하며 우리 아이들은 영어뿐 아니라 한국에서 경험해보지 못했던 다양한 체험들을 할 수 있었다. 어느 날은 커다란 강아지 한 마리가 도서관에 누워있고 주변에 아이가 돌아가면서 그 강아지에게 책을 읽어주는 시간들도 있었다. 어느 순간 우리 아이들 입에서는 "엄마 전 도서관이 제일 좋아요!" " 책 읽는 거 너무 재미있어요!"가 나오고 있었다. 정말 신기하고 마법 같았다.

3개월 가까이 되는 긴 여름방학에도 믿는 구석이 있었는데 그 곳이 바로 도서관이었다. 미국에 갔던 첫해 우리는 매일 자기 가방에 다섯 권 이상의 책을 빌려왔고 여름 방학 때는 도서관에서 진행했던 책 읽기 'Summer Reading Log Race'에서 1등을 받기까지 했다. 그렇게 도서관에서 적응이 될 때쯤 학교에서도 아이들은 완전 적응했고 수업 시간에도 자신 있게 자신의 생각을 창의적이고 논리적으로 잘 표현하는 글쓰기를 쓰기 시작했다.

아이들도 도서관을 미국에 있었을 때 좋은 기억으로 꼽는 걸 보면 도서관을 시작으로 우리 모두는 함께 자라났다. 도서관은 우리에게 읽기의 즐거움을 통해 학습의 기쁨까지 알게 해주었던 그 어떤 은인보다 고마운 곳이었다.

도서관에서나 학교에서 특히 3월엔 "March is Reading Month!"라고 해서, 닥터 수스(Dr. Seuss) 생일을 기념하는 'readers pledge(독서 서약)'를 함께하는 것을 볼 수 있었다. 미국 도서관에서 아이가 읽고 외우는 'The Reader's Oath'를 처음 듣고는 얼마나 인상적이었던지! 학생이 평생 독자가 되도록 영감을 주기 위한 맹세라는 생각이 들었고, 미국교육의 힘이 어디서 시작되었는지 알게 되었다.

날마다 책을 읽어 나의 길을 세운다…. 오랜 시간이 지난 지금도 아직 생생한 울림으로 남은 구절이다. 나 역시 책을 놓지 않고 사랑하며 읽게 해준 소중한 한 편으로 이 시를 소개해 본다.

The Reader's Oath

I promise to read
Each day and each night.
I know it's the key
To growing up right.

I'll read to myself
I'll read to a crowd.
It makes no difference
If silent or loud

I'll read at my desk
At home and at school
On my bean bag or bed
By the fire or pool.

Each book that I read
Puts smarts in my head
'Cause brains grow more thoughts
The more they are fed.

So I take this oath

To make reading my way

Of feeding my brain

What it needs every day.

미국 초등 아이들은
어떤 책을 읽을까?

　　미국 교사와 도서관 선생님 홈스쿨링하는 부모님들 그리고 교육자들이 추천하는 책 목록을 소개한다. 엄마가 아이에게 읽어줄 때나 독립 리딩이 가능한 아이가 혼자서 읽고자 할 때 큰 틀에서 가이드라인이 될 것이다. 중요한 것은, 학년별 추천도서이긴 하지만 무조건 읽혀야 하는 것은 아니라는 점이다. 우리 아이에게 가장 좋은 책은 아이 수준에 맞고 아이가 좋아하는 책이라는 것을 염두하고 선별하는 것이 좋다.

　　'K-12 School Reading List'에는 K-12학년까지의 원서 권장 도서 목록이 잘 정리되어 있다. 무엇보다 아이가 좋아할 만한 흥미롭고 재미있는 책이라서 아이가 선호하는 교재를 사는 데도 도움이 된다.

Grade 1학년(초등학생)

　　미국 초등 1학년은 본격적으로 읽기 연습을 시작하는 시기로 그림책과 리더스북 그리고 가벼운 챕터 북을 읽히기도 한다.

　　1학년 읽기 추천 목록에는 Jon Scieszka, Mal Peet, Mo Willems,

Dr. Seuss, Eleanor Estes 작가의 책이 있다.

Grade 2학년(초등학생)

초등 2학년이라고 하지만 여전히 리딩을 많이 연습해야 하는 시기로 그림책이나 리더스북 그리고 챕터 북까지 읽는다. 이 시기에서는 아이들의 책에 대한 선호도가 확실해 지고 실력 차이가 많이 나기도 한다.

2학년 추천 목록에는 Andrea Beaty, Jill Murphy, Jeff Brown, and Jon Scieszka 작가의 책이 있다.

Grade 3학년(초등학생)

챕터 북과 짧을 소설을 읽는다. 단어나 분량도 많이 늘어나고 챕터 북은 시리즈로 많이 나온다. 뉴베리 수상작 중에서 얇은 책이나 로알드 달이나 주디 블룸 같은 인기 작가의 단행본도 많이 읽는 시기이다.

3학년 추천 목록에는 Dick King-Smith, Roald Dahl, Judy Blume, Joyce Sidman, Beverly Cleary, Lenore Look Cornelia

Funke and more 작가의 책이 있다.

Grade 4학년(초등학생)

리딩이 어느 정도 익숙해 진 시기라서 좋아하는 시리즈물이나 뉴베리 수상작들을 읽는다. 신화나 역사서 같은 경우도 많이 읽는다.

4학년 추천 목록에는 J. K. Rowling, Laura Ingalls-Wilder, Tania Del Rio, Thanhha Lai, Arnold Lobel and Rick Riordan 작가의 책이 있다.

Grade 5학년(초등학생)

미국 초등 5학년은 초등학교의 마지막 학년으로 본인의 취향에 맞는 책들을 읽고 주로 논픽션이나 판타지소설 그리고 뉴베리 수상작들을 많이 읽는다.

5학년 추천 목록에는 Kate Messner, James Patterson, Madeleine L'Engle and E. B. White 작가의 책이 있다.

Reading lists for Elementary School children

Kindergarten books   Grade 1 books   Grade 2 books   Grade 3 books

Grade 4 books   Grade 5 books   Grade 6 books

6th grade reading books for children aged 11-12

Last updated on February 16, 2023 by Tom Tolkien

The list of books for grade 6 children includes more challenging reads for 10 and 11-year-olds as well as gripping series and easier texts for reluctant readers. Authors include Sharon Creech, Anna Sewell, Lous Sachar, and Jason Reynolds.

2nd grade reading books for children aged 7-8

Last updated on February 16, 2023 by Tom Tolkien

A list of recommended best books for grade 2 children aged 7 and 8 in elementary school. These reading suggestions have been compiled by professional teachers and librarians to appeal to all abilities in the second grade including reluctant readers.

K–12 School Reading List 사이트

https://k–12readinglist.com

3. 미국식 커리큘럼에 맞춰 배우는 학년별 초등 영어

미국에서의 경험은 한국으로 돌아와서 공부방을 운영할 때 큰 방향성을 제시해주었다. 미국식 커리큘럼을 한국에서도 몰입식 영어 수업이라는 모델로 적용했다. 미국에서 차고 세일(garage sale)이나 야드 세일(Yard sale)을 다니며 모았던 원서를 한국으로 가져왔고, 그 작은 공부방에서 도서관처럼 운영했다. 미국 선생님들께 추천받았거나 도서 문학상(Award winners)을 받은 책 위주로 가지고 왔기 때문에 한국에서 쉽게 볼 수 없었던 책들도 많았다.

나아가 당시 한국에서는 많이 없었던 아웃풋 수업을 원서반과 토론반(debate)반으로 개별 운영했다. 토론반은(debate) 미국아이가 초등학교 때부터 배우는 토론의 기술을 가르쳤는데 한국 아이들은 토론에서 유달리 다른 사람의 의견을 듣기를 힘들어했다. 먼저 다른 사람의 의견을 존중하면서 자신의 생각을 말해야 한다는 것과 그렇게 전달할 때 자신의 생각을 정확히 명확하게 전달하는 것이 얼마나 중요한지에 초점을 두었다. 미국 선생님들도 토론의 기술을 가르칠 때 보면 질문들을 이용해 아이들이 자신의 생각을 말하게 하곤 했다.

"그렇게 생각하는 이유가 뭘까?"
"근데 왜 그렇게 생각했어?"
"왜 그런 결론을 내리게 된 거니?"
"너의 대답을 설명해 줄 수 있니?"

"조금 더 자세히 말해 줄 수 있겠니?"

"어떻게 그런 판단을 하게 된 걸까?"

아이들은 이 질문들 속에서 자기 생각과 표현을 정확하고 논리적으로 말하는 것을 배우며, 토론의 방법들을 익히게 된다. 이런 토론 수업을 할 때 미국에서 가져온 광고지와 신문들 그리고 잡지가 훌륭한 수업 자료들이 되었었다.

원서반은 어느 정도 영어 학습이 된 아이들을 중심으로 레벨을 나눠 반을 꾸렸다. 2○○○년대 초반만 해도 좋은 원서를 구하기 쉽지 않았다. 그럼에도 원서 수업을 진행한 이유는 미국에서 경험해 본바 분명 좋은 독서교육이라고 생각했기 때문이었다. 원서 수업은 원어민의 영어식 사고능력과 표현들 그리고 뉘앙스까지 익힐 수 있다. 다만 충분한 영어 실력이 뒷받침 되지 않는다면 꾸준히 따라갈 수 없다. 특히 고학년일수록 그런 경향이 짙다. 또한 읽기 독립이 되기까지 그림책을 읽어주고 아이들의 인지수준과 언어 수준에 맞는 책을 찾아서 흥미와 정서까지 고려하기에는 아웃풋의 시간이 너무나 오래 걸린다.

원서를 통한 영어 습득은 '학습' 이전에 '독서'이다. 미국에서 독서교육의 목표는 모국어 언어능력과 더불어 문해력의 향상이었다. 결국 원서 리딩이 잘 되려면 한국어의 문해력과 창의력이 길러져야 하고 영어 실력도 뒷받침 되어야 하지 않을까. 독립 리딩이 되고 영어 실력이 쌓인 아이들은 스스로 책을 읽고 정보를 얻으며 스스로 생각하고 질문도 하게 될 것이다.

영역별 목표와 과정	
1단계 (미국유치원 2년 수준)	**한국 초등학교 1학년 수준.** 이 단계의 아이들은 알파벳과 기본 음가와 단어를 익히면서 영어에 대한 기본기와 영어에 흥미를 잃지 않아야 한다. 영어가 쉽고 재미있다는 것들 느끼게 해주며 영어의 기초 토대를 쌓는 시기이다. 읽기: 알파벳과 단어를 익히면서 쉬운 단어들을 익힐 수 있게 한다. 일상생활의 주제별 기본 단어들을 읽고 외우게 하면 좋다. 짧고 간단한 그림책과 스토리 북으로 함께 병행해 주면 훨씬 수월하다. 쓰기: 알파벳 대소문자를 쓰고 단어의 첫음가들의 빈칸과 단어들을 쓸 수 있게 한다. (아직 운필력이 약한 아이에게 한꺼번에 많은 걸 쓰게 하면 힘들어하거나 영어에 대한 흥미를 감소시킬 수 있다.) 듣기, 말하기: 읽기와 쓰기로 학습된 알파벳과 단어들을 듣고 말할 수 있게 한다. 오디오 북이나 영상물로 조금씩 영어 듣기에 익숙하게 해준다.
2단계 (미국 초등 1학년 수준)	**한국 초등학교 2학년 수준.** 이 단계에서 파닉스 과정을 제대로 마치면 읽기와 듣기, 쓰기 실력까지 눈에 띄게 성장한다. 다양한 예시와 패턴 문장을 통해 아이가 스스로 문장을 말하게 하고 이를 교정해 주면, 아이들은 그것들을 내재화시키면서 자동으로 영어를 습득한다. 읽기: 파닉스 훈련에 집중해 철자와 음가를 어떻게 연결 지어 단어를 읽어내는지를 배울 수 있다. 파닉스가 강조된 스토리 북으로 본격적인 읽기를 시작하며 평생 독서의 힘을 길러준다. 쓰기: 단어와 문장을 쓰며 기본 문법 사항을 익힐 수 있게 한다. 듣기, 말하기: 파닉스로 기본적인 음가와 발음의 관계를 배웠기 때문에 발음이 좋아진다. 의미를 모르는 영어 책의 단어들도 읽고 말할 수 있게 된다. 주제별 생활영어를 듣고 말할 수 있도록 지도한다.

한국 초등학교 3학년 수준.

영어 읽기 비중을 높이며 ELT 교재로 문법과 쓰기를 시작해 볼 수 있는 단계이다. 쉬운 챕터 북을 통해 읽기 실력을 확장하면서 짧은 글이라도 영작할 수 있도록 연습을 시켜준다. 단, 한국 교과과정에서는 초등 3학년부터 영어를 시작하므로 이때 영어를 처음 배우는 아이라면 1단계부터 시작해도 좋다.

3단계
(미국 초등
2학년 수준)

읽기: 다양한 주제의 영어 책을 통해 어휘의 확장과 자연스럽게 스토리 안에서 문법도 익힐 수 있게 해준다.

쓰기: 확장된 어휘와 문법의 기본을 가지고 문장과 문단 쓰기에 조금 더 주력한다.

듣기: 어린이 영화나 영어방송 등을 통해 듣기를 훈련시키고 원서나 ELT교재의 받아쓰기 과정의 실시하고 시험을 시작해 본다.

말하기: 생활과 밀접한 상황영어 중심의 교재나 영어 앱(app) 등을 사용하여 말하기 연습을 시킨다. (추천: 더빙 앱을 사용하거나 학습용 툴을 이용하면 도움이 될 것 같다)

4단계
(미국 초등
3학년 수준)

읽기: 원서나 리딩교재의 내용을 이해한다면 핵심내용을 정리하고 요약하는 서머리(Summary)연습을 시킨다. 이 과정을 통해 어휘와 문장의 이해 그리고 읽기이해 (Reading comprehension)까지 가능하게 한다.

쓰기: 쓰기의 기본이 되는 단계별 문법으로 쓰는 교재로 논리적 글쓰기의 기초를 잡아주면서 조금씩 모델 문장의 연습과 단계별 영작의 패턴들을 외우고 북 리포트(book report)도 논리적 글쓰기 훈련을 시킨다.

듣기, 말하기: 리딩과 쓰기의 단계를 함께 녹여내어 독후 활동의 말하기와 주제별 프레젠테이션도 시키면서 발표 능력도 향상시키면 좋다.

유튜브나 영화 등으로 재미적인 요소와 함께 듣기 훈련을 시켜도 좋다.

(듣기 팁) 상황별 듣기를 할 수 있는 중학교나 고등학교 듣기평가 모의고사 테스트를 활용하면 도움이 될 수 있다.

한국 초등학교 4~5학년 수준.

기회가 된다면 이 시기가 단기어학연수나 해외여행 등으로 영어 학습에 대한 동기부여나 영어와 친해질 수 있는 계기를 만들어 주면 좋은 골든타임이라고 생각한다. 그리고 이 시기는 아이가 자기주도적으로 공부하면서 모르는 것과 스스로 익히는 습관들을 들여 할 시기이기도 하다.

영역별 목표와 과정	
	읽기: 사회, 과학, 문학 등 전문 지식이 담긴 몰입식 리딩교재들로 수업한다. 어휘력을 높일 수 있는 다양한 교재와 원서 중심의 수업을 해주면 좋다. (ELT 교재중 상위레벨로 통합형 리딩교재나 토플교재 수업도 가능하다.)
	쓰기: 고급어휘들과 상급문법을 통한 단락쓰기나 논리적 글쓰기 그리고 중학을 대비한 수행평가 대비 글씨기도 준비하면 좋을 것 같다.
	듣기, 말하기: 유튜브를 통한 미국뉴스나 TED영상 등으로 듣기교육에 활용하고 주제별 말하기와 토론식 수업으로 발표연습을 시킨다.
5단계 (미국 초등 4~5학년 수준)	**한국 초등학교 5학년 수준.** 미국초등 5학년이면 우리나라 고2에서 고3정도의 수준이라고 한다. 현실적으로 초6학년에 모든 영역별로 이 단계에 이르는 것은 쉽지 않다. 우리나라에서 현실적으로 가능한 특정지역이 있긴 하지만 보편적이지는 않기에 적어도 우리 아이나 가르치는 학생들의 초등 영어의 목표를 어디에 두고 어느 정도까지 커리큘럼을 잡을 수 있을지 고민해 보고 시작하면 좋을 거 같다. 미국식 커리큘럼의 장점들을 한국식 수업에 잘 녹여낸다면 아이들의 영어 기초체력도 기를 수 있고 중. 고 등에 가서도 더 높이 도약할 수 있는 제대로 된 기초공사를 다지면서 시간절약과 성적향상까지 기대해 볼 수 있다. 그리고 이 시기는 자기주도학습의 전략이 필요한 시기이기도 하다. 아이가 스스로 목표를 정하게 하고 실천하며 다음 학습전략을 세울 수 있도록 도와줄 수 있다.

우리가 영어를 외국어로 배우는 과정의 이해를 돕기 위해 미국식 커리큘럼을 한국 초등학생 기준으로 접목시켜 보았다. 이 커리큘럼이 정답은 아니다. 영어는 속도가 아닌 방향이다. 아이가 해내지 못한다고 실망하거나 공부를 강요하면서 스트레스를 줄 필요는 없다. 목표와 방향은 다를 수 있기에 내 아이와 내 학생들에 맞게 타임라인을 만드는 것이 제일 중요하다.

4. 읽고 쓰기도 전략적으로 배우는 미국 아이들

　미국아이들도 읽기와 쓰기 유창성을 향상하기 위해서 규칙적이고 전략적인 방법으로 훈련받는다. 특히 논픽션(Non-fiction) 읽기는 책 속에서 새로운 지식과 정보를 얻기 위한 목적이 있어서인지 수업 접근 방식도 달랐다. 단순히 책을 읽는 것이 아니라 책을 자세히 탐색해서 내용을 더 깊게 이해하고 접근시키는 효과적인 방법을 사용하고 있었다. 읽기와 쓰기의 효과적인 방법인 THIEVES, SQ3R, KWL CHART를 소개한다. 이 방법들은 수업 단계의 강조에 따라 분류된 읽기와 쓰기를 위해 미국 학교에서 사용하는 전략적 방법이다.

THIEVES – 미국 초등학교의 논픽션 읽기 교육법

　논픽션을 읽을 때 preview(미리보기)로 빠르고 정확하게 정보를 얻어내는 방법을 가르쳐준다. 전체적으로 모든 부분 먼저 훑어보고 아이가 스스로 생각하는 시간을 갖게 하는 '리딩 전 단계'라고 볼 수 있다. THIEVES 전략의 핵심은 모든 읽는 과정에서 어떤 개념을 학습하고 있는지 스스로에게 계속 질문을 던지고 답을 내보는 것이다. 각 알파벳이 상징하는 바가 있다.

　'T'는 제목(Title)이다. 가장 먼저 제목을 보고 이 글이 어떤 내용인지 추측해본다. 제목이 본문에 대해 무엇을 알려주고 있는지, 주제에 대해 이미 알고 있는지, 이 자료를 읽으면서 무엇을 고려해야 하는지를 고민하는 과정을 통해 독서의 방향을 잡아준다.

'H'는 소제목(Headings)이다. 소제목을 훑어보면 전체 글의 흐름을 확인할 수 있다. 여러 소제목을 빠르게 읽으면서 소제목들 사이의 연관성을 생각해 본다. 모든 제목과 부제목에 앞으로 무엇을 읽을지 알려주고 있는지 질문을 던져보면 독해에 도움이 된다.

'I'는 첫 단락(Introduction)이다. 첫 단락은 글의 전체 내용을 소개하는 경우가 많다. 첫 단락을 빠르게 읽으면서 글 전체의 핵심 내용을 유추해본다.

'E'는 첫 문장(Every first sentence)이다. 매 단락의 첫 문장만 읽으면서 소제목과 무슨 관련이 있는지 생각해 본다. 첫 문장은 일반적으로 주제 문장이기 때문에 단락을 이해하는 데 도움이 된다.

'V'는 도표 및 키워드(Visuals / Vocabulary)를 확인하는 것이다. 그림이나 도표, 이미지, 그래프, 차트 등 요소와 문장에서 굵거나 밑줄이 그어져 있는 강조된 키워드 단어, 단락, 수치가 있으면 주목해서 빠르게 확인하면서 핵심 내용을 파악하고 읽어 본다.

'E'는 결론(End of chapter)을 확인한다. 마지막에 나오는 결론에는 가장 중요한 내용이 나올 가능성이 크므로 빠르게 확인한다.

'S'는 요약(Summary), 즉 읽은 내용을 정리하는 것이다. 전체 본문을 빠르게 읽고 난 후에 알게 된 내용을 종합적으로 요약하며 정리해본다.

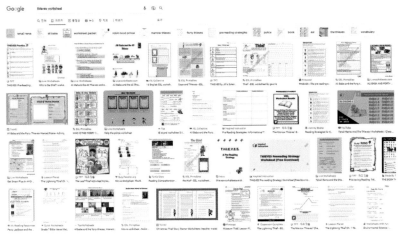

구글 검색으로도 많은 'thieves worksheet'를 내려받거나 참고할 수 있다.

SQ3R – 초등 영어 원서 수업에서 활용하기 좋은 리딩 훈련법

미국의 상담 심리학자 로빈슨(Francis P. Robinson)이 대학생들의 독해 능력 향상을 위해 개발한 능동적인 독서 책읽기 방법이다. 5단계 학습법으로 아이가 학습 자료를 이해하고 배우기 쉽도록 도와준다. 이 방법은 전체 내용을 미리 훑어보고 능동적으로 읽는 방법이기에 미리 준비된 상태에서 책의 본문을 읽게 된다. SQ3R은 훑어보기(Survey), 질문하기(Question), 자세히 읽기(Read), 암기(Recite), 다시 보기(Review)로 구성된다.

훑어보기(Survey) 과정에서는 제목, 소제목, 표, 지도, 그림, 요약 내용 등을 가볍게 살펴본다. 전체적인 글의 구조나 구성을 이해하며 통내용을 이해하는 데 도움을 준다. 저자가 무엇을 이야기 하고 싶은지 생각해 본다.

질문하기(Question) 과정에서는 앞 단계에서 알게 된 제목이나 소제목 등을 활용하여 궁금한 것들을 질문으로 바꿀 수 있도록 유도한다. 제목을 보고 어떤 내용이 나올 것인지 생각해보며, 강조된 어구를 질문의 형식으로 바꿔서 능동적으로 참여를 하게 한다. "이 이야기의 등장인물에게 무슨 일이 생길까?" "어떤 문제가 발생할까?" "그 문제가 어떻게 해결될까?"와 같이 책 내용과 관련한 내용을 이끌어낸다. 이 질문을 포스트잇이나 카드 등에 적어보게 해주면 좋다. 아이가 궁금했던 부분에 대한 답을 찾기 위해 책을 더 능동적 적극적으로 읽도록 돕기 때문이다.

자세히 읽기(Read) 과정은 처음부터 차분하게 읽으며 내용을 확인하는 단계이다. 질문에 대한 답을 찾는 마음으로 영어 원서를 처음부터 끝까지 자세히 읽어보게 한다. 궁금한 점이 새로 생기면 메모하고 반복해서 읽게 한다.

암기(Recite) 과정에서는 읽은 내용을 머릿속에 요약하고 정리하게 한다. 질문에 대한 답을 찾았다면 아이가 핵심 내용들을 자신만의 단어와 문장으로 스스로 말하거나 써보게 한다.

마지막, 다시 보기(Review) 과정에서는 모든 내용을 살펴보고 전체 내용을 정리하면서 읽은 내용과 관련된 실제 생활 속의 예시를 추가하여 정보를 더욱 풍부하게 만들어보게 한다. 다른 사람에게 설명해보며 자신이 정확하게 알고 있는지 확인하면 좋다.

KWL CHART – 논픽션을 제대로 읽기 위한 훈련법

What I Know 주제에 대해 이미 알고 있는 것

What I Want to know 주제에 대해 더 알고 싶은 것

What I Have Learned 주제에 대해 새롭게 배운 것

배경 지식을 활성화하고 학습자가 스스로 학습 목표를 설정하도록 돕는 새로운 책을 읽거나, 새로운 챕터를 읽기 시작할 때 활용하는 차트이다. 특히 논픽션 수업을 할 때 유용하게 쓰이는 수업 도구로 주제에 대해 이미 알고 있는 것, 알고 싶은 것, 그리고 새롭게 배운 것을 말하거나 써보도록 가이드해준다. 논픽션 수업을 할 때 KWL CHART를 지속적으로 활용하다 보면 아이들은 책에서 얻은 정보를 정리하는 방법을 자연스럽게 익힌다. KWL CHART 활용 연습을 많이 해본 아이들은 어느 새 차트 없이 가벼운 메모로도 쉽게 책에서 얻은 정보를 정리할 수 있게 된다. 영어 원서 읽기가 유행인 요즘, 읽는 '양'보단 '질'이 중요하다는 것을 인지하고 KWL 차트를 활용한다면 교육의 질도 아웃풋의 질도 높아질 것이다.

KNOW, WONDER, LEARNED

Topic: _____

What do you already KNOW about this topic?	What do you WONDER about this topic?	What have you LEARNED about this topic?

KNOW, WANT TO KNOW, LEARNED

Topic: _____

What do you already KNOW about this topic?	What do you WANT TO KNOW about this topic?	What have you LEARNED about this topic?

KWL 차트 양식

5. 미국 엄마표 홈스쿨링에 반하다

홈스쿨링(Home-schooling)은 언스쿨링(unschooling)으로 제도권 학교에 다니지 않고 가정에서 학습하는 것을 말한다. 처음 접했을 때는 생소하기도 하고 정보도 없었기에 이해되지 않는 부분이 많았다. 공교육에서 배워하는 필수 학과목도 있고 친구들과의 관계 속에서 배우는 것이 있어야 작은 사회를 알아가며 제대로 된 성장 과정을 지날 텐데 왜 군이 힘들게 집에서 아이들을 가르칠까? 참 어리석게도 과거의 나는 홈스쿨링을 하는 가정들을 보면 아이가 학교에 적응을 못해서인지 아니면 어떤 불편한 이유가 있는 건 아닌지 생각했었다. 학력인정이 안 되니 불안한 마음에 시도조차 못 했던 게 사실이기도 하다.

미국에서 홈스쿨링은 안전의 문제와 학교의 수준이 천차만별이라는 것에서부터 시작한 건 아닌가 싶다. 공교육에서 걸러지지 않는 여러 가지 안전 문제들과 보호되지 못하는 미디어들의 홍수가 자녀에게 유익함을 주지 못한다고 생각하는 부분들도 있었던 듯하다. 무료인 공립학교 보다 학비를 내야 하는 부담이 있음에도 사립학교나 미션스쿨을 보내는 것도 비슷한 이유라고 생각한다.

홈스쿨링이라는 나의 편견을 깰 수 있었던 건 한두 달 정도 미국에 머물다가 체류 기간을 연장하기 위해서 아이들과 비자를 연장할 때였다. 아이들이 초등학생이다 보니 미국에 관광으로 체류할 수 있는 기간은 한정적이었다. 그래서 아이들의 교육적인 부분에 관한 것을 증명하는 서류를 제출해야 했다. 관광비자로 체류하고 있었기에 공립이나 사립은 갈 수 없었는데, 내가 한국에서 아이들을 가르치는 사람이라는 것을 알고 있던 변호사가 홈스쿨링 커리큘럼을 제출하면 좋겠다고 제안했다.

가지고 있던 교사 자격증을 증명서로 제출하고 홈스쿨링에 대해서 여기저기 알아보고 찾아다니기 시작했다. 운 좋게도 홈스쿨링하는 부모님들의 다양한 생각과 학교 공교육에 비교해도 전혀 뒤떨어지지 않는 알찬 커리큘럼들을 받아 배울 수 있었다. 미국은 한국학교와 다르게 홈스쿨링도 학력이 인정되다보니 주변에서 홈스쿨링을 하는 분들을 찾기가 어렵지 않았다.

보통 홈스쿨링하는 가정에서는 아이들 수업 중에 방문을 허용하지 않는 편이지만 아이 셋을 직접 홈스쿨링 하는 가정에서 내 사정 얘기를 듣고는 방문을 허락해주었다. 유치원생과 초등학생 2명을 학교와 동일한 커리큘럼과 시간으로 교육하고 있는 모습이 너무나 인상적이었다. 특히 미국 초등 저학년은 학교 교육을 실생활과 연관 지어 교육하며 성장한 후에도 배운 것들을 사용할 수 있도록 실질적인 교육 중심인데, 집에서 하는 수업이 이 목표를 더욱 충족하는 것 같아 보였다.

커리큘럼은 온라인의 접근성이 용이해진 덕분에 각 과목의 모든 홈스쿨링 교재와 워크시트를 너무나 쉽게 구입할 수 있다고 했다. 수업도 정규 학교처럼 과목 별로 진행하며 쉬는 시간도 가지고 있었고, 일주일에 한 번씩은 집근처 YMCA 체육관에서 체육활동을 하고 있었다. 디스트릭에서 정한 연간 현장학습(feild trip) 횟수도 있었는데, 홈스쿨링에서 소홀해 질 가능성이 있는 아이들의 사회성 도모나 참여의 기회를 위해 마련한 장치로 보였다.

실제 홈스쿨링 가정을 가까이서 본 덕분에 나는 홈스쿨링의 장점들과 채워 줘야 하는 필수 충분조건들을 배울 수 있었다. 한 방에서 학년이 다른 자녀들을 가르치는 모습을 보면서 자기주도 개별학습의 장점 또한 다시 알게 되었다.

6. 엄마표 영어의 성공을 결정짓는 마인드 세팅

 내 아이에게 영어를 잘 가르치고 싶은데 어떻게 해야 할지 고민하는 분들을 많이 만났다. 나 역시 교사이기 전에 우리 아이가 자랄 때 직접 영어를 지도했었던 엄마표 영어 1세대였다. 요즘 다시 엄마표 영어가 교육의 트렌드가 되며 성공적으로 교육을 하는 모습도 보게 된다. 그러나 모든 엄마표가 성공하는 건 아니다.

 세상에서 가장 사랑하는 내 아이지만 양육도 힘든데 교육을 한다는 것은 결코 쉽거나 만만한 일이 될 수 없기 때문이다. 늘 이성보다 감정이 먼저 나가서 소리를 지르게 될 것이고 엄마 싫어 엄마 미워 소리를 하루에도 몇 번씩 듣게 될지도 모를 테니까 말이다.

 정말 제대로 잘 가르칠 수 있을지, 감정에 휘둘리지 않고 참아주면서 가르칠 수 있을지, 집에서 가르치면 효과는 있을지 고민하다가 차라리 영어교육 기관에 보내야 하는 것을 아닐까? 그럼 교재는? 그럼 시간은? 하며 수도 없는 고민을 마주하게 될 것이다. 충분히 공감하는 부분이다. 그러나 고민 속에 있는 것보다 일단 시작해보라고 권하고 싶다. 누구나 처음은 힘들고 어렵지만 그래도 시작이 있어야 과정이 있고 과정을 거쳐야 결과도 만들어지는 것이다.

 엄마표 영어의 최고의 장점은 진입 장벽이 낮다는 것과 아이의 속도와 성장을 지켜보면서 기다려줄 수 있는 시간이 있다는 것이다. 아이를 가르치다가 실수할 수도 있지만 그게 또 다른 자극이 되어 아이 교육 이전에 엄마의 성장을 돕기도 한다. 생각해보니 나 역시 아이들의 즉흥적인 질문에 대답을 못해줄 때 틀리게 알려주어서 그걸 만회하기 위해 열심히 영어사전을 찾아보았던 기억이 있다. 이렇게 엄마표는 엄마와 아이 모두에게 큰 선물이 된다.

엄마표 영어의 시작과 성공은 행동(Acting)과 마인드 세팅(mind setting)이라고 생각한다. 책과 영상은 시작하기에 정말 좋은 도구이다. 옆집에 있는 보기 좋은 영어 책 전집을 사주지 말고 아이와 함께 동네 도서관을 찾아가서 아이가 좋아할만한 영어 그림책을 한권 골라오게 하고 주변에 널려있는 영어 영상 앱이나 영어 무료 콘텐츠 등을 찾아서 읽어주고 보여주고 시작해보는 것이다. 무엇을 하든 아이가 좋아하는 것들을 찾는 것이 무엇보다 중요한 시작이 된다.

'A good beginning is half battle.'이라는 속담이 있다. 좋은 시작은 반은 이긴 거나 다름없다는 뜻이다. 시작하지 않으면 아무 일도 일어나지 않는다. 지금 우리 아이에게 필요한 것이 무엇인지를 인지하고 '잘 시작하는 것'이 가장 중요한 시작이고 행동이다. 패의 원인을 먼저 찾아서 안다면 엄마표 영어는 반쯤 성공의 단계로 올라서 있지 않을까?

먼저, 처음 엄마표 영어를 시작하면서 실패하는 경우는 넘치는 의욕으로 영어교재와 전집들 그리고 영어교구 등 좋다는 것들을 구입하는 성급함과 조급함이 원인으로 보인다. 아무리 좋은 책도 교재도 아이와 맞지 않으면 그건 그저 종이쪼가리에 지나지 않는다. 좋다는 걸 무조건 다 시킬게 아니라 아이와 맞는 단 몇 권의 책이나 교재만으로도 충분하다. 엄마표 영어는 시간과의 싸움이다. 초장에 너무 진을 빼면 안 된다.

두 번째 실패하는 경우를 보면 일관되지 않은 엄마의 태도나 마음 때문이다. 기분이 좋은 날은 엄청 달리게 하고 엄마의 기분이 다운될 날은 오늘은 힘드니까 스킵하자 하고… 엄마의 상황과 기분에 따라 달라지는 아이의 학습 환경이 달라진다. 어떤 행동이나 태도가 습관이 되려면 적어도 3개월 이상 꾸준히 매일매일 해야 하는데 이러다보면 아이의 상태도 들쑥날쑥해진다. 작심삼일이 되지 않으려면 엄마가 먼저 일관성을 가질 필요가 있다.

세 번째는 로드맵과 시스템 없는 수업의 계획과 실행이다. 엄마표로 아이들을 지도하겠다고 결정했다면 아이의 장기적인 영어 로드맵을 짜야 한다. 일관성이 없이 그때그때 다르게 하는 것만큼 아이에게 혼란을 주는 건 없다. 물론 교육의 성과도 없게 된다. 검증된 지식을 기반으로 장기적인 로드맵을 세우고 큰 틀을 유지하면서 교육의 흐름이나 상황에 맞게 하나하나 자세하게 이끌어 나가야 엄마표 영어에 실패하지 않고 롱런할 수 있게 된다.

그리고 네 번째는 끈기 근성이 부족한 탓도 있다. 영어로는 그릿(Grit)이라고 하는데 뭔가를 지속적으로 끈기 있게 해내는 마음 같은 것이다. 우리 아이가 어릴 때 자주 이런 말을 해주었다. "무엇을 하든 근성만 있다면 성공한다. 시작만 하지 말고 끝까지 해내야지."라고 말이다. 그것이 돌이켜보니 그릿이었다.

"아이들은 어른들의 말은 새겨듣는 법이 없지만
어른들의 행동을 모방하는 데는 선수다."

– 앤절라 더크워스, 《그릿 GRIT》 중에서

엄마가 제대로 끝내주지 못한다면 아이도 아마 모르는 사이에 그 걸 배워서 꾸준히 해내지 못하는 마음과 태도를 갖게 될지도 모른다. 학원을 오래 운영하면서 참 많은 아이들을 만났는데 학습의 태도와 마음가짐을 보며 그릿의 크기를 가늠하게 된다. 꾸준히 해내는 성실함과 끈기 아마 그건 엄마의 그릿이 물려준 선물이지 싶다. 엄마표를 넘어 아이가 평생 갖게 될 소중한 마음가짐 태도 가치가 될 테니 말이다.

마지막으로 이 모든 것들을 아우르는 성공의 열쇠가 있다. 그건 엄마의 아낌없는 사랑과 디테일한 칭찬이다. 엄마표 영어는 정말 호흡이 길다. 어쩌면 전쟁터에서 영어와 싸우는 것 같을 때도 있을 것이다. 이럴 때 엄마가 진짜 아이 편이 되어주지 않으면 아이는 외롭고 힘들어 하며, 심지어는 자신을 패배자라고 느낄지도 모른다. 엄마는 아이를 마음껏 칭찬해주고 절대 평가하지 말아야 한다. 아이에게 우리집은 눈보라 치는 히말라야 산맥에서 따뜻한 장작불과 따뜻한 음식을 주는 베이스캠프 같은 곳이어야 하니까 말이다.

하나의 언어는
하나의 세계다

중국의 알리바바 창업자인 마윈 회장은 "인공지능 시대에 영어를 배울 필요가 있느냐?"라는 질문에 이렇게 대답했다. "우리가 언어를 배울 때 외국문화를 이해하기 시작하는 것이며 그들의 문화를 인정하고 존경하는 것이다. 그럴 때 그들도 우리를 인정하고 존경하게 된다. 그러면 함께 일 할 수 있을 것이다." 이 대답이 우리가 인공지능 시대에 살더라도 영어를 배워야 하는 이유가 아닐까 한다.

한 동안 배우 윤여정 님이 영어로 전한 수상 소감이 화제가 되기도 했다. 이 영상을 가르치는 학생들에게도 보여주면서 영어를 왜 해야 하는지와 완벽하고 복잡한 문장이 아니어도 전달하고 싶은 내용의 말을 하는 것과 해당 국가의 문화를 기반으로 영어를 표현하는 것이 얼마나 중요한지 말해 주었다. 윤여정 님은 언어를 통해 그 나라의 문화를 알고 이해했기에 그들의 동료가 되었고 그들의 인정과 존경까지 받게 되었으리라 생각한다.

우리 아이가 하나의 영어라는 언어를 배운다는 것은, 아이 미래의 삶의 확장뿐 아니라 하나의 세계를 받아들인다는 의미이기도 한다는 것 아닐까?

7. 좋은 엄마가 좋은 교사가 될 수 있다

나의 꿈은 좋은 교사가 되는 것이었다. 아이들을 가르치며 좋은 교사를 꿈꾸고 그렇게 되기 위해 노력하는 것은 당연하다고 생각했다. 젖먹이 아이들을 친정 엄마에게 맡기고 새로 나온 좋다는 교육이나 트렌드 영어 프로그램이 생길 때마다 뛰어다니곤 했다. 읽히고 싶은 책은 내 아이가 아니라 내 학생이 먼저였고 보여주고 싶은 것도 우선권은 학생들에게 있었다. 모든 시간과 정성은 그렇게 학생들을 향해 있었다.

어느 순간 돌아보니 내 아이들에게도 내가 학생들을 가르치는 것처럼 행동하고 있었다. 엄마가 영어 선생님인데 너희가 영어를 잘해야 되는 건 당연한 거니까, 하면서 말이다. 제법 엄마표 영어를 잘 시키고 있다고 생각할 때쯤 큰아이가 울면서 하던 말을 듣지 않았다면, 난 여전히 내 사랑하는 아이들을 내가 가르치는 학생이라고 생각하며 가르쳤을지도 모를 일이었다.

그 날도 여느 때와 다르지 않게 해야 할 분량과 과제를 체크하고 있었는데 다 끝내지 못한 아이를 혼내기 시작할 때 쯤 큰 아이가 울면서 말했다. 집에서는 영어를 사용하라는 규칙 때문에 영어로 "Mom , I'm not your student."라고. 그러면서 참 서럽게 울기 시작했다. '널 가르치는 게 학생 100명 가르치는 것보다 더 힘들구나.' 하는 말과 함께 많이 무너져 내렸던 날이었다.

아이가 따라오기 힘들었다면 기다려 주었어야 했는데 왜 그렇게 다그쳤을까. 조금이라도 잘한 것은 잘했다고 마음 놓고 칭찬해 주며 기를 살려 주었어야 했는데 왜 그렇게 칭찬에 인색했을까? 좋은 엄마가 좋은 교사가 될 수 있다는 것을 너무나 늦게 알아버린 건 아닐까 싶어 미안함과 후회의 마음으로 아이들에게 "엄마가 미안해."를 수백 번도 더 말했다. 그리고 그 날 이후 나는 좋은 교사에서 좋은 엄마가 되기로 결심했다. 그렇게 나는 우리 아이들 덕분에 더 좋은 엄마가 되려고 노력했고, 더 좋은 교사가 될 수 있는 길을 배우게 되었다.

남편에게 나와 결혼하게 된 이유를 물은 적이 있었다. 남편은 주저 없이 말했다. 내가 다른 아이들을 가르치니까 내 아이들도 당연히 잘 가르치고 양육할거라는 생각 때문이었다고 했다. 세월이 지나 남편에게 다시 내가 아이들을 잘 가르친 좋은 엄마 같아? 라고 물어봤을 때 아이가 잘 컸고 덕분이야, 라는 말로 대답을 해준걸 보면 만족할 만한 좋은 엄마는 아니었나보다. 내가 좋은 엄마였는지 아닌지는 모호했던 남편의 대답에서 알 수 있었지만 그럼에도 좋은 엄마가 되기 위해 애썼던 마음은 진심이었음을 알아주었으면 싶다.

엄마표 영어의 기초

1. 시스템에 의지하기

엄마표 영어를 시작하는 분들의 이야기는 많다. 그런데 엄마표 영어를 성공했다는 경우는 많이 들어보지 못했다. 이유가 무엇일까? 셀프 브랜딩 즉 퍼스널 브랜딩 영어교실을 운영하며 수천 명에 가까운 영어교사들을 만나다보니 그들의 성공의 유무가 '여기'서 갈리는 게 보였다. 바로 제대로 된 시스템과 커리큘럼이었다. 프로그램이나 브랜드가 더 이상 성공의 유무를 결정짓지 않는다는 말이다. 엄마표 영어도 마찬가지이다. 결국 시스템이 있어야 한다. 하고자 하는 의지만으로는 절대 성공할 수 없다. 그렇다면 학원도 아닌 집에서 어떻게 시스템을 만들 수 있을까?

엄마표 영어는 아이 스스로 공부하게 만드는 기본 형태를 만들어 주어야 한다. 아이의 성장속도에 맞추어서 레벨별 과정을 데이터로 만들어 놓는 것이다. 우리 교실도 프랜차이즈 영어교실이 아니지만 나름의 데이터베이스를 만들어서 프랜차이즈 시스템처럼 운영하고 있다. 요즘은 우리나라에서 만드는 원서형 교재 출판사들에서 시스템을 만들 수 있는 데이터베이스들을 제공해주기 때문에 가능한 일이었다.

이것을 엄마표에 적용해보자. 첫 단계는 아이에게 가르쳐 주고 싶은 기본 영역을 나눠보는 것이다. 파닉스부터 시작했다면 파닉스 다음으로 리딩, 그 다음으로 문법 이렇게 길을 만든다. 전체 그림을 먼저 그리듯 숲을 보면서 그 다음에 나무를 하나하나 심는다. 영어 프랜차이즈에서 제공되는 레벨차트를 참고하면 도움이 된다.

다음은 교재 선택이다. 요즘엔 시중교재가 잘 나와서 조금만 관심을 기울이면 우리 아이에게 맞는 교재를 찾기 수월하다. 우리교실 교재 기준으로 말씀드리면 원서형 ELT 영어교육 전문 교재를 사용하며 초등학교부터 중학교까지 전 영역 교재를 한 출판사의 것으로 세팅했다. 엄마표에서도 아이에게 맞는 교재를 고르되 어휘의 다양함과 문장이 문화적인 배경까지 학습할 수 있는지 추가로 검토하고 교재를 고르면 좋다.

마지막으로 교재와 부교재를 활용하는 것이다. 요즘엔 웬만한 교재 출판사하면 아이들에게 복사해서 활용할 수 있는 부가 자료를 모두 제공해 준다. 그럼 엄마의 역할은 교재를 선정해 주고, 그 교재를 아이가 스스로 학습하게 하고, 부가 자료를 복사해서 아이가 풀고, 셀프 채점까지 하게 하면 된다.

과정에서 엄마가 힘들어 하는 부분은 이론적 강의나 개념 지도일 가능성이 높다. 다행히 유튜브나 EBS에 훌륭하고 가성비 좋은 초등문법 강의가 많으니 걱정할 필요가 없다. 엄마는 아이에게 필요한 문법 사항을 인터넷 동영상 강의나 학습 툴 등에서 찾아 진도에 맞게 계획만 세우면 된다. 개념을 설명해 주는 사이트를 아이에게 보여주어 듣게 하고 해당파트의 책을 풀게 하는 것이다. 오답에 대한 풀이도 책에 자세히 나와 있어서 아이 스스로 왜 맞았는지 틀렸는지를 그때그때 확인할 수 있게 해주면 된다.

여기서 팁은, 한 문제를 풀고 한 문제를 체크하게 하면 아이가 문제를 제대로 풀고 이해했는지는 더 정확히 짚어내고, 아이의 집중력도 훨씬 좋아진다는 것이다. 이후 아이가 적응이 되면 두 문제씩 풀고 체크하고, 세 문제씩 풀고 체크하고, 나아가 한 페이지씩 하게 해도 무방하다. 다만 한 과를 한번에 풀고 채점하는 것은 크게 추천하지 않는다.

NE 능률에서 운영하는 빌드 앤 그로우 사이트에서 교재 레벨차트 및 부교재를 다운로드 할 수 있다.

2. 엄마표 영어는 코칭이다

대부분의 사람들은 어떤 일을 시작할 때 혼자서 스스로 잘 할 수 있다고 생각한다. 그게 공부일수도 나름의 다른 계획일 수도 있지만 보통은 중간에 포기하거나 흐지부지하게 마무리하는 경우를 많이 보게 된다. 그것이 본인이 하고자 하는 일들에서 경험이나 경력이 많다고 해도 말이다. 오히려 더욱 시행착오를 겪는 사례들도 보인다. 왜냐하면 스스로 잘 해낼 수 있다는 프레임에 갇혀서 다른 부분들을 보지 못할 가능성이 크기 때문이다. 이럴 때 필요한 게 코칭이다.

엄마도 아이도 누구에게나 좋은 코치는 필요하다. 엄마표 영어가 대세다 보니 이런 코칭을 받을 수 있는 매체는 넘쳐난다. 그게 책일 수도 유튜브일 수도 아니면 직접 대면 코칭일수도 있다. 어떤 매체를 통해서 보다 더 중요한 것은 포기하고 싶을 때 용기를 주고 지금보다 앞으로 더 잘 할 수 있다고 동기부여를 해주면서 함께 하는 거라 생각한다. 그래서 내 아이를 엄마표로 가르치려 할 때 엄마들에게도 좋은 코치가 있어야 한다. 그래야 꽃길일 것 같았던 그 길이 그렇지 않다는 알았을 때 포기하지 않을 수 있다.

엄마표 영어가 "쉬워요." "엄마면 다 할 수 있어요." "아무나 할 수 있어요."라고는 하지만 사실 영어선생이었던 나도 쉽지 않은 길이었다. 우리 아이가 어렸을 땐 지금처럼 가이드라인을 잡아주는 엄마표 책이 많지 않았다. 그저 단순히 비디오나 노래 그림책을 보여주는 정도였다. 어떤 규칙이 정해져 있는 것도 아니고 엄마가 시간이 될 때나 피곤하지 않을 때 봐주는 수준이었다. 엄마표 영어는 엄마와 아이가 습관을 만드는 과정이고 끊임없는 인내와 용기가 뒤따른다는 것을 모르기도 했다. '지금 아는 걸 그때 알았더라면.'이라는 말이 어쩜 그렇게 실감되는지, 아이가 다 자란 지금도 후회하는 부분들이 있다. 그래서 이 책이 엄마표 영어로 아이들을 지도하는 엄마들에게 코칭 북이 될 수 있기를 바라는 마음도 크다.

세계 일등 선수들 뒤에는 뛰어난 코치가 있다. 이 코치가 하는 것은 결국 내 선수들의 현재 상태와 제대로 운동할 수 있는 환경 그리고 문제점들에 대한 객관적인 해결점을 제시해서 그들을 위대한 선수들로 키워내는 것이다. 그들이 하는 코칭의 힘은 함께 하는 것에서 나온다. 그럼 우리 아이 영어 코칭은 누가 해주면 좋을까? 시작은 당연히 엄마여야 한다. 왜? 늘 함께 할 수 있기 때문이다. 아이와 함께 뛰어주고 아이와 함께 멀리 가주면서 아이의 문제점과 해결점을 찾아주는 엄마가 진정한 코치일 테니까 말이다.

코칭은 티칭보다 강력한 힘을 발휘한다.

필자는 자기주도학습 형태로 20년 가까이 아이들을 지도하고 있다. 자기주도학습 형태의 영어 수업이라고 해서 결코 혼자하는 자율학습의 개념으로 오해하면 안 된다. 물론 최종목표는 스스로 계획을 짜고 목표를 향해 가면서 실행하고 셀프 평가까지 잘 해내는 것이다. 그러나 그 과정을 아이 혼자서 처음부터 잘 할 수도 없고 잘하는 아이도 없다. 그래서 코칭이라는 마법의 가루가 필요해진다. 아이들을 가르치는 방법은 크게 티칭(teaching)과 코칭 (coaching)으로 나눠볼 수 있는데 비율을 코칭 8 티칭 2 정도로 섞어서 아이에게 학습의 주도권을 넘겨주고 있다.

엄마표로 시작해서 엄마표로 끝낼 수 있는 유일한 방법은 티칭이 아니라 코칭이 아닐까 한다. 내 아이와 함께 뛰어 주지만 결국에는 아이 혼자 뛸 수 있도록 해주는 멋진 코치 '맘코치'. 그대들의 뛰는 길을 함께 응원하고 그대들의 코치로써 이 책으로 함께 달려가 주는 필자도 역시 그대들의 좋은 코치가 되길 희망해 본다.

3. 전 영역을 동시에 잡는 '리딩 올 인 원'

언어학자 스티븐 크라센(Stephen Krashen)은 언어 습득을 위한 세 가지를 이렇게 짚었다. 동기부여, 자신감과 자존감, 불안감이다. 불안감이 있어야 한다기보다 불안감을 0에서 시작해야 언어 습득을 잘 한다는 의미이다. 나는 아이들에게 영어를 가르치면서 이 부분을 제일 중요하게 생각한다.

한편으로, 스티븐 크라센은 학습과 습득은 교집합이 전혀 존재하지 않는다는 이론을 냈다. 여기에는 사실 그렇게 공감하지 못한다. 경험을 바탕으로 한 지극히 개인적인 생각이다. 물론 학습과 습득은 서로 구별되는 독립적인 과정으로 학습은 무언가의 의도적인 배움의 과정이고 습득은 모국어를 배우듯이 무의식적으로 자연스럽게 받아들이는 과정을 말한다. 우리에게는 한국어가 습득하는 모국어이고 영어가 학습하는 외국어이지만, 외국어도 학습을 통해 습득으로 자연스럽게 이어질 수 있다고 생각한다.

언어 습득에 있어서 구조와 규칙을 의도적으로 학습하는 것이 도움이 되지 않는다고 하지만 아이들이 영어 실력을 올릴 수 있게 하려면 구조와 규칙을 가르치는 문법 수업을 의도적으로 해야 한다. 그러나 아이들을 지도하다 보면 학습을 통해서 자연스럽게 영어 습득으로 이어지는 모습이 보인다.

그래서 언어 습득을 위한 세 가지를 언어 학습을 위한 세 가지로 바꾸어서 아이들을 지도하고 있다. 영어를 통해 무엇을 알게 되고 어떤 목표를 향해 갈지 스스로 만들어 내는 '학습 동기', 작은 성취감을 통해 매일 느끼는 '자신감과 자존감', 그리고 영어에 대한 부담감을 줄여 불안을 낮추는 것이 제일 중요한 시작이다. 이 세 가지를 유념하고 아이들에게 리딩 올 인 원 학습법을 시작해보자.

리딩 올 인 원 학습법은 리딩 책 한 권으로 듣고 읽고 쓰고 말하며 어휘와 문법까지 한번에 가르치는 것이다. 이 학습법은 크게 수업 도장으로 하는 수업과 부가 자료로 하는 수업으로 나누어진다. 수업 도장은 듣고 읽고 쓰고 말하기로 사용하고 부가 자료들로는 어휘와 문법 학습에 사용한다. 전 영역을 아우르므로 굉장히 공부를 많이 해야 할 것 같고 아이에게 부담이 되지 않을까 염려될 것이다. 그러나 올 인 원 학습은 오히려 공부의 양에 집착하지 않는다.

책은 원서형 ELT 리딩 교재를 사용한다. 교재를 읽고 의미해석만 해주고 끝나면 그냥 일반 리딩 수업과 다르지 않을 것이다. 이 리딩 책 안에서 모든 영역별 수업이 가능한 스탬프 수업도장을 만들었는데 이것이 지금의 '쥴리쌤 만능 도장'이다. 만능 도장을 만들며 가장 중요하게 생각한 것은 'Knowing is not enough'이다. 눈으로 아는 것만으로는 충분하지 않으니, 아이가 연습을 통해서 영어를 제대로 학습하길 바랐다.

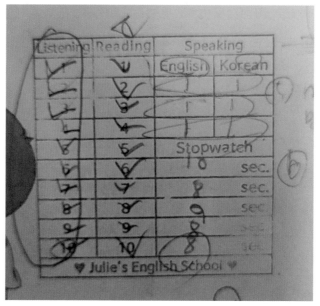

만능 도장으로 체크한 모습(저작권법 및 상표등록 제품)

　도장을 찍으면 듣기 10번, 읽기 10번, 영어한글 읽기 3번, 초시계 재기 5번이 나타난다. 수업은 이 순서를 따른다. 듣기 10번을 할 때는 아이에게 음원을 들으며 눈으로 스토리를 보고 입으로는 따라 말하는 섀도잉 읽기를 하게 한다. 섀도잉은 비영어권 아이들의 발음과 유창성 그리고 영어식 언어사고력을 길러 주는 데 도움이 된다.

　두 번째는 10번 읽기이다. 아이에게 "10번 혼자서 읽어올까?" 하고 말해 준다. 귀로 들으며 따라 읽은 스토리를 혼자서 음원 없이 낭독(Read Aloud)하는 것이다. 낭독을 통해 유창성과 보컬트레이닝이라는 이중효과를 기대해 볼 수 있다.

세 번째는 영어식 해석하기이다. 먼저 주어와 동사를 끊어주고 영어식 어순으로 해석하게 하면 된다. 이렇게 하면 스토리 안에서 자연스럽게 문장의 구조를 보고 의미를 익히며 직독직해의 기초를 다질 수 있다. 또 아이가 직접 우리말로 해석해보면서 글의 요지나 주제를 조금씩 찾아가는 능력을 기를 수 있다. 이는 문해력에 도움이 된다. 요즘 아이들은 정말 책을 안 읽어서 글에 대한 독해력이나 문해력이 부족하다. 슬프게도 초등 고학년이나 중학생들은 영어 단어는 알아도 문장을 이해 못하는 경우도 있다. 이런 문제들을 조금이라도 해결하기 위해서 아이들에게 글의 주제와 내용을 한글로 물어보면 좋다. 그리고 영어로 말하기와 우리말로 말하기를 3번 정도 반복하며 문장의 구조를 눈으로, 입으로 확인하게 한다.

마지막으로 아이들에게 스토리를 초시계로 시간을 재도록 한다. 초시계 재기를 통해 빠르고 정확하게 문장을 읽는 훈련을 하는 것이다.

이 모든 과정이 잘 훈련된 아이들은 스스로 영어 공부하게 되는 날이 온다. 이게 필자가 생각하는 도장수업의 매력이고 장점이다.

그리고 이 도장수업과 함께 영작(composition)과 받아쓰기(Dictation)도 함께 한다. 스토리 북 안에서의 영작은 아이가 해석한 한글 문장을 쓰게 한 후 영어식 어순대로 영어를 쓰게 하는 것이다. 이 과정을 통해 다시 한번 문장의 구조와 의미 단위(Chunk)를 알게 된다. 나중에 아이가 본격적인 쓰기를 시작할 때도 도움이 된다.

받아쓰기는 기본 알파벳과 음가를 익힌 뒤에 리더스 초급단계부터 시작해 주면 좋다. 아이가 음원만 듣고 들리는 단어를 쓴다는 의미는 그 단어를 알고 암기되었다는 것이다. 듣기 실력뿐 아니라 어휘력 향상에도 크게 도움이 된다. 올바른 발음으로 익힌 단어의 조합을 통해 문장을 나열하는 능력도 향상되며, 또한 소리를 집중해서 듣고 받아 적기 때문에 집중력이 높아지는 장점도 있다.

▶️ [쥴리영어TV] 참고 영상

초등영어 리딩, 리딩책 한권으로 듣기 · 읽기 · 쓰기 · 말하기 · 어휘 · 문법까지 한 번에 끝내는 수업 공개!!

4. 이렇게만 시작하면 영작 에세이도 문제없다

영어 글쓰기는 총체적 학습의 시작이다. 쓰기 한 영역만 다뤄서는 되지 않는다는 소리다. 어휘와 문법이 선행되어야 하지만, 어휘 문법을 다 끝내고 영작을 시작한다면 영어 학습의 불균형이 오게 된다. 무엇보다도 고학년부터는 글쓰기를 위한 영어식 표현력이나 사고력이 조금 무뎌진 상태라 글쓰기 자체가 힘들어질지도 모른다. 따라서 읽고 쓰기가 가능한 때부터 글쓰기를 시작해야 한다.

글쓰기는 절대 수월하지 않다. 엄마표 영어로 가르치다가 이쯤에서 학원을 보내야 하는 게 아닐까 갈등하고 고민하는 시작점이기도 할 것이다. 한국어가 모국어임에도 불구하고 뭔가를 써야 한다고 하면 부담감부터 들듯이 아이에게 외국어인 영어로 글을 써내라고 하는 것은 하늘에서 별을 따오라는 것처럼 막막하게 느껴질지도 모른다.

하늘의 별따기가 되지 않도록 하게 하는 유일한 글쓰기 방법이 있다면, 조금씩 천천히 읽을 수 있을 때부터 매일매일 연습하는 것이다. 꾸준히 글쓰기 힘을 기른 아이들이야말로 자신의 생각을 충분히 써낼 수 있는 능력을 갖추며 제대로 쓸 수 있게 된다. 하버드대에서 20년 간 글쓰기를 지도한 낸시 쇼머스 교수는 이렇게 말했다. "어릴 때부터 하루 10분이라도 글을 써본 아이는 대학에 가서도 글을 잘 쓰는 아이가 된다." 아무리 짧은 글이라고 매일 조금씩이라도 써보는 연습의 중요성을 짚은 말이다.

필자는 파닉스가 끝나 글을 읽고 쓸 줄 아는 때부터 아이들의 영어 글쓰기를 시작하고 있다. 처음부터 에세이를 쓴다는 것이 아니다. 2~3개의 문장 쓰기로 시작해서 잘 짜인 방향과 단계별 흐름대로 훈련의 과정을 거치면 에세이의 기초까지 만들 수 있다. 이런 단계별 글쓰기 훈련이 된 아이들은 중학교나 고등학교에 가서도 서술형·논술형 평가, 수행평가에서도 좋은 결과를 보여준다.

그러나 역시 영작과 글쓰기를 잘하게 하는 최고의 팁은 한국어 독서라고 이야기하고 싶다. 아이가 영작 글쓰기를 할 때 머릿속에서 쓸거리가 있어야 글도 잘 쓸 수 있기 때문이다. 한국어 독서력과 한국어 글쓰기 실력을 바탕에 두고 영어 단어와 탄탄한 문법 실력이 갖춰져야 훌륭한 영어 에세이도 가능해질 것이다.

기초문장 시작 전 꼭 알아두어야 할 기본사항들

중학교에 들어가면 논술형이나 서술형 시험을 본다. 이때 글쓰기 조건을 따라야한다. 쉽다고 생각해서 대충하고 넘어가기도 하지만 꼭 필요한 부분이다. 쓰기를 시작한 아이라면 꼭 암기시키고 익숙해지도록 훈련해야 한다. 제대로 하지 않으면 시험에서 감점 된다.

Rule#1 첫 글자는 대문자

Rule#2 마침표, 물음표, 느낌표, 쉼표 등 문장부호는 꼭 쓰기

Rule#3 '나'를 의미하는 'I'는 앞, 중간, 끝에 와도 늘 대문자

Rule#4 사람 이름, 나라 이름, 산 이름 등 고유명사 첫 글자는 대문자

리딩 교재로 영작 지도하기

① 한글 해석본을 보고 단순 영작 연습하기

아이는 이 과정을 통해 우리말과 영어의 어순이 다르다는 것을 스스로 깨우친다. 단어를 쓰면서 암기하는 효과도 있다.

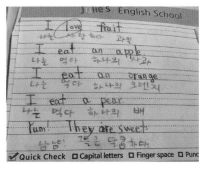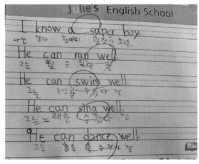

② 리딩 책이나 원서 안에서 프리 라이팅하기

프리 라이팅(free writing)은 말 그대로 내 마음대로 써보는 것이다. 책에 나오지 않는 문장을 써보게 하는 훈련이다. 본문 스토리에서 동사나 명사를

다른 단어로 혹은 비슷한 의미의 단어로 바꾸어(의역, paraphrasing) 5문장 정도를 쓰게 한다. 비슷한 의미의 다른 단어로 바꿔보는 연습은 어휘력과 문장력을 키운다. 아이들은 영어문장 만드는 것이 어려운 것이 아니라는 것을 알게 된다.

 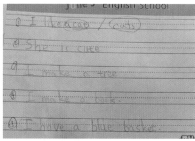

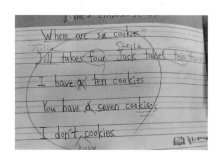

③ 형식에 맞는 영작 시작하기

에세이의 기본은 형식에 맞게 글을 작성하는 것이다. 아무리 맛있는 글이라도 형식에 맞지 않다면 감점 원인이 되기도 한다. 초급 단계부터 형식에 맞게 글 쓰는 연습을 하면 아이들도 무리 없이 따라 온다.

아이들 교재에 나오는 주제의 key word를 가지고 형식에 맞춰 쓰기 연습을 시작해보자. hook question → topic sentence → supporting detail(2-3개) → conclusion 순서이다.

Writing & Speaking Card

Hook Question	Do you like fruits? What fruit do you like?	
Main Idea	I like many tasty fruits	
Main Sentence	I like....	
	apples / They are crunch.	kiwis / They are healthy.
	strawberries / They are sweet.	bananas / They are soft.
Conclusion	I love fruits because they are yummy.	

영작지도 3

굉장히 어려울 것 같지만 우리가 글을 쓸 때 서론 본론 결론에 맞추어 쓰는 것과 같다. 교재에서 주제 단어를 하나 찾은 뒤 정해진 문장의 형식 안에 그대로 넣으면 되므로 어렵지 않게 시작해 볼 수 있다. 예를 들면, 스토리의 주제가 꽃(flower)일 때 이런 문장을 만들 수 있다.

Hook question

→ Do you like flowers? yes I do.

Topic

→ I like many flowers.

Supporting detail

→ I like yellow flower.

　I like pink flower.

　I like blue flower.

Conclusion

→ I like many flowers because they are pretty.

이처럼 스토리 주제(topic)를 가지고 영작의 형식에 맞춰 다른 스토리를 만들어 주면 된다. 주제가 가족(family)이라면 'Do you love your family?'로 동물(animal)이라면 'Do you like animals?'로 패턴을 만들어 영작을 연습할 수 있다. 보통 ELT교재는 16개의 unit으로 구성된다. 그렇다면 아이들은 16개의 글을 써보게 되는 셈이다.

하나의 팁을 더 드리자면 아이가 말한 대답만 모아서 짧은 영작문을 만들고 발표 프레젠테이션까지 해볼 수 있다. 쓰기와 말하기의 영역을 동시에 학습하는 효과도 생긴다.

[줄리영어TV] 참고 영상

> [초등영어] 리딩책 하나로 영작과 문법까지 누구나
> 쉽게 가르칠 수 있습니다!!

쓰기 훈련으로 영작 지도하기

① 동사북으로 기초 문장뼈대 훈련하기

영어의 본질은 어순감각을 익히는 것에 있다. 그리고 그 중심 뼈대는 동사이다. 그래서 동사의 시제나 수의 일치부분들을 매일 조금씩 훈련하면 아이들은 자연스럽게 문장 구조를 익힌다. 다양한 문형을 접하면서 어순감각도 체화한다.

'영어는 학습이 아니라 습득이다.' 아이들에게 동사를 매일 노출해 주면 그 습득을 습성으로 바꾸는 힘이 생긴다. 필자는 이를 동사북으로 길러주고 있다. 동사 활용을 정리한 동사북을 이용하면 쉽게 접근하면서 쓰기와 말하기를 다질 수 있다. 부록에 있는 동사북 동사 50개만 훈련해 준다면 문법책을 익히지 않아도 기본 문법은 물론 글쓰기와 말하기의 기본을 배우게 될 것이다.(336~355쪽 참고)

동사북 활용법

ⓐ 문장 종류를 연습시킨다.

ⓑ 아이들에게 한국말로 문장을 익히게 한다. 기본문형을 한국어로 외워
야 영어로 말할 수 있다.

　예) 나는 자다 나는 안자다 너는 자니? 너는 잤니? 너는 진수 있니? 너
　는 잘거니? 쥴리쌤이 자니?

ⓒ 아이들이 한국어를 듣고 영어로 말하게 한다.

　예) (선생님) 나는 잔다.　　　(아이) I sleep.

　　(선생님) 나는 안 잔다.　　(아이) I don't sleep.

　　(선생님) 너는 자니?　　　(아이) Do you sleep?

　　(선생님) 쥴리쌤이 자니?　(아이) Does Julie sleep?

　　(선생님) 너는 잤니?　　　(아이) Did you sleep?

　　(선생님) 너는 잘 수 있니?　(아이) Can you sleep

　　(선생님) 너는 잘 거니?　　(아이)Will you sleep

　문법을 몰라도 주어와 동사가 만나면 문장이 된다는 기본부터 긍정문, 부
정문, 의문문, 조동사의 의문문까지 확장해서 배울 수 있다. 한국어 문장을
빠르게 말하면서 아이들이 생각하기 전에 먼저 말이 나오도록 한다. 순발력
이 생기고 텐션도 생겨서 재미도 있고 자동적으로 말을 할 수 있게 된다.

　ⓓ 의문사 질문을 만들어 말하기까지 연습시킨다. 의문문 문장 앞에 의문

사와 수식어를 넣어주면서 말하기 확장을 해준다.

예) 어디서 자? Where do you sleep? I sleep on the bed.

누구와 자? Who do you sleep with? I sleep on the bed with my dog.

언제 자? When(What time) do you sleep? I sleep on a bed with my dog at 9 o'clock.

② 문장 확장 놀이로 글쓰기의 기초 잡기

동사북과 함께 문장 확장 놀이를 할 수 있는 도구이다. 먼저 누가 무엇을 언제 어디서 왜 라는 의문사를 통해 제시된 단어로 문장을 하나하나 더해 가면 된다. 글쓰기와 함께 말하기를 지도해도 좋다.

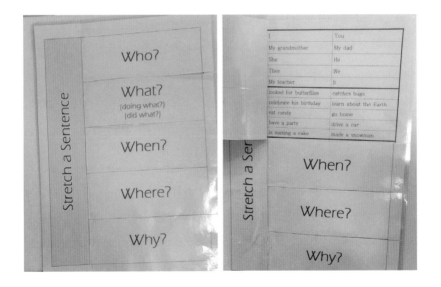

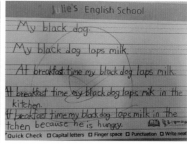

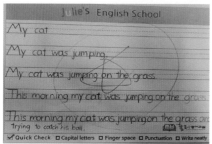

③ 문법과 형식에 맞춰서 글쓰기의 기초 잡기

동사북으로 문장의 구조를 익혔다면 다음에는 문법으로 쓰기가 가능한 교재를 통해서 아이들의 문법적 글쓰기의 기초를 잡아주는 것이 필요하다. 글쓰기의 형식만큼 중요한 것이 문법적 오류를 줄여서 쓰는 것이다. 주어 동사 다음에 오는 목적어나 부사의 쓰임 등을 쓰기와 말하기로 탄탄하게 해 줄 필요가 있다.

보통 출판사에서는 1, 2, 3 세트로 나오는 경우가 많은데 필자가 아이들을 지도해 본 경험상 초등 저학년은 1권과 2권을 두 번씩 해보길 추천한다. 가장 어려운 3권은 진도에 맞춰 무리하게 학습시키면 흥미를 떨어뜨릴 수 있다. 그러니 쉬운 걸 두세 번 반복하는 편이 더 효과적이다. 초등학생 때 이 세 권을 다 뗀다면 중학교에서 배워야 하는 중학교과 필수 문법 사항들뿐 아니라 논·서술형 그리고 수행평가 대비로도 충분히 기본을 쌓을 수 있다.

만약 아이가 처음부터 글쓰기에 대한 부담을 갖는다면 원서형 ELT 쓰기 교재를 가지고 시작해 보는 것도 좋다. 'model text'와 'idea map' 그리고 'writing organizer'가 포함되어 아이들도 부담 없이 쓰기의 감을 익힐 수 있다. 능률교육 엔이 빌드 앤 그로우의《Write Right Beginner》시리즈를 추천한다.

Write Right Beginner 1 교재

미국식 글쓰기를 통한 영어 글쓰기 지도법(OREO)

미국에서 지낼 때 미국인 친구가 초코과자 오레오를 더 맛있게 먹으려면 오레오를 우유에 찍어 먹어 보라고 말해 주었다. 미국인이 사랑하는 이 과자의 이름 때문이었는지 글쓰기의 '오레오맵'은 오래 오래~ 잊혀지지 않는다. 쓰기 교육의 최종 목표는 '설득적 글쓰기'일 것이다. 이를 위해 미국 초등학교에서는 오레오맵을 채택했다. 순서에 따라 매일 조금씩 쓰게 하면 어떻게 글을 써야 할지에 대한 막막함이나 시간을 줄여줄 것이다.

---

o: opinion

주제에 대한 나의 의견과 생각에 대해 주장하기

"내 생각에는~"

r: reason

내가 그렇게 느끼거나 생각하는 이유 제시하기

"왜냐하면~"

e: example

내가 그렇게 생각하게 된 나의 경험 예시 제시하기

"예를 들면~"

o: opinion

다시 한번 나의 의견 강조하기

"그래서 내 생각에는 ~하면 좋겠다."

출처: raisethebarreading.com/2018/01/12/opinionwriting/

OREO 영작 양식 예시

　　오레오에 맞춰서 먼저 한국어 글쓰기를 하고 그 다음에 하나씩 영작해 보자. 영어로 어떻게 옮길지 아이가 난감해 한다면 그때는 '파파고'나 '챗GPT'를 친구로 만들면 된다. 필자 역시 아이들의 수행평가 글쓰기를 도와줄 때 먼저 한글로 써보게 하고 파파고로 밑작업까지 해오라고 한다. 편법이 아니다. 잘할 수 있는 방법을 알려주고 아이 스스로 자신감을 가지고 해낼 때까지 도와주는 것이다. 물론 문법적인 오류나 결과 값이 100%만족스러울 수는 없다. 그럼에도 안하는 것보다는 시도해보며 시작하는 것이 훨씬 중요하지 않을까?

원서 북 리포트 쓰기 활용법

　　미국에서 아이를 키우며 그들이 얼마나 책읽기와 독후감 쓰기를 강조하는지 알았다. 아이들은 독서습관을 통해 논리력, 창의력, 상상력 등을 키워 나가는데 이 독서하는 습관 못지않게 중요한 것이 바로 독서 후 북 리포트 (BOOK REPORT) 작성이다.

아이들은 북 리포트를 적으며 책에서 읽은 어휘를 독후감에 활용해 어휘력을 키우기도 하고 읽은 핵심을 요약하는 능력을 기르면서 다양한 방식의 글 쓰는 법을 통해 영작 실력도 높일 수 있다. 책을 읽고 나서 이해하면서 글을 쓰게 되니까 영어에 대한 유창성도 오르고, 느낀 점을 작성해보게 되면서 논리력까지 키워나가게 하는 좋은 장점이 있는 쓰기 연습 중에 하나이다.

북 리포트 활동 시에는 아이들 레벨에 따라 다른 학습법을 따라야 한다. 특히 처음 접하는 아이들에게 무조건 책 내용을 완벽히 요약하라고 지도하면 부담만 주게 된다. 아래의 내용을 참고하며 아이들의 북 리포트 작성에 도움이 되길 바란다.

Book Report 쓰는 기본 방법

intro	제목, 작가, 등장인물, 출판사 등에 대한 기본 정보를 쓴다.
body	줄거리와 감상: 사건과 원인과 결과를 중심으로 줄거리 요약 책속 주인공이 된다면: 중심사건을 시간의 흐름으로 요약 주인공 소개하기: 자기소개를 하고 책 속에서 겪은 일을 쓴다. 편지쓰기: 편지를 동기와 책을 읽은 소감, 하고 싶은 말을 쓴다.
conclusion	줄거리와 감상: 주인공에 대한 평가 책속 주인공이 된다면: 주인공과 같은 일을 한다면 어떻게 할까? 주인공 소개하기: 독자에게 하고 싶은 말과 끝인사 편지쓰기: 바람, 부탁, 끝인사 등

초등 저학년은

초등 저학년은 북 리포트를 처음 접하는 아이가 많기 때문에 책 내용의 핵심을 완벽히 요약할 수는 없다. 그래서 읽은 책의 정보를 간단히 적고, 영어 원서에 대한 아이들의 느낌을 그림이나 단어로 기록하기만 해도 좋다.

학습적인 의미보다는 쉽고 재미있는 독후 활동으로, 영어 원서 읽기에 대한 흥미를 높이는 데 중점을 두는 것을 추천한다. 그림이나 몇 개의 단어로 완성한 북 리포트를 가지고, 간단하게 Show & Tell 활동을 해도 좋고 아이가 자신이 그린 좋아하는 부분을 친구들에게 보여주며 1단어 또는 1문장으로 발표해 보는 시간을 가지게 하는 것도 부담을 주지 않게 된다.

Writing: 초등레벨 (저학년)

Introduction
title제목, author 저자, why can choose the book

Body
the theme 주제, the setting 배경, the plot 줄거리, the characters 등장인물
(꼭 필요한 부분만 간략히 쓴다)

Opinions
이야기가 재미있었는지, 왜 혹은 아닌지, 이야기의 가장 좋았던 부분 혹은 싫었던 부분 같은 저자의 책을 읽겠는가. 이 책에서 배울 점

Conclusion
친구에게 이 책을 추천하겠는가(이유). 1–2 문장의 전체적인 결론

초등 고학년은

초등 저학년 북 리포트보다 까다롭기 때문에 더 높은 수준의 영어 스킬이 필요하다.

영어 원서의 내용을 세부적으로 파악하고 구체적으로 자신의 의견을 글로 쓸 수 있도록 지도한다. Fiction은 단계적으로 내용의 흐름을 파악하고, 등장인물들의 갈등구도와 해결 방식을 정리하고, 비문학은 KWL 차트를 활용해 원서를 읽기 전 활동으로 K(알고 있는 것) W(알고 싶은 것)를 채우고, 읽은 후 활동으로 L(배운 것)을 채움으로써 전체 Book Report로 완성하게 한다.

추가로, 책을 읽고 생긴 궁금증을 써보고 그에 대한 답을 다른 책, 인터넷 등 다양한 매체를 통해 찾아보는 심화 활동을 하는 것도 매우 좋다.

이 단계의 북 리포트를 기반으로 장문의 Essay를 쓸 수도 있고, Nonfiction 주제를 활용하여 대한 미니 프레젠테이션 시간을 가지는 것도 추천한다.

고학년은 북 리포트 정석인 서론, 본론, 분석과 평가, 그리고 결론의 형식을 갖추어야 해야 한다.

Writing: 초등레벨 (고학년)

Introduction
title제목, author 저자 , 출판사명, 출판년도, 페이지 수, 장르, 책을 고르게 된 경위 등의 시작 문장 1~2개

Body
fiction, nonfiction이든 저자의 의도와 주제를 정확히 밝힌 후 요약 시작
** fiction
반드시 시간 순서로 줄거리 요약, 이야기의 클라이맥스, 문제해결, 예시 배경설명, 이야기하는 관점, 주인공, 주요 등장인물(분위기, 어조 등)

** non-fiction

각 chapter별 요약이 아닌 전체적인 줄거리와 가장 흥미로웠던 부분을 중심으로 요약

Analysis and Evaluation

이야기의 비판, 평가(가능하면 예를 들어 의견을 뒷받침 하는 것이 좋다)

Conclusion

독서 후 내가 받은 감명이나 가장 강하게 남는 여운, 인상 등을 간략하게 서술

출처: 영어독서가 기적을 만든다-최원영 저

 영미권 아이들이 쓴 book report를 무료로 볼 수 있는 사이트
(www.spaghettibookclub.org)

스파게티 북클럽

글쓰기에 도움이 될 앱

파파고앱

파파고의 결과 값이 만족스러우면 먼저 문장을 최대한 짧게 잘라서 해야한다. 파파고는 내가 입력하는 대로 영작문을 만들어주기 때문에 입력된 언어의 문제일 수 있다. 5세 수준의 아이라고 생각하고 짧게 자르고 명확한 문장을 입력해야 한다. 결과 값에 대한 음성을 꼭 들어보고 모르는 단어는 찾아보게 한다. 그리고 문장이 매끄럽지 않다고 생각된다면 구글에 그 문장을 복사해서 붙여보면 비슷한 다른 문장들을 확인할 수 있고 작은 문법적 오류 정도는 확인할 수 있다.

영작문 문법 오류와 다양한 문장을 체크 할 때
유용한 웹사이트들

- 구글: 사용할 표현을 쌍따옴표(" ") 안에 넣어 서치하면 다양한 표현 문구를 확인 할 수 있다.

 Grammarly: 문장의 문법적 오류를 찾아주고 대안 문장을 제안한다.

 유글리쉬: 사용하고 싶은 영어 표현이 어떻게 활용되는지 알고 싶을 때(주로 토론이나 강의 인터뷰 TED 영상들)

 yarn: 대화상황의 표현이 어떻게 활용하는지 알고 싶을 때 (짧은 영상들로 듣기를 강화하고 싶을 때도 사용하길 추천한다)

 Sentencedict.com: 문장을 만들면서 다양한 다른 표현들을 찾고 싶을 때 사용하는 아주 좋은 사이트이다.

 chat.openai.com: 인공지능 AI로 대화로 질문과 대답이 가능하여 즉각적인 영어학습에 도움을 받을 수 있다.

JULIE'S WRITING BONUS

초등 영어 글쓰기 초급 주제

I can ~	I see ~	I like ~
1) I can go.	1) I see colors.	1) I like fruits.
2) I can play.	2) I see shapes.	2) I like pets.
3) I can help.	3) I see animals.	3) I like animals.
4) I can run.	4) I see rides.	4) I like my family.
5) I can eat.	5) I see my friends.	5) I like my friends.
6) I can learn.	6) I see fish.	6) I like toys.
7) I see read.	7) I see birds.	7) I like snacks.
8) I see cook.	8) I see books.	8) I like books.

초등 영어 글쓰기 중급 주제

Opinions	Descriptions	Comparisons vs. Contrasts
Best Teacher	My mom	Winter or Summer
Best Restaurant	My dad	Burger or Pizza
Best Friend	My sister	Tiger or Lion
Best Dinosaur	My brother	Superman or Spiderman
Best Candy	My teacher	Sharks or Dolphins
Best Musician	My uncle	Short Hair or Long Hair
Best Sports Player	My aunt	City or Country
Best Invention	My grandpa	Singing or Dancing
Best Thing for Snowy days	My grandma	Playing Sports or Watching Sports
Best Day of the Week		Mountains or Beaches

5. 하루에 단어 몇 개 외우고 싶어?

영어 실력을 단기간에 높이는 최고의 비결은 영어 단어 학습이 아닐까. 초등·중학교 때 영어 실력이 좋지 않았더라도 고등학교에 가서 역전할 수 있는 유일한 방법이 있다면 그것은 영어 단어를 얼마나 많이 아느냐에 달려 있다고 해도 과언이 아니다. 그러나 영어를 일상 언어로 사용하지 않는 우리나라에서 영어 단어 배우기란 정말 힘들고 지루한 공부임에 틀림없다. 특히나 영어 단어를 리딩 책이나 영어 교과서의 단어장으로 외우게 되면 오늘 외우고 내일 잊어버리는 악순환이 반복된다. 지루한 반복 학습에 질린 아이는 영어 학습을 거부하게 될 것이다.

그럼에도 불구하고 영어 단어는 지속적으로 학습해서 암기되어야 한다. 경험상 노출로만 되지 않는다. 미국에 있을 때도 비슷한 고민을 들을 수 있었다. 미국에 살다보니 매일 영어에 노출은 되는데 같은 말만 반복해서 사용하다보니 원어민끼리의 대화는 들리지도 않는다는 고민이었다. 일대일로 말해 줄 때는 잘 들리다가도 그들끼리 하는 말들은 잘 안 들린다는 거였다. 첫 번째는 단어학습의 부재고 두 번째는 단어를 포함한 그들의 배려영어 때문이다. 그들은 대화하는 상대방을 고려해서 최대한 쉬운 단어로 최대한 천천히 말해 주기 때문에 속게 되는 함정에 빠지는 것이다. 필자도 역시 처음에 그런 함정에 빠져서 꽤나 내가 영어를 잘한다고 생각하기도 했는데 어느 날 나 역시 쓰고 있는 말만 사용한다는 것을 알게 되었다.

미국에서 10년 이상 사신분이나 영어 전공자인 필자도 처음에 영어가 안 되는 이유는 어휘력이 약하고 모르는 단어가 많았기 때문이다. 어휘력이 부족하면 매번 같은 말만 사용하게 된다. 내가 알고 있는 단어가 표현의 전부이기 때문이다. 단순히 단어 뜻만 안다고 되는 것도 아니다. 그 단어로 적어도 10문장 이상을 자연스럽게 만들어 내야 진짜 그 단어를 안다고 말할 수 있다. 실제로 사용하는 단어와 이해하는 단어의 수는 그래서 차이가 난다. 영어 실력을 높이고 싶은가? 그렇다면 단어를 자꾸 문장으로 끌고 들어와서 여러 문장의 활용을 자꾸 보고 익히는 것이 무엇보다 중요하다.

영어가 가득한 환경이 주어져도 단어를 모르면 듣고 읽기조차 안 되는 그 어려운 어휘 학습을 아이들에게 어떻게 풀어 가면 좋을까? 솔루션을 찾아가 보도록 하자.

나만의 단어장 만들기

첫 번째는 리딩 책에서 나만의 단어장을 만들게 시키는 것이 좋다. 영어 리딩을 할 때 제일 먼저 학습돼야 하는 것이 영어 단어이기 때문에 먼저 책에 있는 모르는 단어를 찾아보고 나만의 단어장에 써서 만들어 보게 한다. 이러면 듣거나 읽은 내용 속에서 자연스럽게 단어를 배워 나가는데 아주 효과적인 단어 암기의 시작이 될 것이다.

무엇보다 정말정말 정말 중요한 것이 있는데. 나만의 영어 단어장을 만들 때 꼭 한국어의 여러 가지 뜻까지 함께 적어 주어야 한다. 예를 들면 'make' 라는 단어는 'make: 만들다, 이루다, 벌다, 바꾸다'까지 적는다. 때때로 아이들의 한국어 실력이 영어 단어를 외울 때 뒷받침되지 않아서 제대로 외우지 못하는 경우도 있다. 장기적으로는 아이가 고학년이 되었을 때 영어 실력의 빛을 볼 수 있는 디딤돌이 되어 줄 것이다. 또한 한국어 의미를 제대로 안 아이들은 영영단어장을 만들어보면 훨씬 더 직관적으로 단어를 이해하는 폭이 깊어지게 된다. 충분한 시간을 가지고 아이의 한국어 실력도 늘리고 영어 단어 실력도 늘려보자.

My word notebook(English to Korean)	
영어 단어	한글 뜻(여러 개)

My word notebook(English to English)	
영어 단어	영어 뜻

다음 단계는 영어 단어장을 활용해 단어를 암기하는 것이다. 영어 단어장은 너무 무겁지 않으면서도 다양한 주제들로 이루어져있는 것으로 시작하자. 단어와 음원 그리고 어렵지 않은 예문이 있는 단어장이면 더 좋다.

추천 단어장

- 키출판사의 시리즈 도서《초등 단어가 읽기다》
  단어와 예문이 주제별로 있어서 엄마표로도 부담이 없다.

- 세듀 출판사의《보카 앤 스토리》
  매일 10개씩 아이들에게 미션처럼 주면 부담이 없다.
  단어에 맞는 예문을 노트에 쓰게 하면서 공부할 수 있다.

- 능률 출판사의《주니어 능률보카》,《요즘 초등 영어 단어》와 이투스 출판사의《워드 마스터》
  학원용으로 많이 사용하는 충실한 단어장이다.
  워드 마스터는 기본은 초등 실력은 중등이 하면 좋다.

영어 단어장

단어장은 같은 책을 2번, 3번 복습하는 게 좋다. 새로 책을 사서 진도를 나가는 것보다 훨씬 많은 영어 단어를 아이가 확실하게 기억할 수 있다. 했던 걸 또 해서 지루하다기보다 오히려 알고 있는 단어를 다시 하니 쉽지 않냐면서 아이가 자신감을 가질 수 있도록 격려하자. 그리고 한 단어장을 여러면 반복해 사용했다면 다음으로는 나만의 센텐스 노트를 만들게 하자. 익힌 영어단어로 문장을 만들어 보면 더욱 확실히 내 것으로 만들 수 있다.

My sentence notebook	
영어 단어	문장

아이가 한국어 단어를 잊어버리지 않는 이유는 매일 사용하기 때문이다. 영어도 빈번하게 사용하면 조금 더 오래 기억할 수 있게 된다. 한편 외국어 단어가 모국어처럼 되기 위해서는 적어도 100번 이상 읽고 써봐야 한다고 한다. 참 지루한 일이지만 필요한 부분이다. 오래오래 학습 의지를 이어갈 수 있도록 아이의 의견이 무엇보다 중요하다. 아이에게 단어의 양과 학습법을 물어보고 최선의 교재와 방법을 선택해보자.

영어 단어 게임으로 어휘력 높이기

같은 단어 외우기라도 조금의 msg를 넣어서 더 맛있게 해볼 수 있다. 게임을 통해 재미있게 단어를 암기해보자. 어린 아이라면 워크시트를 활용해 단어퍼즐, 숨은그림찾기, 워드서치를 해보자. 핀터레스트(pinterest)에서는 다양하고 도움이 되는 무료 워크시트를 찾을 수 있다.

단어 카드게임으로는 품사별 단어를 문장으로 말하기까지 익혀볼 수 있는 고피시 게임 카드도 재미있고, 핸드폰으로 할 수 있는 단어게임 앱들도 도움이 된다. 힘들고 재미없고 지루할 때 한번씩 게임을 해주면 엄마도 아이도 리프레쉬되어서 다시 해볼 만한 마음이 생길 것이다.

학년을 막론하고 영어를 배우는 아이들을 가장 괴롭히는 것은 단어 암기일 것이다. 그러나 머릿속 어휘 사전을 풍성하게 해놓아야 영어 학습 수준도 올라간다. 단어는 구경하거나 교재를 다 본 것으로 끝내는 것이 아니라 암기하고 내 것으로 만들어야 한다. 수능에 나오는 영어 단어가 만 개 정도라고 하는데, 매일 매일 조금씩이라도 단어 공부를 해주는 게 만 개를 향해서 갈 유일한 방법이다.

▶️ [쥴리영어TV] 참고 영상

Noun Halli Galli 단수 복수 할리갈리 게임

영어단어 익히기
좋은 게임

* 저학년 게임

● 영어 단어 에그헌팅

아이에게 색종이에 오늘 배운 단어를 직접 쓰게 한다. 오늘 배운 단어들과 캔디 한 개를 달걀모양처럼 생긴 통 안에 넣어서 집안 곳곳에 숨겨 놓는다. 아이가 찾아온 달걀 안에 단어를 읽을 수 있으면 함께 넣은 캔디를 준다. 읽지 못하면 다시 한번 읽기 연습을 시킨 후 엄마는 다시 그 달걀을 숨겨 놓는다.

보물찾기처럼 집안에서 하다 보니 아이는 엄마와의 단어공부를 재밌게 느낀다. 달걀을 찾아서 읽을 때마다 그 안에 있는 달콤함과 함께 단어도 오래 기억하게 될 것이다.

'계란통'은 인터넷 검색창에 '이스터에그'라고 치면 나온다. 굳이 사지 않더라도 아이들 스낵류 중에 통으로 된 것들을 사용해도 좋다.

● 할리갈리(HalliGalli) 짝꿍 카드 게임

준비물: 영어 단어 짝꿍 카드들, 할리갈리 종

1) A4 복사지에 그림카드를 6개에서 8개정도 되도록 복사한다. 이때 꼭 짝이 되는 카드로 준비해야 한다. 단어 학습이라면 단어와 그림이 각각 하나씩 있어야 한다. 앞뒤로 복사하면 안 되고 한 면에 복사하고 잘라준다.

2) 잘라준 카드를 바닥에 그림과 글씨가 바닥으로 향하게 해서 놓는다. (위에서는 아무것도 보이면 안 된다) *카드는 바닥에 깔아 놓아도 되고 가운데 탑처럼 쌓아놓고 아이가 돌아가면서 위에서부터 한 장씩 집어서 읽고 바닥에 내려놓아도 된다.

3) 한명씩 돌아가면서 카드를 뒤집는다. 뒤집으면서 짝꿍카드가 나오면 할리갈리 종을 치고 짝꿍이 맞은 카드를 가져가면 된다. 카드를 많이 가져간 친구가 이기는 게임이다.

(뒤집은 카드가 사과그림과 영어 단어로 apple이 짝이니까 그게 나오면 짝꿍이 맞는다는 소리이

다. 단어 짝꿍으로는 apple과 apples / like는 likes 현재/ like의 과거는 liked 가 짝꿍이 되는 것이다.)

 [쥴리영어TV] 참고 영상

초등영어문법 끝장내기_영어문법 싫어하는 아이도 한 번에 빠져 들게하는 영어게임 베스트 3

● 오징어 다리 단어 게임

준비물: 오징어 그림 A4용지, 메모 포스트잇

아이가 배우고 있는 단어나 읽고 읽는 원서에서 아이가 포스트잇 앞면에는 영어 뒷면에는 한글을 쓰게 한다. 글씨를 다 쓴 포스트잇을 오징어 다리에 붙여준다. 아이가 단어를 읽고 한글 뜻을 맞추면 다리는 그래도 두고 못 맞추면 하나씩 떼어낸다. 오징어 다리가 제일 많이 남은 아이가 이기는 게임이다.

오징어 다리 단어 게임

④ 로또 단어게임

단어게임으로 사용해도 되고 문장게임으로도 사용해도 재미있다. 교재나 리딩 책 그리고 원서에서 읽은 단어들 중에서 아이에게 6개를 쓰게 한다. 최대 3장까지 쓸 수 있게 해준다.

우리 교실에서는 특히 할로윈처럼 Cultural Day 행사 때 주로 하는데 아이들의 반응이 가히 폭발적일 만큼 좋아한다.

게임방법

1. 단어를 배우고 함께 익힌다. (할로윈 때는 할로윈 단어를 암기하게 한다.)

2. 로또종이를 하나씩 주고 6개의 단어와 뜻을 쓰게 한다.

3. 교사는 상자 속에 단어들을 집어넣는다. (단어는 아이가 적은 단어 외에 다른 단어들도 적어서 넣는다)

3. 아이가 다 쓰면 선생님이 로또처럼 단어를 6개 뽑는다.

4. 일치하는 단어 개수에 따라 상품을 준다. (밸런타인데이에는 초콜릿을 할로윈 때는 캔디를 준다)

로또 게임 양식

* 고학년 게임

● 나만의 책 만들기

아이가 수업하고 있는 교재에서 재미있는 스토리를 하나 고르게 한 후 아이들에게 동사와 명사 그리고 형용사 등을 바꿔보게 하면서 나만의 멋진 책을 만들어 보게 한다.

이게 만든다보면 아이들 특성상 siily sentence처럼 재미있지만 우스꽝스러운 문장을 만들게 된다. 그렇게 만들어진 스토리들을 묶어서 하나의 책처럼 제본해 주면 아이도 좋아할 뿐만 아니라 다양한 어휘에 노출되어 자연스럽게 더 많은 단어를 알게 될 것이다.

아이가 모르는 단어들은 엄마가 알려주지 말고 아이 스스로 영어 단어 사전을 찾아보면서 할 수 있도록 해주어야 한다.

● 쁘띠 바크(Petit Bac)

쁘띠 바크는 프랑스 국민 어휘력 게임이다. 다양한 주제 학습용 게임으로 기본 어휘력이 있는 아이가라면 훨씬 더 재미있게 할 수 있다. 우리나라 게임의 끝말잇기 게임처럼 맨 앞의 주어진 첫 알파벳을 가지고 주제의 단어를 모두 빨리 적는 팀이 이기는 게임이다.

First Letter	animal	sport	food	fruit	job
b					
d					
e					
s					
t					

First Letter	animal	sport	food	fruit	job
b	bear	baseball	bullgogi	blueberry	baseball player
d	deer	dodge	donut	dry mango	dancer
e	elephant	e-sport	egg	elderberry	enginner
s	snake	soccer	sea food	strawberry	soccer player
t	tirano	tennise	tteakbokki	tangerin	teacher

쁘띠 바크 게임 예시

● 고피시(Go fish) 문법카드 & 능률 NE 망고 동사 불규칙 카드 게임

고학년이라면 문법수업을 위해 품사의 종류를 익혀 놓으면 도움이 된다. 고피시카드는 주제별로 되어 있어서 단어와 함께 문장학습에도 도움이 된다. 고피시 카드와 망고 동사 불규칙 카드로 동사의 3단 변화를 재미있게 암기할 수 있다.

고피시(Go fish) 문법카드

망고 동사 불규칙 카드

영어 단어 단어 게임 추천 사이트

 퍼즐 메이커: 교사, 학생 및 학부모를 위한 퍼즐을 만들 수 사이트로 단어 검색, 십자형, 수학 퍼즐 등을 만들고 인쇄하여 자신의 단어 목록을 만들 수 있다.

 anglomaniacy: 아이들에게 영어 단어를 알려주거나, 문법을 가르치고 게임으로 한 번 더 복습하기 최적인 사이트로 이곳에서 어휘, 문법, 표현, 영어 송 등을 해볼 수 있으며 단어는 주제별로 곤충, 가족, 감정, 음료수, 옷, 가구, 할로윈 등 다양하게 있어 아이들 관심사 위주로 배워보기도 좋다.

 raisingourkids: 다양한 영어자료를 모은 사이트로, 점선 이어 그림 완성시키기, 컬러링북, 퍼즐 등 다양한 활동 자료를 제공하고 있어 아이들에게 영어와 가까워질 수 있도록 하는 데 도움을 준다.

 mes-english의 flashcards: 플래시 카드를 만들기 좋은 사이트로 아이들에게 즐겁고 시각적으로 단어 암기를 시킬 수 있는 사이트로 게임카드로 빙고, 작문, 미로게임 등 등 다양한 자료를 갖추고 있다.

▶️ [줄리영어TV] 참고 영상

 단시간에 영어실력을 높이는 최고의 영어 단어 암기법 공개

6. 아이 맞춤 영어 노출

아이가 언어를 습득할 때 듣고 말하기는 자연스럽게 주변 환경 속에서 익히지만 읽고 쓰기는 의식적으로 학습의 단계를 통해서 배워나가야 한다. 따라서 아이가 어릴 때는 소리를 듣고 말할 수 있는 환경을 만들어 주고 점점 크면서는 읽기와 쓰기를 함께해 주어야 한다.

모국어를 배울 때도 주변 환경의 소리를 듣고 자연스럽게 배우고, 익히면서 말하고, 나아가서 읽기와 쓰기가 가능해지는 것과 같은 이치다. 특히 엄마표 영어에서는 읽기와 쓰기 단계로 나아가기 전에 충분한 듣기 인풋을 많이 해주는 게 중요하다. 짧고 간단한 노래를 틀어놓아 주고 여러 번 반복해서 불러주기도 하고 동화책의 음원도 들려준다. 유아용 영상인 만화 같은 것들을 보여주기도 하고 보드 북이나 그림책을 읽어 주면서 노출의 빈도를 높여나가면 된다. 듣기가 차고 넘치면 아이들은 조금씩 말하기 시작할 것이다.

엄마가 영어 말하기에 자신이 없어도 괜찮다. 집에서 온라인으로 할 수 있는 방법을 찾으면 된다. 화상영어 콘텐츠를 이용해서 말하기 환경을 만들 수 있고 영어발음을 집중 훈련하고 싶다면 어린이용 유튜브를 구간반복으로 틀어주거나 더빙 앱인 '투덥(2dub)' 등을 활용할 수 있다. 아이들은 여러 번 들려주거나 여러 번 보여줘도 새롭게 받아들인다.

듣기 말하기의 충분한 노출이 되었다면 천천히 문자의 읽기와 쓰기를 시작해도 늦지 않다. 충분한 영어환경 노출 없이 아이에게 좋은 결과를 기대하는 것은 화초에 적당한 양의 양분과 물 햇빛을 주지 않고 좋은 열매를 기대하는 것과 같다. 그만큼 엄마는 이 노출환경을 만들어 주기기 위해 노력해야 한다. 아웃풋이 안 나온다고 너무 성급하게 노출 강도를 높이는 실수는 하지 마시길 바란다.

이 모든 노출의 핵심은 우리 아이의 수준과 좋아하는 선호도와 관심을 파악하고 즐거움을 느끼게 하는 것이다. 이에 맞추어 콘텐츠를 찾아 주기만 하면 된다. 먼저 아이가 선호하는 감각체계를 알아보자. 유튜버 '갓주아' 선생님은 아이나 어른이나 학습할 때 선호하는 학습 유형이 있다고 한다. 시각형, 청각형, 체각형 이렇게 세 가지로 나뉜다.

시각형은 눈으로 정보를 이미지화해서 파악하는 유형이다. 이 유형의 아이는 그림책이나 책읽기 원서 읽기를 좋아하며 시각으로 보는 정보들을 좋아하고 잘 하게 될 것이다. 청각형은 직접 수업을 들으면서 이해하는 유형이다. 이 아이들은 어떤 수업이라도 귀로 들었을 때 빨리 이해한다. 동화책도 음원을 들려준다면 더 빨리 학습의 효과가 나타날 것이다. 체각형은 말그대로 몸으로 습득하는 유형이다. 한 자리에 오래 앉아 있지 못하고 조금 산만하다고 느낄 수 있는데, 이런 아이에게는 오감을 잘 사용한 활동적인 수업으로 영어가 재미있다고 느끼는 게 중요하다.

우리 아이가 어떤 유형인지 파악한다면 수업 효과가 더 극대화된다. 한마디로, 시각형은 "볼래? 읽을래?", 청각형은 "들을래?", 체각형은 "놀래?"라고 말해주면 된다. 이런 학습 유형을 제일 잘 알고 찾아줄 수 있는 사람은 아이를 제일 가까이서 지켜보고 키우는 엄마가 아닐까 한다.

아이들에겐 배움은 어쩌면 놀이여야 한다. 옛말에도 아이들은 놀면서 배운다고 하지 않았나. 배움에는 즐거움이 있어야 한다는 말일 것이다. 그러나 막상 이 배움이 재미있다고 생각하는 아이는 몇이나 될까? 엄마가 먼저 재미있어하는 모습을 보여주면 아이도 엄마를 보며 영어가 재밌나 보다, 라고 생각할 것이다.

한 분은 국어학원 원장님이었는데 아이가 정말 책을 싫어했었다고 한다. 원장님은 아이가 책을 좋아할 수 있도록 묘수를 썼다. 아이와 서점을 가되, 서점을 가기 전에 아이가 좋아하는 곳을 가서 좋아하는 것들을 사주고 맛난 것도 사주며 가장 마지막 코스로 서점을 갔다고 한다. 서점 가는 길은 늘 즐거운 일이라는 것을 알려주기 위해서였다고 했다.

이 이야기를 엄마표 영어를 하는 선생님들께 들려주고 싶었다. 아이가 싫어하고 하고 싶지 않은 것들을 하기 전에 그걸 하는 과정의 첫 시작은 재미가 있어야 한다. 재미가 없다면 시작할 수 없기 때문이다. 특히 아이들은 말이다. 분명 영어 학습은 호흡이 긴 힘든 과정을 거쳐야 한다. 이때 아이들에게 그 과정을 가는 길마다 재미있는 기억과 행복한 추억을 만들어 주자. 하기 싫은 어려운 것이 더 좋은 것이라는 것을 아이들 스스로 깨닫게 하는 그 과정을 엄마는 재밌게만 이끌어 주면 된다. 엄마표 영어를 하는 선생님만이 할 수 있는 방법이라는 것을 잊지 않았으면 좋겠다.

우리나라도 조금씩 영어 혼용국가로 들어서고 있는 시기라고 생각한다. 물론 유창하게 2개의 언어를 사용하는 바이링구얼(Bilingual) 국가가 되기까지는 시간이 걸리겠지만 우리 아이가 어른이 될 때쯤엔 조금 다른 얘기가 될 수도 있다. 벌써 세계의 과반수 국가가 2개 이상의 언어를 사용하고 있다고 한다. 언어로서의 영어가 우리에게 가까이 오고 있고 우리 아이들은 함께 사용하는 시대에 살게 될지도 모른다. 그래서 지금이 딱 좋은 영어 훈련기라고 생각한다.

▶️ [줄리영어TV] 참고 영상

엄마표 영어 노출, 들을래? 볼래? 읽을래? 놀래?

7. 영어 독서의 힘

우리말 속담에 모로 가든 서울만 가면 된다는 말이 있다. 수단이나 방법은 어찌되었든 상관없이 목적만 이루면 된다는 말일 것이다. 사교육에서는 최종 목표가 영어 실력을 올리고 결국에는 영어 1등급을 받아 좋은 대학가기이다. 최종 목적지까지 가기 위한 강훈련을 잘 따라오는 아이는 결국 결승전의 테이프를 끊을 것이고 그렇지 않다면 낙오하게 된다.

모로 가는 서울 말고 제대로 서울을 가고 싶은가? 서울까지 가는 동안 솔솔 부는 바람을 느끼고 흙, 나무, 꽃 냄새도 맡고 사계절을 느끼며 가고 싶은가? 그렇다면 엄마표를 위한 가장 효율적이고 효과적인 영어 학습 중 하나인 영어 책읽기를 하면 된다. 영어 책은 영어를 즐겁게 습득하도록 돕는다. 다양하고 유익한 간접 경험과 문화 체험이 담겼기 때문이다. 무엇보다 부모와 함께 책을 읽는 과정에서 다양한 주제의 대화 토픽으로 소통하며 서로를 이해할 수 있게 된다.

미국 어린이 출판사 스콜라스틱(Scholastic)에 따르면 11세 이하의 어린이 87%는 부모가 책을 읽어주는 것을 좋아한다고 한다. 책을 통해 함께하는 시간이 많아지다 보니 가족 간 유대관계도 깊어지고 서로를 더욱 이해했기 때문이라는 생각이 든다. 인간의 뇌는 선천적으로 스토리 이야기를 좋아한다고 한다. 아이나 어른이나 할 거 없이. 특히 아이는 자신이 즐겁고 좋아하는 일에 강한 집중력을 보인다. 즐겁게 집중하면서 영어 책을 읽다보면 자신도 모르게 영어 실력이 향상된다.

세계적인 언어학자 스트븐 크라센 박사(Stephen D. Krashen)도《크라센의 읽기 혁명》(2013)에서 모국어든 외국어든 책읽기는 독해력, 문장력, 풍부한 어휘력, 고급 문법 능력, 철자를 정확하게 쓰는 능력을 갖출 수 있는 유일한 방법이라고 말한다. 실제로 어릴 때부터 책을 많이 읽은 아이들을 보면 언어 구사력뿐 아니라 또래보다 글을 이해하는 능력도 뛰어나서 학업성취도가 월등히 높은 것을 확인할 수 있다.

다만 장점이 많은 영어 책 읽기도 적절한 지도와 꾸준한 실천이 없다면, 책으로 온 집안을 도배해 놓는 그저 보기 좋은 떡으로 끝날지도 모른다. 초등은 영어 책 읽기에 최적의 시기이다.《영어 책 천권의 힘》(2020) 저자인 동탄 리딩 리더 강은미 원장은 초등 1학년이 인생에서 어휘습득이 가장 왕성한 시기라고 밝히며 한국어든 영어든 스스로 어휘를 확장해 가는 능력을 가지고 있어서 영어 책 읽기 최적의 시기라고 말한다. 그렇다면 이 최적의 시기에 어떻게 영어 책 읽기를 하면 좋을까?

우선 아이에게 한글 책과 영어 책을 읽히는 목적이 다르다는 점을 인지해야 한다. 한글 책을 통해서는 언어발달 의외에도 정서나 인지 그리고 창의성 등 전반적인 아이의 발달을 고려해서 읽혀야 하고 영어 책은 영미 문화를 보고 간접체험 하게 하면서도 다양한 어휘와 문장 등을 익히며 최종적으로는 영어 실력 향상이라는 큰 목표를 가지게 하면서 읽혀야 한다. 그래야 영어 책을 통해 얼마큼의 기대와 성과를 높일지 목표를 계획하고 실천하면서 성공할 수 있다.

아이에게 초등에 몇 권의 책을 읽히게 할지 어느 레벨 수준까지의 책을 읽혀야 할지 계획한다. 실천할 수 있는 계획이 중요하다. 매일 매일 규칙적으로 의도적 책읽기를 시키는 것이다. 아이들마다 차이는 있겠지만 보통 천 권에서 3천 권 사이의 책을 읽으면, 책읽기뿐만 아니라 부수적으로 스스로 책을 읽는 방법을 통해서 자기주도학습 습관까지 만들어진다.

다음으로 텍스트 읽는 훈련이 먼저라고 생각하겠지만 영어소리에 노출되는 것이 무엇보다 더 중요하다. 아무런 밑 작업 없이 책을 읽기 시작하면 책에 대한 거부감이나 흥미를 잃게 되는 부작용이 생길지도 모른다. 엄마가 책을 읽어주거나 영어 책의 음원을 들려주거나 아니면 아이가 좋아하는 만화나 영상 등을 꾸준히 소리로 노출해서 인풋해 주는 것 그리고 그것이 자연스럽게 책읽기로 넘어가게 하는 것 이것이 책읽기를 성공적으로 할 수 있는 시작이다.

130명이 다니는 공부방을 운영했을 때 우리 교실에는 여자꼬맹이 3총사가 있었다. 이 아이들도 모두 원어민 선생님과 대화는 물론 영어 실력도 출중해서 영어경시대회나 말하기 대회를 나가면 1, 2, 3등을 휩쓰는 아이들이었다. 이 아이들의 영어 실력의 배경은 모두 영어 책 읽기에 있었다. 아이들의 집에는 원서가 천 권이 넘어 한마디로 집이 영어도서관 이었다. 그렇게 원서로 실력이 다져진 아이들은 나와 함께 미국교과서와 다양한 영역의 교재들을 공부하며 더욱 탄탄한 실력이 쌓여가게 되었었다.

그 중 한명이었던 예빈이는 필자가 미국에서 관리형 홈스테이 유학원을 운영했을 때 미국으로 단기어학연수까지 왔었는데 제 2의 해리포터 작가, J.K. 롤링을 꿈꾸며 연수기간 내내 밤에는 해리포터와 반지의 제왕, 나니아 연대기 등을 읽느라 미국아이가 잠자는 평균 9시를 넘기기 일쑤였다. 덕분에 미국 선생님들조차 미국아이들보다도 높은 리딩 이해와 책에 대한 통찰력이 남다름을 칭찬했다. 해리포터의 AR지수는 5.5에서 7.2 정도이다. 많이들 해리포터를 성공적인 책읽기의 기준으로 삼는다고들 한다. 모든 아이가 다 해리포터를 읽는다는 건 쉽지도 않겠지만 해리포터 전권 완독이 목표가 돼서도 안 된다. 중요한 건 책을 받아들이는 아이의 생각과 마음을 들여다보는 것이다.

지속적인 책읽기 성공을 위해서는 아이의 성향과 취향 그리고 수준에 맞는 책을 선별해 주어야 한다. 분명 시행착오가 있겠지만 결국 꾸준히 책을 읽기 위해서는 아이가 어떻게 어떤 책을 읽었는지보다 어떤 책을 좋아하느냐가 중요하다.

그렇다면 어느 정도의 레벨을 원서 읽기 성공이라고 할 수 있을까. 아이의 리딩 레벨이 영어 실력을 판가름 하지는 않지만 그럼에도 읽기 능력의 표준을 참고하면 도움이 된다. 미국학교에서도 이 레벨로 학생들의 읽기 능력을 측정하면서 읽기단계의 기준을 정한다고 한다. 미국에서 사용하는 리딩레벨은 Guided Reading Level, DRA, Lexile, AR 등이 있다.

그런데 우리나라에서는 리딩 레벨이 아이의 영어 실력을 판가름하는 척도라고 생각해 지나치게 집착하는 경향이 있는 듯하다. 리딩레벨이 낮다고 아이에게 조급하게 서두를 필요도 없고 리딩레벨이 높다고 너무 자만할 필요도 없다. 아이의 현재 상태를 파악해서 어떤 책이 필요한지를 아는 정도의 수단으로만 생각하는 것이 좋다. 레벨에 집착해서, 옆집 아이는 지금 4레벨이래, 6레벨이래, 하면서 달리기 경주하듯 따라갈 필요는 없다. 책읽기는 1등으로 들어오는 것이 중요한 것이 아니라 결승전에 잘 들어오느냐가 더 중요하다.

성공적인 책읽기는 아이가 스스로 읽고 이해하며 영어가 조금 만만해 지고 영어에 자신감이 붙기 시작할 때가 아닐까 한다. 굳이 말하자면 소설 책 읽기 전 단계인 4에서 5레벨 정도가 되지 않을까. 초등학교 때 이 레벨이 되면 이후로 영어 수준이 높아짐에 따라 효과가 점점 더 커져서 더 성장하고 성공할 수 있기 때문이다.

영어 책읽기
레벨 비교

GRL(Guided Reading Level)

미국에서 가장 널리 쓰이는 레벨테스트로 알파벳을 사용해 레벨을 구분한다. A~Z까지 총 26레벨이 있다. 1990년대에 미국 교육전문가 Irene Fountas와 Gay Su Pinnell박사가 개발했다. Fountas & Pinnell 지수라고도 한다. 단어 수, 빈출 단어수, 문장의 길이, 삽화의 유무와 문장의 복잡성 등 다양한 변수를 고려하고 있어, 많은 미국 학교가 채택한만큼 중요한 독서 가이드 지표중 하나이다. 해외 영어도서 표지에도 GRL이 많이 표시되어 있다.

 GRL 지수 검색 참고 사이트(scholastic)

DRA(Development Reading Assenssment)

학생의 읽기 유창성을 측정하는 시스템으로 1에서 80까지의 숫자로 레벨을 표시한다. 숫자가 높을수록 더 상위 레벨이다. Celebration Press에서 나온 학교용 읽기 교재 및 교사들을 위한 가이드에서 시작되었다. 평가가 어려워서 대중적으로 사용되지는 않는다. 한국에서는 잘 사용하지 않고 일부 캐나다 학교 등에서 사용된다.

Lexile

리딩 능력을 평가하는 'Lexile Reader Measure'와 텍스트를 측정하는 'Lexile Text Measure'로 나누어 리딩 레벨을 측정한다. 미국의 Metametrics에서 개발한 이래로 30여년의 역사를 거치며 전 세계 180여 개국에서 사용하고 있다. 사람과 도서 모두에게 매겨질 수 있어 매년 350만명이 렉사일 지수를 측정 받고, 교과서를 포함한 미국 도서에 가장 많이 표시된다. 그만큼 공신력 있다. 지수는 BR(Beginning Reading)부터 2○○○L까지 수치화되어 표시한다. BR 단계는 0L보다 낮은 단계를 표시한 것으로, BR 뒤에 오는 숫자가 낮을수록 리딩 실력이 높다고 볼 수 있다. 주니어토플 성적표에도 렉사일 지수가 표시된다. 만약 600L이라면 600L지수의 도서를 75% 가량 이해 가능한 수준이며, 앞뒤로 100에서 50까지를 추천도서 구간으로 생각하면 된다.

Lexile 200-500 미국 초등 저학년수준
Lexile 300-800 미국 초등 고학년수준
Lexile 800-1○○○ 미국 중학생 수준
Lexile 1○○○-1200 미국 고등학생 수준
Lexile 1200-1700 미국 대학생 수준*

---

* 가이디드 사이언스 리더스 GRL지수

책을 읽고 퀴즈 같은 것을 풀어서 책의 내용이 어떤지 파악할 수 있어서 학생들 자신이 스스로 리딩 레벨에 맞게 책을 골라 읽게 할 수 있는 장점이 있다. 미국 초중고 50% 이상인 6만여 학교가 사용하며 17만 권 이상의 도서를 지표로 삼고 있다. AR 지수는 텍스트의 복잡성과 관련된 평균 문장의 길이, 단어의 난의도 등을 고려해서 평가하고 0. 1 ~ 12. 9까지의 지수가 있다. 보통 우리가 아는 AR 지수는 영어권 학생일 때 몇 학년 수준의 리딩 실력을 가지고 있는지 확인하여 알려주는 지표이다. AR 2.3은 2학년 3개월 영어권 학생의 리딩 수준으로 이해하면 아이들의 영어 리딩 지수는 대부분 텍스트의 길이와 단어의 난의도 등은 반영하나 주제나 내용은 평가에 반영하지 않아 정성적인 평가가 아닌 정량적인 평가이다. 정량적인 지표로는 해당 책의 주제와 의미를 다 표현할 수 없기 때문에 아이들의 연령과 학년 등을 고려하고 대화를 통해 아이가 충분히 이해하고 소화가 가능한 수준의 도서를 선택하는 것이 중요하다. 아이가 평균 수준보다 높은 텍스트와 단어를 줄줄 읽더라도 인지 능력이나 경험에 따라 내용을 온전히 이해하지 못할 수도 있기 때문이다.

렉사일(Lexile) 지수와 AR 레벨 호환표
SRI Lexile – AR Grade Level Conversion Chart

학년		AR 리딩 레벨	렉사일 지수	Guided 리딩 레벨
초등학교	킨더	0. 0~0. 4		A
		0. 5		B
		0. 6~0. 7		C
		0. 8~0. 9		D
	1학년	1. 0~1. 1	25L~50L	E
		1. 2~1. 4	75L~175L	F
		1. 5~1. 6	200L~250L	G
		1. 7~1. 8	275L~300L	H
		1. 9~2. 1	325L~375L	I
		2. 2~2. 4	400L~440L	J
	2학년	2. 5~2. 7	450L~500L	K
		2. 8~3. 1	515L~565L	L
		3. 2~3. 5	575L~625L	M
	3학년	3. 6~3. 7	640L~650L	N
		3. 8~3. 9	655L~675L	O
		4. 1~4. 2	700L~720L	P
	4학년	4. 3~4. 4	725L~740L	Q
		4. 5~4. 7	750L~775L	R
		4. 8~4. 9	780L~795L	S
	5학년	5. 0~5. 1	800L~815L	T
		5. 2~5. 4	825L~845L	U
		5. 5	850L	V
중학교	6학년	5. 6~5. 7	860L~870L	W
		5. 8~6. 0	875L~900L	X
		6. 1~6. 3	905L~920L	Y
		6. 4~6. 9	925L~965L	Z
	7학년	7. 0~7. 9	975L~1030L	Z+
	8학년	8. 0~8. 9	1040L~1090L	Z+
고등학교	9학년	9. 0~9. 9	1100L~1145L	Z+
	10학년	10. 0~10. 9	1150L~1195L	Z+
	11학년	11. 0~11. 9	1200L~1235L	Z+
	12학년	12. 0~13. 5	1240L~1300L	Z+

출처: 블로그 아이걸음

이 표는 리딩 레벨의 참고용이다. 실제 나이와 실제 학년에 꼭 해당 레벨이 되어야 한다는 것이 아니다. 아래 링크에서 리딩레벨을 무료로 테스트를 해볼 수 있다.

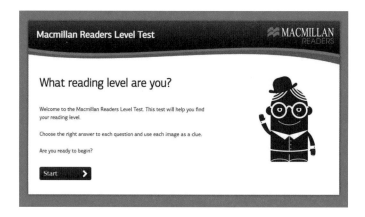

정독(Intensive Reading)과 다독(Extensive Reading) 차이점과 적용

원서를 읽는 방법은 크게 두 가지로 나누는데 그것은 정독 (Intensive Reading)과 다독 (Extensive reading)이다. 정독과 다독의 차이점과 아이들의 영어교육에 어떻게 활용하는지를 알아야 영어 원서 읽기 교육에 대한 방향성이 명확해질 수 있다고 생각한다.

정독은 '하나의 글을 자세히 읽는 방식'이다. 글에 나오는 한 단어, 한 문장의 뜻을 정확하게 이해하는 데 집중하는 읽기 방식으로 문제집을 풀거나, 글에 나오는 단어를 학습하기도 한다. 개인적으로는 영어를 처음 접하거나 영어 노출이 적은 아이가 가정에 원서를 접할 때 정독하기를 추천하지는 않는다. 아이가 독서 그 자체의 기쁨을 느끼도록 도와주기는 어렵기 때문이다.

다독은 '다양한 종류의 글을 많이 읽는 방식'이다. 글에 나오는 한 단어, 한 문장을 이해하는 데 집중하기보다 여러 권의 책을 읽는다. 한국형 학습 방식에 익숙해진 부모는 아이들의 다독 활동을 불안해하기도 한다. 여러 권의 책을 읽는 아이가 책의 내용을 정확하게 이해했는지 판단하기 힘들기 때문이다. 하지만, 다독은 아이가 진정한 '독서의 기쁨'을 느끼도록 도와주며 세상을 바라보는 관점을 넓혀주는 역할을 한다. 그래서 엄마표 영어에서는 다독을 선택하는 경우가 많다.

엄마표 영어로 다독시킬 때 최고의 장점은 자연스럽게 편안한 분위기에서 편안한 자세로 책을 읽을 수 있다는 것이다. 그리고 하나의 책을 처음부터 끝까지 읽을 필요는 없고 책에 나온 단어나 문장을 따로 공부할 필요도 없기 때문에 부담도 적어진다. 정말 책이 주는 진짜 재미와 즐거움을 얻게 되는 것이다. 아이 스스로 책을 정하고 엄마와 함께 도서관이나 서점에서 좋아하는 책 리스트를 꾸리다보면 정독이 필요한 이 시기에 꽃을 피울 수 있게 될 것이다.

한편, 원서 수업이 교육트렌드로 자리잡으면서 다독이 좋으니 정독이 좋으니 의견이 갈리는 경우를 보게 된다. 지극히 개인적인 견해이긴 하지만 엄마표로 할 때는 다독을 하고 원서를 교육하는 영어도서관이나 영어교육기관에서는 정독을 기본으로 삼기를 추천하고 싶다. 엄마표에서 하나의 글을 반복적으로 읽고 분석하는 과정이 자칫 지루할 수 있는데 교육기관에서 친구들과 함께 한다면 훨씬 더 재미있게 진행할 수 있기 때문이다.

물론 가정에서 원서를 깊이 읽도록 지도해도 되고 교육기관에서 아이가 편하게 다독할 수 있는 공간을 마련해 주어도 무방하다. 실제로 미국 도서관에서 인상 깊었던것 중의 하나는 아이가 좋아하는 인형이나 강아지를 데리고 와서 다양한 책들을 읽어주는 모습이었다. 그래서 엄마표에서는 다독, 학원표는 정독처럼 굳이 나눌 필요는 없다고 생각한다.

8. 우리집이 문법 교재다

Start where you are.

Use what you have.

Do what you can.*

-Arthur Ashe[Tennis player]

"문법은 언제 시작하면 좋을까요? 읽기와 쓰기를 시작했는데 무슨 책이 좋을까요? 영어를 이제 시작한 고학년인데 문법은 어디서부터 시작할까요?" 그만큼 문법은 영어영역에서 빠질 수 없고 어느 영역에서나 필요한 기본이다. 문법은 집을 지을 때 기초공사에 해당한다. 제대로 하지 않으면 부실공사로 집이 무너져 내리는 것처럼 다른 영역에서 앞으로 나아가는데 걸림돌이 된다. 특히 중학교에 올라가면서 부터는 시험이라는 그 큰 벽을 만나게 되니 문법을 안 익힐 수 없는 노릇이다.

문법을 가르치는 방법에는 두 가지가 있다. 문법 규칙을 설명하지 않고 적당한 예들을 많이 보여주는 방법과 문법 구조를 보여주고 설명한 뒤에 예문을 보여주는 방법이다. 교육기관에서는 후자를 통해 문법을 가르치고 있다. 당연히 교재가 있어야 하고 설명은 따분할 수 있다. 어린 아이일수록 지루한 문법 수업 때문에 자칫 영어에 흥미를 잃는다. 그래서 엄마표에서는 아이가 이미 알고 있는 단어나 배경지식을 활용하여 자연스럽게 가르치는

---

* 당신이 있는 곳에서 시작하라. 당신이 가진 것을 활용하라. 당신이 할 수 있는 것을 하라.

것이 좋다. 설명 없이 자연스럽게 적당한 예들을 보여주면서 문법인 듯 문법 아닌 문법 같은 방법으로 가르쳐야 한다.

문법은 재미가 없으면 절대 늘지 않는 영역이다. 엄마에게는 문법을 책으로 가르치는 길이 가장 쉽겠지만, 쉬운 길로 가지 말고 아이에게 쉽고 재미있는 것을 찾아줄 수 있는 길을 찾아야한다. 영어가 재미있는 일상이라는 걸 아이가 알아야 문법이란 높은 산도 가까운 평지처럼 힘들지 않게 자연스럽게 걷게 될 것이다.

이제부터 우리 집을 문법 교재로 만드는 방법을 소개한다. 아이들과 함께 신나게 우리집 문법책을 채워보길 바란다.

놀이로 배우는 엄마표 기본 문법, pre grammar

1) 집에서 알려주는 8품사(용어를 아이들에게 미리 알려줄 필요는 없다)

● **명사:** 집에 있는 모든 물건은 명사가 된다. 포스트잇에 단어를 써서 아이에게 해당하는 물건에 붙이게 한다. 타이머를 활용해 긴장감을 더해주자. 1분에 5개, 2분에 10개, 3분에 20개 찾기 이렇게 시간 내에 찾는 단어를 늘려가면서 어휘 수를 늘려 준다.

> **Tip:** 과일이나 캔디를 줄 때는 한 개와 두 개 이상의 차이를 알려줄 수 있다. "여기 사과 하나가 있네. an apple! 사과가 3개네. apples!" 모든 명사의 단복수는 이렇게 익히기 시작한다)

● **대명사:** 집안에 있는 명사들을 익혔다면 엄마가 "Look at it! Look at them! Look at him!" 하면서 자연스럽게 대명사로 바꿔서 말해 준다. 처음엔 잘 모르지만 자꾸 반복하다 보면 아이도 I, you, she, he, it, we, they를 인지한다.

● **동사:** 예쁜 인형을 하나 준비해서 아이가 동사를 인형을 통해 표현하게 한다. sleep 하면 자는 모양으로, eat하면 먹는 모양으로. 인형 없이 아이와 엄마가 직접 동사를 표현해도 된다.

> **Tip:** 주어에 she나 he가 오면 동사에 s나 es가 오는 것을 자연스럽게 말해 주자. 인형이 여자라면 "She likes apples."가 된다. 이렇게 해주면 나중에 문법을 설명을 들을 때 부담 없이 익힌다.

● **형용사:** 아이가 집안에 있는 명사를 배웠다면, 명사 앞에 꾸며주는 단어를 하루에 하나씩 붙여 말해보게 하자. 대상이 '엄마'라면 오늘은 '예쁜 엄마', 내일은 '예쁘고 똑똑한 엄마', 그 다음 날은 '예쁘고 똑똑하고 친절한 엄마'로 늘려본다. 아이가 좋아하는 그림을 그리게 하거나 명사 단어 카드를 만들어서 그 명사를 표현하는 방법들을 알려줘도 된다. 형용사는 한글 어휘력도 늘릴 수 있어서 아이에게서 더욱 좋은 학습법이 된다.

● **부사:** 동사와 함께 알려준다. '곰 인형이 예쁘게 노래해.'는 'The bear sings beautifully.', '비행기가 아주 빨리 나네.'는 'The airplane flies fast.', '거북이가 천천히 걷네.'는 'The tuttle walks slowly.'와 같이 적합한 부사를 세트로 익힐 수 있다.

● **전치사:** 숨바꼭질 놀이를 통해서, 혹은 아이가 좋아하는 장난감

을 활용해 장소와 위치 앞에 붙이면서 알려 주면 된다. 아이에게 "Where are you?"라고 물어보면서 "in the kitchen? under the bed? behind the curtain?" 하며 놀이를 통해 재밌게 익히도록 한다. 장난감과 박스 하나를 가지고 아이 혼자 해볼 수도 있다.

● **접속사:** 집안에 있는 명사 두 개를 연결하며 알려준다. 자연스럽게 접속사는 연결하고 싶을 때 사용한다는 것을 익히게 된다.

● **감탄사:** 엄마가 놀랄 때, 당황할 때, 기쁠 때 상황에 맞게 들려준다. 아이도 자연스럽게 엄마의 감탄사를 따라하며 습득한다.

2) 집에서 알려주는 초등 기본 문법

● There is / There are

무언가 있다고 말하고 싶을 때 물건이나 사람이 1개 있으면 'there is', 2개 이상이면 'there are'를 사용한다. 아이 물건을 가지고 게임을 해보자. 아이에게 물건을 가지고 오게 해서 하나씩 말해 보게 한다.

> **ex:** There is a book on the table. There are books on the table.

● have / has

'가지다'라는 뜻으로 주어에 따라 다르게 온다는 것을 알려준다. 파리채(2개), 주어 카드, 양면테이프를 준비해 아래 게임을 해보자.

① 파리채에 하나는 'have'를 붙이고 다른 하나는 'has'를 붙인다. 글자를 붙인 반대편에는 양면테이프를 붙여 끈끈하게 만든다.

② 복사 용지에 여러 가지 주어를 적은 다음 카드처럼 만들어서 자른 후

바닥에 놓는다. 이것이 주어 카드가 된다.

③ have 파리채로 잡을 수 있는 것과 has 파리채로 잡을 수 있는 주어를 잡아서 가져간다. have 파리채로는 I와 you를 잡을 수 있고, has 파리채로는 she와 he를 잡을 수 있다.

④ 응용해서 가족이 가지고 있는 것들로 주어와 문장을 확장해준다.

> **ex:** My mom has a bag. My sisters have computers.

● **현재 진행형**(동사 + ing)

'행동을 하는 중'이라는 것을 강조해서 얘기해 준다. "하다가 아니고 하고 있는 거야, 하고 있는 중이야." 이렇게 설명한다. 아이가 좋아하는 인형을 준비해서 묻고 답하며 익히면 재밌다. "What is it doing?"과 "It is …. 동사 +ing." 이 두 문장을 알려주고, 엄마는 질문하고 아이는 인형이 하고 있는 것을 진행형으로 말하게 한다. 인형 대신 아이가 직접 행동하면서도 진행해 본다.

> **ex:** What are you doing? I am running.

● **비교급과 최상급**

"누가 더 예뻐? 누가 제일 예뻐?"와 같이 '더'나 '가장'을 넣어 비교하고 싶을 때 비교급을 사용하고, '제일'이나 '최고'라고 말하고 싶을 때 최상급을 사용한다고 말해준다. 비교급은 가족사진을 보여주면서 "엄마가 예뻐? 네가 예뻐?"라고 묻거나 인형을 놓고 "이게 더 커? 저게 더 커?"라고 물으며 익힌다. 물잔에 물을 부어서 "이 물이 더 많아? 저 물이 더 많아?" 하고 질문하고 대답할 수도 있다.

최상급이라면 "가족사진 중에서 누가 제일 이뻐?"라든지 "인형 중에서는 누가 제일 귀여워?"라고 물어 볼 수 있다.

> ex: Who is prettier? I am prettier than you.
> Who is smarter? I am smarter than you.
> Who is the most beautiful? I am the most beautiful in my family.

● 과거 동사

지난 일이나 예전에 있었던 일을 말하고 싶을 때 쓰는 단어라고 말해준다. 보통 '~이었다', '~있었다', '~하였다', '했다'라고 해석한다고 설명한다. 가족 앨범을 꺼내거나 휴대폰 사집첩을 켜서 아이의 애기 때 사진을 보여준다. 이때 "너 귀여웠어." 나 "엄마랑 어제 어디 갔었지." 하고 물어보면서 지난 일에는 쓰는 단어가 따로 있다고 말해주고, 아이에게는 전에 가족들의 모습이 어땠었는지 말해 보게 한다.

> ex: Were you cute? Yes, I was. / Was she your English teacher? Yes, she was
> What did you do yesterday? I studied English. I played games. I watched the movie.

3) 집에서 익히는 엄마표 문법 게임

● 할리갈리 종으로 명사, 동사 엔딩 익히기

명사는 2개 있을 때 단어 뒤에 s/es 가 온다는 것과, 반대로 동사는 주어가 1명이나 1개일 경우 s/es 가 온다는 것을 알려준다.

준비물: 할리갈리 종, 명사 카드, 동사 카드

게임 방법:

명사 카드와 동사 카드를 펼쳐놓고 명사의 단수복수와 동사 3인칭 수일치 엔딩을 익히는 게임이다. 예를 들어 명사라면 사과 한 개는 'an apple'과 사과 두 개 이상은 'apples'이, 책 한 권은 'a book'과 두 권 이상은 'books'를 찾아야 한다.

3인칭 주어 'she'를 사용한다면 동사 'have' 대신 'has'를, 동사 'like' 대신에 'lilkes'로 짝을 맺어줘야 한다.

아이가 무조건 명사와 동사의 엔딩을 외우기보다 게임으로 눈으로 익히면 훨씬 쉽게 말하면서 외울 수 있게 된다. 무엇보다 재미가 있다. 엄마와 둘이 해도 좋고 친구들과 같이 하면 더 재미 있을 것이다.

● be동사와 일반 동사 보드게임

두 번째는 보드게임으로 be동사와 일반 동사를 익힐 수 있다. 보드도 정말 만들기 쉽다. 아이가 배우고 있는 교재의 문장을 보드 템플릿에 적어서 넣기만 하면 된다. 이때 동사나 be동사 자리를 비워둔다.

준비물: be동사 일반 동사 보드, 말, 주사위

게임 방법:

1. 2명이서 하거나 두 팀을 만든다.
2. 게임을 시작할 때 주사위를 던져서 누가 먼저 시작할지 순서를 정한다. 숫자가 적게 나온 사람이 시작하도록 하면 아이가 더 재미있어 한다.
3. 시작하는 사람이 정해졌으면 주사위를 던지고 나온 숫자만큼 말을 이동한다. 단, 그 자리에 있는 정답을 맞춰야 말을 올려놓을 수 있다.
4. 만약 다음 사람이 같은 숫자가 나와서 같은 자리에 오게 되면 먼저 올려놓은 말을 잡을 수 있게 된다. 잡힌 말은 처음으로 다시 돌아가야 한다. 모두 알고 있는 윷놀이와 같은 방식이다.
5. 먼저 도착 지점(GOAL)에 도착한 말이 이긴다.

아이들은 이 게임에서 한두 판 돌고나면 문장 안에 들어갈 be동사나 일반 동사를 거의 다 암기하게 된다. 교재를 한 권 푸는 것과 마찬가지인데 게임에서 이기려고 애써서 암기하느라 지루하게 느끼지 않는다. 이 방법으로 일반 동사의 긍정문, 부정문, 의문문까지 끝내면 초등 문법의 기초는 완전히 탄탄해 진다.

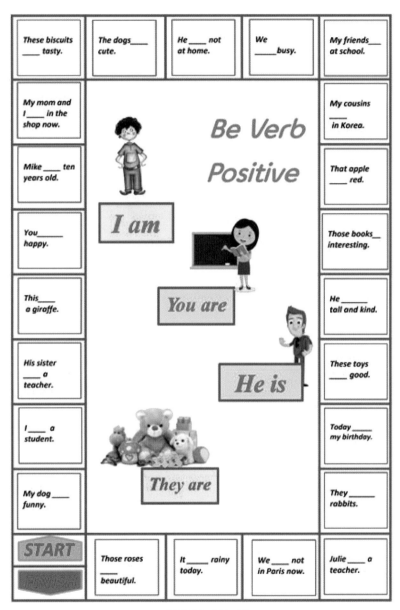

These biscuits ____ tasty.

The dogs____ cute.

He ____ not at home.

We _____busy.

My friends___ at school.

My mom and I ____ in the shop now.

My cousins ____ in Korea.

Mike ____ ten years old.

That apple ____ red.

Be Verb Positive

You_____ happy.

Those books__ interesting.

I am

This____ a giraffe.

He _____ tall and kind.

You are

His sister ____ a teacher.

These toys ____ good.

He is

I ____ a student.

Today _____ my birthday.

My dog ____ funny.

They are

They _____ rabbits.

START

FINISH

Those roses ____ beautiful.

It ____ rainy today.

We ____ not in Paris now.

Julie ____ a teacher.

be동사 맞추기 보드판

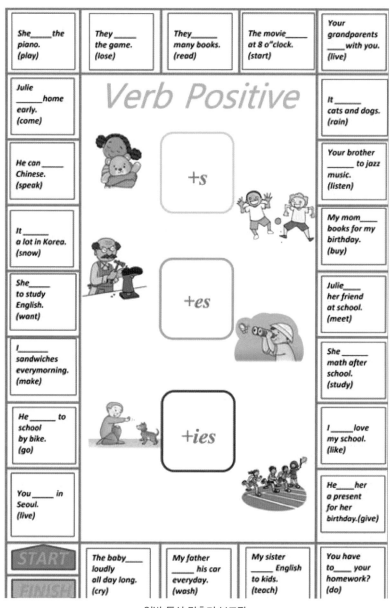

She_____the piano. (play)	They _____ the game. (lose)
They_____ many books. (read)	The movie_____ at 8 o"clock. (start)
Your grandparents _____ with you. (live)	

Verb Positive

She_____the piano. (play)

They _____ the game. (lose)

They_____ many books. (read)

The movie_____ at 8 o"clock. (start)

Your grandparents _____ with you. (live)

Julie _____home early. (come)

It _____ cats and dogs. (rain)

He can _____ Chinese. (speak)

Your brother _____ to jazz music. (listen)

+s

It _____ a lot in Korea. (snow)

My mom_____ books for my birthday. (buy)

She_____ to study English. (want)

+es

Julie____ her friend at school. (meet)

I_____ sandwiches everymorning. (make)

She _____ math after school. (study)

He _____ to school by bike. (go)

+ies

I _____love my school. (like)

You _____ in Seoul. (live)

He____her a present for her birthday.(give)

START

FINISH

The baby_____ loudly all day long. (cry)

My father _____ his car everyday. (wash)

My sister _____ English to kids. (teach)

You have to____ your homework? (do)

일반 동사 맞추기 보드판

● 원목 주사위 문장 만들기

세 번째는 원목 주사위 문장 만들기 게임이다. 아이가 가지고 있는 가베 주사위가 있다면 바로 사용해도 되고 얼마 안 하니 새로 구매해도 좋다. 각 면에 글자를 넣어야 하니 사이즈가 커야 한다. 라벨기가 있다면 주사위 위에 글씨를 붙이고 그냥 매직으로 써도 된다. 이 게임으로 주어와 동사의 변화, 문장 만들기, 말하기 연습까지 할 수 있다.

준비물: 주사위

게임 방법:

먼저 주사위 3종류를 만든다.

- 주어 주사위 1개: I, you, he, she, it, we, they 등을 각 면에 붙인다. dad, mom, brother, sister, a cat, cats 등 더 다양한 주어를 사용해도 좋다.
- 동사 주사위 1개: 아이가 쉬워하는 동사를 적어준다. like, love, play, eat, go, sleep 등.
- 조건 주사위 3개: 조건 주사위는 3개가 필요하다. 현재 긍정문 · 부정문 · 의문문 주사위, 과거 긍정문 · 부정문 · 의문문 주사위, 미래 긍정문 · 부정문 · 의문문 주사위 이렇게 있다. 주사위 면이 6개니까 2개는 랜덤으로 아무거나 더 넣어 주면 된다.

주어 주사위, 동사 주사위, 조건 주사위를 같이 던져서 나온 조건대로 문장을 만든다.

주사위가 she, like, 현재 긍정문이라면 'she likes a cat.', 'She likes me.'라고 만들 수 있다. 주어가 'she'니까 동사에 's'를 붙이는 것까지 알게 해준다.

조건 주사위

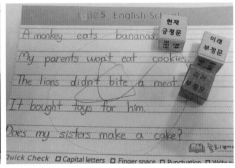

조건 주사위로 문장 만들기

Make Sentences1	Present Simple	Present Continuous	Past Simple	Past Continuous	Present Perfect	Past Perfect
I	sleep	jump	read	sing	eat	run
You	cook	swim	study	dig	kick	write
He It	listen	play	call	Good Luck	ski	wash
She It	catch	fly	cry	teach	hug	walk
We	bake	dance	blow	draw	drive	win
They	drink	fight	paint	sit	marry	ride

원목주사위 문장 만들기 보드판(상표등록 제품)

엄마표로 배우는 문법은 무조건 재미있어야 한다. 그래야 재미를 통한 신뢰가 쌓여서 엄마표로 성공할 수 있는 기틀이 다져진다. 또한 문법을 지도할 때 말하기와 연결하는 것을 잊으면 안 된다. 제대로 문법 규칙을 익혔더라도 말로 할 수 없으면 모르는 거나 마찬가지이다. 영어는 뇌가 아니라 입이 기억한다고 한다. 아이가 게임 안에서 자꾸 말하다보면 자연스럽게 문법도 익히고 말문도 자연스럽게 터지게 될 것이다.

▶️ [쥴리영어TV] 참고 영상

초등영어문법 끝장내기

9. 우리 아이의 유형은?

칼 융의 '성격 발달 이론'에 따르면 사람은 특정 기능을 선호하는 경향을 가지고 태어난다고 한다. 그래서 아이는 좋아하는 일에 가장 관심을 많이 가지고, 그 좋아하는 일을 할 때 칭찬과 격려를 받으면 만족감과 성취감이 쌓여 좋아하는 일을 더 잘하게 되는 것 같다.

아이들을 오랫동안 가르치며 정말 다양한 아이들을 만났다. 모두 같은 아이는 한명도 없었다. 심지어 쌍둥이들도 어쩜 그렇게 다른 학습 성향을 보이던지! 같은 환경에서 자랐어도 타고난 것들은 변하지 않는구나 싶었다. 그렇다면 아이들 성향에 따라 학습 접근 방법도 달라야 하지 않을까? 이를 가장 잘 해줄 수 있는 사람이 바로 '엄마'이다. 내 아이다보니 아이의 성격과 성향을 제일 잘 알고 필요한 부분을 채워줄 수 있다.

아이 성향에 따라 어떻게 지도해보면 좋을지, 내가 만났던 몇 명의 아이들을 예로 들어 적용 사례를 살펴보자.

첫 번째 아이 - 모범생 유형

모범적이고 부모님 말씀도 잘 듣고 엄마가 제일 좋아하는 정리정돈도 잘하는 아이다. 숙제를 한 번도 안 해온 적 없고 교사의 지시사항이나 수업시간 조차 한 번도 어긴 적 없는, 한마디로 진짜 FM 같은 아이. 내 아이가 이런 아이이길 모든 부모님들은 바라지 않을까 싶다.

이 아이는 성격처럼 모든 일을 계획적으로 잘 짜인 틀 안에서 움직이는 것을 좋아하고 만족해 한다. 자기주도 개별학습 수업 방식의 시스템에 너무 잘 맞는 아이다. 매일 매일의 학습량과 해야 할 과제를 주면 이걸 해내는 성취감에 뿌듯해 하면서 좋은 학습 결과물을 보여 줄 것이다. 그런데 이 아이를 5년 동안 가르치다보니 계획에 없던 일을 받거나 본인은 했는데 다른 아이에게는 다른 과제를 주는 것에서 예민한 모습을 보였다. 인정받기 위해 꾸준히 노력하고 애쓰지만 틀에서 벗어난 것을 싫어한다는 것을 알 수 있었다.

엄마가 다루기 편한 아이일수록 어쩌면 정작 아이는 힘들어 할지도 모른다는 생각을 꼭 했으면 좋겠다. 내 아이가 이런 성향이라면 융통성을 길러 주고 모든 계획은 변할 수 있다는 가능성을 늘 제시해 주는 것이 좋다. 나 역시 이 아이에게 지금 눈에 보이는 백 점보다 더 먼 미래를 보는 시각을 알려주려고 애쓰고 있다.

두 번째 아이 – 외향적이고 기분파인 유형

우리집 1호가 꼭 이런 아이이다. 액티브한 성격으로 늘 주변에서 장난꾸러기로 통했다. 한국에서 초등학교를 다니던 내내 선생님의 성적표 코멘트엔 집중력이 약하다 산만하다. 그러나 친구들과의 교우 관계는 좋다, 였다. 학원을 하는 동안 제일 힘든 아이들 중에 속하는 아이가 이런 아이였는데 내 아이가 그랬다. 선생님들 대상 세미나를 진행할 때 이런 유형의 아이들의 대처법이나 학습 지도를 물어보시는 경우도 있는 것을 보면 선생님들도 컨트롤하기 쉽지 않은 유형의 아이다. 이런 아이들은 선생님이나 엄마의 지시를 잘 안 듣고 고집도 센 편이기도 하다.

이런 아이들은 한 자리에 오래 앉아 있지 못하고 집중력이 짧아서 엄마나 교사 주도식 수업이 힘들다. 그런데 이런 유형의 우리 아이가 미국에서 초등학교를 다니는 동안에는 본인도 가르치시는 선생님들도 그렇게 힘들어하지 않아 보였다. 왜 그랬을까?

미국 선생님이나 미국 부모님들의 교육과 양육의 방법에는 있는 그대로 받아들이는 자세가 있었다. 무엇보다 먼저 아이들에게는 자유스러운 분위기를 만들어 주고 있었다. 시청각을 사용한 다양한 자료나 교구로 재미있게 해주고 엉뚱하다고 할 만큼 강한 호기심은 직접 체험으로 학습하게 이끌었다. 과하게 통제하지 않으면서 작은 일에도 성취감을 느끼게 해주어서인지 오히려 아이 스스로 절제하며 무엇이든 해내고 알아내려는 학습 태도를 갖게 해준다. 덕분에 매일 소리를 몇 번씩 질러도 소용없던 우리집 1호는 지금 미국에서 파일럿이 되기 위해 항공 공부를 하고 있다. 혹시라도 지금 내 아이가 이런 유형의 아이라 힘들다면 미국 선생님과 부모의 작은 조언들에 귀기울이고 우리집 1호를 보고 희망을 품어 보길 바란다.

엄마가 원하는 '한 시간 수업'이 아닌 아이가 원하는 '30분 수업'으로 아이의 의사를 반영해 주는 것도 좋다. 다른 아이가 한 시간 걸릴 과제를 자기 마음에만 들면 30분 안에 끝내는 아이들이 바로 이 유형이기도 하다. 아이가 수업에 잘 집중했다면 그동안 해낸 성과에 대해 아주 많이 칭찬해 주길 바란다. 칭찬받는 좋은 기억이 쌓일수록 더 크게 발전하는 모습을 보여줄 가능성이 높다.

세 번째 아이 – 감정이 풍부하고 사교적인 유형

감정이 풍부해 표현력이 뛰어나고 창의성도 우수하며 친구들과의 관계도 아주 좋은 아이다. 칭찬해주고 인정해주면 더 잘하는 아이로 다정한 말 한마디가 학습 동기에서 아주 큰 비중을 차지하며 크게 작용한다. 반면 나의 사소한 말실수나 지적에 상처를 받고 힘들어 하는 모습도 보였다. 그러나 칭찬만이 능사는 아니었기에 어떻게 훈육을 해야 할지 늘 고민이 되는 아이다. 오히려 내가 아이의 기분을 살피고 눈치를 보며 수업하는 경우도 생겼다.

이런 아이들은 오히려 기계적이고 반복적으로 연습하는 수업에 약한 편이다. 그래서 읽기 수업에 초시계를 이용해 제한 시간 안에 말해 보기도 하고, 본인의 수업을 녹음하게 시켜보고, 한글은 영어로 영어는 한글로 바꾸는 동시통역이나 단어 카드를 직접 만들어 친구들과 함께해보는 활동을 시켜 주고 있다.

내 아이가 이런 성향이라면 정서적으로 풍부하고 내면을 자극해 줄 수 있는 따뜻한 감동이 있는 영어 동화책을 골라주는 것도 좋은 방법 중의 하나라고 생각한다. 그리고 감성적이고 친구들과의 관계도 좋지만 그 안에서 상처를 쉽게 받을 수 있으니 아이의 감정을 있는 그대로 이해하고 받아들여 주어야 한다. 절대로 다그치지 말되 대범하게 헤쳐 나갈 수 있는 마음의 자세와 용기를 가르쳐주어야 할 필요는 있다고 생각한다.

네 번째 아이 – 독립심이 강하고 논리적인 유형

궁금한 것이 있으면 꼬박꼬박 물어보는데 따지는 듯한 느낌이 들 때도 있어서 버릇이 없나 하는 생각까지 드는 아이가 있다. 자존심이 강하다 보니 조언을 참견이라 생각했는지 얼굴색부터 바뀌는 아이였기에 일반적인 리딩 책이 아닌 논픽션 교재를 사용해서 궁금한 부분들에 대한 호기심을 채워주려고 했다. 감성적인 책보다 논리적인 스토리가 있는 교재가 맞는다.

내 아이가 이런 성향이라면 엄마는 정말 많이 공부해야 한다. 일방적인 설명으로는 만족하지 못해 논리적인 설명을 더 잘 이해하고 따르기 때문이다. 어리더라고 자신만의 호불호가 정확할 수 있으니 아이의 관심분야를 눈여겨본다면 방향성과 비전을 제시하면서 이끌어 줄 수 있을 것이다. 다만 독립적이고 자존심이 세다 보니 사회성이 조금 부족하고 자신만의 세계에 빠질 수도 있다. 그래서 늘 관심을 가지고 다른 사람에 대한 배려나 이해심에 대해서 어렸을 때부터 이야기해주기를 바란다.

오은영 박사님처럼 아동 전문가는 아니지만 오랫동안 수천명이상의 초중고 아이들을 가르치며 몇몇 대표되는 아이들의 유형을 나누어볼 수 있었다. 물론 세상에 같은 성향의 아이는 한명도 없기에 여기에 해당 안 되는 아이가 더 많을 것이다. 내 아이는 어떤 아이일까? 그리고 나는 어떤 엄마일까? 한번 생각해 보면서 내 아이가 어떤 생각을 가지고 있는지 그리고 내가 어떤 마음으로 아이와 보내는지 깊이 생각해 보길 바란다. 엄마가 어떤 마음으로 아이를 보는지에 따라 아이의 미래는 달라진다. 그리고 기억해 주시길. 아이의 모든 미래는 엄마 손에서 만들어 진다는 것을.

You'll never find a rainbow if you are looking down.

당신은 무지개를 찾지 못할 것이다.

만약에 당신이 아래를 내려다보고 있다면.

엄마표 영어의
중심을 잡는 10계명

1. 영어로 사칙연산 하라

초등에 영어를 제대로 끝내는 비법을 간단히 정리한다면 주저 없이 "사칙연산을 하세요."라고 말할 것이다. 여기서 말하는 사칙연산은 여러분이 생각하는 더하기, 빼기, 곱하기, 나누기가 맞다. '영어에 무슨?'이라고 생각할 수 있지만 30년 가까이 영어를 가르치며 생긴 통찰력 같은 것이라고 분명히 말할 수 있다. 해야 할 것과 하지 말아야 할 것을 경험하며 들여다 본 영어 교육의 핵심, 그것을 나는 사칙연산이라고 부르고 싶다.

더하기는 아이들에게 필요한 것을 찾아서 더해주는 것이다. 가르치는 사람에게 티칭보다 더 중요한 것은 가르침 받는 이의 수준과 속도를 보는 눈을 기르는 것이다. 그래야만 부족한 부분을 채워줄 수 있기 때문이다. 우리 교실의 영어 커리큘럼은 정말 궁극의 심플함을 토대로 만들어졌다. 그래서 아이들은 복잡하다거나 영어공부를 많이 한다는 느낌을 많이 가지지 않는다. 대신 교재 한 권을 종합적으로 깊이 있게 사용한다. 그러다가 조금 부족하다 싶은 부분이 보이면 부교재를 만들어 준다. 공부하는 양이 아니라 필요할 때 더하기를 잘해주는 게 중요하기 때문이다.

다음은 **빼기다.** 좋다는 것을 더 시키지 말고 쓸데없는 것을 덜 시켜야 한다. 불필요한 것을 빼자. 처음에는 무엇을 더하고 무엇을 빼야할지 잘 모를 수 있다. 먼저 아이의 수준에서 봐야 한다. 세상 모든 교재는 좋기도 하고 나쁘기도 하다. 아무리 유명하고 좋아보여도 아이와 맞지 않으면 종이쪼가리에 지나지 않는다는 말이다. 특히 엄마표 선생님은 원서로 학습 접근을 주의해야 한다. 원서를 영어 학습 교재로 사용하면 아이들에게서 책읽기의 즐거움을 뺏을 수도 있다. 또한 아무리 좋은 원서가 있어도 가정에서도 처음부터 좋은 원서를 풀세팅해서 구입하는 것은 조심해야 한다. 이건 원서뿐 아니라 영어 학습 교재도 마찬가지다. 서부른 조급함이 아이를 힘들게 할 수도 있다. 한 권이라도 제대로 할 수 있게 가르치는 것이 영어 학습을 롱런할 수 있는 최고의 비법이다.

다음은 **곱하기다.** 영어는 연습을 통한 훈련이 쌓여서 만들어진다. 학습 영어 환경에서 영어 실력을 다지는 방법은 오직 훈련과 연습을 곱하고 곱하는 것이다. 그래야 실력이 된다.

필자는 아이들에게 연습을 통해 훈련을 쌓아가면서 곱하기하는 과정을 영어의 동사로 시작하고 있다. 왜냐하면 훈련하기도 좋고 제일 언어로써 접근할 때 의사소통과 학습에서도 중심 뼈대가 되는 것이 동사이기 때문이다. 영어를 전공하고 영어를 가르쳤음에도 처음에 미국에 갔을 때 나역시 이 동사의 덕을 톡톡히 보았던 경험이 있다. 동사하나만 가지고도 의사소통이 되는 게 신기할 정도였다. 그러면서 아이들에게 동사의 변화와 시제 그리고 형태 등을 계속해서 암기하고 훈련하면서 기본 문법과 함께 말하기 쓰기를 한꺼번에 가르치고 있다. 쥴리쌤의 동사연습을 하는 만능 동사북의 시작은 제대로 곱하기를 시키고자 만들어낸 시작이었다.

아이에게 맞는 교재를 선택했다면 넘치기 않게 뺄 건 빼면서 곱하기를 잘 해야 한다.

패턴암기와 훈련은 좋은 학습법이라고 생각한다. 이건 앵무새가 아니라 아이가 체화할 수 있는 최고의 학습 방법이다. 이 앵무새 과정이 있어야 유창한 말하기도 가능하다. 매일 매일 동사 하나씩 현재 과거 미래로 반복해서 읽고 쓰고 말하기를 연습한다면 어떤 계기가 생기게 되었을 때 아이는 분명히 조금 더 쉽게 그 상황에서 영어로 수다가 가능해 질거라 생각하기 때문이다.

사칙연산중 마지막은 **나누기이다.** 영어 학습에서는 적절하게 나누어서 분산학습이 되지 않으면 과부화에 걸리게 될지도 모른다. 많이 시킨다고 해서 절대 잘하거나 실력이 늘지 않는다. 매일 조금씩 나눠서 소화할 수 있는 양만큼 먹이는 것 그것이 오랫동안 영어와 함께 할 수 있는 유일한 방법이다. 오늘 아이가 할 수 있는 양만큼 가르치되 반드시 아이의 성장과 속도에 따라 분량이 달라져야 한다는 것이다. 그러므로 교재마다 맨 앞에 수업의 전체 흐름을 볼 수 있는 전체 플로우와 데일리 플로우를 스티커로 붙혀주면 좋다. 하루에 할 분량을 10개로 나누었을 때 5번에서 끝나는 아이도 있고 7번에서 끝나는 아이도 있고 10번까지 한 번에 끝내는 아이도 있다. 그래서 아이도 나도 조급해 하지 않는다. 걸리는 시간은 차이가 있지만 모두가 분명히 해낼 것을 우리는 서로 알기 때문이다.

더할 것은 더하고, 뺄 것은 빼고, 곱할 것은 곱하고, 나눌 것은 나누면서 담금질을 거쳐야 하는 게 영어라는 생각이 든다. Slow and Steady wins the race. 좋아하는 영어 격언이다. 이 격언처럼 영어교육도 양이나 속도보다 방향이 중요하다. 이것저것 다 시켜보며 걱정하기보다는 우리 아이에게 맞는 방향을 설정하고 앞으로 나아가는 것이 훨씬 중요하다는 것을 꼭 잊지 않으셨으면 좋겠다.

▶️ [쥴리영어TV] 참고 영상

성공하는 초등영어비법은 이것이었습니다!!

2. 영어적 용기를 가져라

영화 〈이상한 나라의 수학자〉를 보고 나서 유난히 기억나는 장면이 있다. 수학을 잘하려면 제일 중요한 건 용기라고 하면서 할 수 있다는 각오는 객기고, 문제가 어려워 풀리지 않으면 다음 날 아침에 다시 풀어보겠다는 '여유로운 마음'이 수학적 용기라는 말이었다. 이 말이 영어를 가르치는 나에게는, 영어가 어려우면 내일 다시 하면 되고, 그래도 힘들면 그 다음 날, 그다음 다음 날로 이어가며 포기하지 않고 해내는 마음이 영어적 용기라고 말하는 것처럼 들렸다. 엄마표 영어를 하면서 오늘도 아이와 힘들고 어려운 시간을 보냈다면, 내일 또 하고 내일도 안 되면 그 다음날 해보면서 된다.

학부모 상담 때 나온 말이다. "제가 영어에 한이 있어요. 그걸 우리 아이는 갖게 하고 싶지 않아요." 당시는 속으로 무슨 '한'까지 생기나 싶었는데, 영어가 '한'이라는 말로 남을 정도로 인생 숙제일 수 있다는 것을 이제는 안다. 그러나 영어는 학습 이전에 언어이다. 모든 학문도 그렇겠지만 특히 영어는 오랜 시간과의 싸움일 수밖에 없는 이유이다.

영어 선생이라는 직업 때문인지 어딜 가나 나에게 물어보는 질문의 처음은 모두 다 한결같다. "어떻게 하면 영어 잘해요?" 그러나 이는 내가 제일 꺼리는 질문이기도 하다. 방법이 아니라 시간이고 인내고 여유로운 마음이 답이기 때문이다. 꾸준히 열심히 최선을 다해서 매일 조금씩 하는 게 방법이라는 내 답변에 다들 뻔한 소리한다고 하는데 그 뻔한 소리가 정답이니

어쩔 수 없다.

이젠 자신 있게 말해 줄 수 있다. "영어적 용기를 가지세요!"라고. 그것이
아이에게 영어의 한을 남겨주지 않는 유일한 마음 자세라고 말이다.

3. 영어 PT(Personal Trainer)가 돼라

아이들은 제각기 다른 재능과 지능을 타고 난다. 학습 능력이 있는 아이와 그렇지 않은 아이, 어학에 재능이 있는 아이와 그렇지 않은 아이가 있다. 아이들 성향을 고려하지 않은 채 남들보다 배움이 늦다고 조급해 하거나 영어가 안 된다고 힘들어 하면 안 된다. 아이들의 성장 속도와 능력은 차이가 있다. 이 때 아이 중심이 아닌 엄마나 교사 중심의 티칭이 된다면 아이가 느끼는 중압감은 영어에 대한 거부감과 흥미를 잃는 결과를 낳게 될 것이다. 특히 엄마표 영어에서 이 부분이 간과되지 않으면 아이와의 정서적인 단절로 이어질 수도 있고 엄마와 아이에게 서로 극심한 피로감을 줄 수도 있을지도 모르겠다.

가르치는 사람들에게는 묘하게 강사 본능이라는 것이 생기는 것 같다. 내가 주도적으로 티칭을 하고자 하는 욕구 말이다. 이는 교사와 엄마를 가리지 않는다. 더 많이 가르치고 더 많이 먹여주고 싶은 마음 때문이리라. 그 마음은 이해한다. 그러나 한번 생각해보자. 골프 여제 박세리 선수나 피겨 요정 김연아 선수가 세계적으로 이름을 알리기까지 그들 옆에는 코치가 있었다. 코치가 선수보다 골프를 잘 친다거나 피겨를 더 잘 할 것 같지는 않다. 다만 선수에게 무엇이 필요하고 어떤 부분이 취약하며 무엇을 잘 하는지 체크하면서 제대로 훈련할 수 있도록 제시했기 때문에 지금의 그 분들이 있는 거 아닐까?

아이라 할지라도 원하는 바를 제대로 알면 스스로 공부할 수 있다. 그러나 처음부터 원하는 바를 알거나 터득한다는 건 쉬운 일도 아니고 그런 아이는 정말 드물다. 그래서 아이가 자신의 영어를 익힐 수 있게 안내해야 한다. 우리 아이들에게도 필요한건 좋은 티쳐보다 좋은 퍼스널 코치인 것이다. 아이의 상황과 상태 그리고 성장 속도를 파악하여 교사나 엄마가 아이의 영어 퍼스널 트레이너가 되어주자.

4. 칭찬도 기술이다.

미국에서 지냈던 시기에 학교로 학부모 자원봉사자, 가디언으로 방문하거나 참관 수업을 갔을 때 보면 정말 못하는 아이들은 한 명도 없는 것처럼 칭찬 일색이었다. 우리 아이들에게 미국 학교를 다니며 좋았던 점을 물어보면 미국선생님의 아이들 대하는 태도와 칭찬이 좋았다고 말하곤 했다. 알고보니 미국 선생님들에게 good, great, good job은 입에 밴 익숙한 칭찬일 뿐 정말 대단한 결과에 대한 칭찬은 아니었다.

성적표(student record)에 'He is an amazing and active boy.'라는 말을 보며 우리 아이가 활동적이구나 생각하고 말았는데 속뜻은 '조금 산만한 아이'였고, 'She is an excellent and talkative girl.'은 말이 많아서 수업에 방해된다는 것을 우회적으로 표현한 것이라는 사실을 뒤늦게 알았다. 실제로 한국에서도 산만하거나 말이 많다고 지적받았었기에 그 성향이 미국 간다고 바뀌지 않으리라고는 예감하고 있었다. 그럼에도 우회적으로 한 평가가 싫지는 않았다. 긍정적인 어휘로 표현해주는 선생님의 태도 덕분에 우리 아이가 점점 좋은 방향으로 변하고 있었기 때문이다.

이렇듯 칭찬의 기술은 아이를 바꿔놓는다. 우리에게는 조금 부족한 능력이기에 나 역시 칭찬의 기술이나 말센스를 키울 수 있는 책을 읽고 공부하면서 아이들에게 제대로 된 칭찬을 해주려 노력한다. 말은 눈에 보이지 않지만 힘이 있어서 어떻게 말하느냐에 따라 사람의 의지를 좌우한다고 한다.

이것이 칭찬이 가지는 최고의 힘이 아닐까? 아이들의 마음을 변하게 하는 것! 제대로 된 칭찬에 아이들은 하고자 하는 의지가 생길 것이고 그것은 학습으로 이어져서 결국엔 학습 의지가 될 것이다.

칭찬할 때 무엇보다 중요한 것은 어떤 마음으로 무엇을 담고 칭찬하는지 돌아보아야 한다는 것이다. 잠깐 아이 기분을 좋게 만들어서 내 말을 잘 듣게 하기 위한 것인지 진심으로 하는 것인지는 누구보다 아이가 잘 알아챈다. 겉치레 칭찬은 오히려 아이에게 상처 주는 언행이 될지도 모른다. 정직하고 마음이 담긴 진심어린 칭찬으로 아이의 마음을 얻고 그 다음에 가르쳐야 한다. 좋은 칭찬과 잘못된 칭찬을 구별하는 가장 좋은 거울은 내 얼굴이다. 칭찬할 때 내 모습 속에서 그것이 좋은 것인지 아닌지가 분명히 드러나기 때문이다.

힘이 되는 칭찬의 기술

● 이름을 불러주면서 칭찬해라.

아이 이름을 불러 주고 칭찬해 주는 것은 아이의 존재를 칭찬하고 아이에게 존중받는다는 느낌을 들게 만든다. 성까지 함께 부르면 위협적으로 들릴 수 있다. 혼낼 일이 있을 때 나도 모르게 성까지 불렀던 게 아이 기억에 남아 있기 때문일 것이다. 아이에게 칭찬할 때는 꼭 이름만 불러주어서 아이가 친밀감뿐 아니라 사랑받는 존재라는 것을 알게 해는 것이 중요하다.

● 의도치 않은 행동을 칭찬해라

가르쳤던 학생 중에서 말도 예쁘게 하고 사람을 늘 기분 좋게 만드는 힘을 가진 아이가 있었다. 그런데 학습적인 면에서는 평균보다 못한 성과 때문에 애간장을 태우는 아이이기도 했다. 그러던 어느 날 그 아이가 수업이 끝났는데도 집에 가지 않고 겹겹이 쌓여있던 아이들의 수업교재 박스를 하나하나 정리했다. 시키지도 않았는데 그 무거운 것들을 말끔하고 깨끗하게 정리한 이유를 물었다. 아이는 선생님이 자기가 공부를 잘 못해서 가르치시느라 힘든데 저것까지 정리하고 가시려면 더 힘드실 거 같았다고 말했다. 감동이 울컥 올라온 나는 아이를 솔직하게 칭찬해주었다.

"00야! 공부는, 특히 영어는 네가 잘 하고 싶다고 해서 잘하는 것도 아니고 열심히 해도 안 되는 부분이 있기도 해. 너는 네가 부족하다는 것을 알고 노력하니까 시간이 지나면서 조금씩 늘지 않을까 해. 그런데 오늘은 선생님이 네가 영어 점수를 100점 맞은 것보다 더 마음이 흐뭇하고 좋아! 너는 오늘 지금까지 선생님이 학원을 하는 동안 한 번도 다른 아이가 하지 않은 멋진 일을 했단다. 봐봐 이렇게 선생님을 생각해 주고 누군가 박스가 넘어져서 다칠까봐 걱정해 주면서 정리해 준거 네가 진짜 처음이야! 넌 어른이 되면 모든 사람들의 사랑을 받게 될 거야~ 남이 하지 않고 싫어하거나 귀찮아하는 일들도 마다하지 않고 배려해주는 예쁜 마음이 있는 사람을 다른 사람들은 좋아하고 인정해 주거든~."

그날 의도하지 않았던 그 아이의 행동을 이렇게 칭찬해 주고 난 이후의 우리 교실의 책박스 정리는 내 차례까지 오지 않았다. 칭찬을 들었던 아이 뿐만 아니라 그 자리에서 함께 들었던 아이가 내가 정리하기전에 모두 예쁘게 정리해 놓았기 때문이다. 이게 아마 의도않은 행동에 대한 칭찬의 결과 치고는 정말 어마어마한 파급효과까지 오게 만든 칭찬의 기술이었다. 아이의 사랑스러운 행동을 찾아서 꼭 칭찬해 주시길 바란다.

● 결과보다 과정을 정확히 칭찬해라

"와! 영어시험을 백점 맞았네! 정말 굉장하다! 넌 천재야! 너 덕분에 엄마는 너무 행복해!"는 좋은 칭찬이 아니다. 결과를 강조한 칭찬은 아이를 불안하게 만든다. '내가 백점을 못 맞으면 난 바보고 엄마는 행복하지 않겠지?' 라고 생각하게 될 것이다.

중학교 3년 내내 100점을 놓치지 않았던 아이가 있었다. 속으로는 아이보다 더 신나고 그런 제자를 가르친다는 뿌듯함이 하늘을 찌르곤 했다. 그러나 그런 마음을 살짝접고 아이에게, 만약에 다음 시험에서 한 문제를 틀리더라도 좌절하거나 속상해 하지 말고 말해 주곤 했다. 나아가 아이의 노력을 칭찬했다. "선생님이 너의 노력하고 열심히 하는 모습을 너무 많이 봤어! 한 번도 숙제 안 해온 적도 없고, 지각한 적도 한 번도 없고, 틀린 문제와 모르는 문제에 매달려서 알려고 애썼던 너의 모습이 지금 좋은 결과를 보여준 거 같아!" 덕분인지 아이는 더 열심히 하려고 애썼고 중학년 3년 내내 좋은 모습을 보여주고 좋은 고등학교를 진학하게 되었다.

아이에게 결과보다는 그걸 해내는 동안 실수하고 애썼던 그 과정을 칭찬해주기 바란다. 분명 더 좋은 결과로 열매 맺게 될 것이다.

● '그러나'를 '그리고'로 바꿔서 칭찬해라

"암기는 잘하는데~ 발음은 좋은데~. 그러나"라고 하는 순간 아이들은 이걸 칭찬으로 듣지 않는다. 뒤에 올 말을 예측하면서 뒷말은 더 이상 잔소리 그 이상의 의미라고는 생각하지 않게 되는 것이다. 그러나 "암기를 잘해~ 그리고 발음도 좋으면 완벽하겠다~."라고 하면 아이는 지적으로 받아들이지 않느다. 아이 스스로 그것도 잘해야겠다고 맘먹는 접속사의 비밀은 '그리고'에 있는 것이다.

아이를 바꾸는 것은 '이것도 못하냐'가 아니고 '이것도 잘하는구나 그리고 이것까지 잘하면 더 좋아질 거야'이다. 아이에게 '그러나' 대신에 '그리고'라는 마법의 가루를 뿌려보는 칭찬의 기술을 익혀서 꼭 사용해 보길 바란다.

"언어 습관은 타고 나는 것이 아니라 길러지는 거예요.
그냥 영어라 생각하고 그냥 외우세요. 외워서 쓰다보면
어느 순간 그 말이 내 언어가 돼버린답니다."

[김주하 컨설턴트_부자의 말센스]

5. 리딩으로 완성하라

초등 영어의 최고의 꽃은 원서수업이라고 생각하지만 이건 어쩌면 영어를 모국어로 사용하는 환경에 더 적합한 말인지도 모르겠다. 우리나라의 영어 환경은 제2 언어로서의 ESL(English as a second language)도 아니고 오직 학습으로만 영어를 공부하는 EFL(English as a Foreign Language)나 ELT(English Language Teaching) 환경이다 보니 원서를 읽는 것만으로 영어를 이해하고 습득하기가 쉬운 일이 아니기 때문이다.

대체로 학습으로서의 영어를 배우는 우리나라에서는 영어를 4대 영역(듣기, 읽기, 쓰기, 말하기)으로 나누어 영역별로 골고루 잘 성장할 수 있도록 가르치는 데 목적을 둔다. 이 4대 영역을 어떻게 하면 잘 가르칠 수 있을까? 아이들에게 듣기 교재, 읽기 교재, 쓰기 교재, 말하기 교재를 모두 풀게할 수는 없다. 이렇게 공부한다면 모든 아이들은 교재 속에 파묻혀 영어와는 진짜로 영영 이별하게 될지도 모를 일이다.

그래서 리딩 책이 중요하다. 4대 영역뿐 아니라 어휘와 문법까지 포함해 6대 영역을 제대로 가르칠 수 좋은 교재라고 생각하기 때문이다. 리딩 책 한 권으로 영어 학습을 골고루 해내는 방법 중 하나는 앞서 '리딩 올 인 원'에서 설명한 만능 도장을 활용하는 것이다. 도장 하나로 리딩 책 안에서 듣고 읽고 쓰고 말하며 어휘와 문법까지 한방 영어 학습이 가능하기 때문이다. 엄마표 영어는 학원에 비해 다양한 교재를 사용하거나 영역별로 집중 학습을 해주기가 힘들다. 대신 리딩 책 한 권을 깊숙이 파고들어 아이에게 떠먹여줄 주는 데는 유리하다. 이 점을 기억하면 리딩 책은 엄마표 영어를 완성하는 데 길잡이가 될 것이다.

6. 커리큘럼과 시스템을 만들어라

일상생활에서 영어를 주로 쓰지 않는 환경 속에서, 아이들의 영어 실력은 어쩌면 잘 짜인 커리큘럼과 시스템이 만들어내는 결과물이라는 생각이 든다. 거기에 올바른 학습 방법과 교사나 부모님들의 노력이 있다면 'nothing better(더 좋은 것은 없다)'일 것이다.

엄마 혼자서도 시스템과 커리큘럼을 만들 수 있다. 결코 어렵지 않다. 먼저 영어교육 관련 출판사 사이트에 들어간다. 영역별 레벨차트를 찾을 수 있을 것이다. 어떤 곳은 ebook 자료를 제공해 레벨과 상세 내용을 편리하게 확인할 수도 있다.

제공된 커리큘럼을 활용해 내 아이를 위한 영어 교육으로 시스템화 할 때는 단순함과 심플함 속에서도 궁극의 정교함과 디테함을 놓치지 말아야 한다. 여러 교재를 사용하는 것보다 한 교재라도 제대로 가르치는 것이 훨씬 더 효과적일 수 있다는 것이다. 이 한 교재를 제대로 이용할 수 있는 시스템을 만들어보자. 잘 만들어진 엄마표 시스템은 열 교재 안 부러운 한 권의 힘이 되어, 진짜 영어를 제대로 할 수 있는 베이직이 되어줄 것이다.

7. 재미로 시작해 실력까지 잡아라

영어는 수학이나 과학처럼 법칙을 찾거나 이론을 탐구하는 과목이 아닌 음악이나 미술처럼 오랜 연습을 통해 익혀가는 실기과목이란 말이 있다. 대체로 아이들은 수학보다는 예체능 과목을 좋아하기 마련이다. 이렇게 아이가 실기과목을 좋아하는 이유는 익히는 데 시간이 오래 걸리더라도 상대적으로 재미있는 부분이 있기 때문일 것이다. 영어도 긴 호흡으로 이어가는 분야이다. 영어를 배우기 시작할 때는 재미를 놓치지 않도록 하는 데 중점을 두어야 영어에 대한 흥미와 자신감을 잃지 않게 될 것이다.

한편으로는 재미만을 추구하는 영어 공부가 무조건 좋지는 않다. 오랜 시간 영어 교육자로 지내온 경험에 비춰보면 재미만 추구하는 영어는 흥미와 자신감도 주고 호기심을 이끌어낼 수는 있지만 오래 지속할 수 없다. 제대로 된 학습 과정을 통해 학습하는 재미를 느껴야 성취감이 생기고 성취감이 자라서 자신감이 생겨야 학습의 지속 시간이나 만족도가 커져서 진짜 재미있어지는 것이다. 재미있어서 잘하는 것이 아니고 잘하면 영어 공부가 재미있어진다는 말이다. 재미있게 시작하지만 끝까지 하지 않고 끝내지 못한다면 진짜 공부라 할 수 없다는 점을 기억해야 한다.

8. 방대한 input이 질 높은 output을 만든다

우리나라와 같은 EFL 언어 환경에서는 주어진 환경에 따르는 것만이 능사는 아니다. 학습 영어가 아닌 언어로서의 영어를 가르치는 것이 오히려 영어를 덜 어렵게 만든다. 아이가 학습 영어로 제대로 인풋이 되어야 후에 아웃풋을 할 때 언어로서의 영어로도 접근이 훨씬 유리하다. 그래야만 탄탄하게 실력을 만들 수 있다.

방대한 인풋 과정 중에서 제일 중요한 것은 균형 잡힌 연습과 훈련이다. 양적인 부분을 채우려다 아이들은 쉽게 지치거나 포기할 수 있게 된다. 균형 잡힌 연습과 훈련이란 어쩌면 잘 짜인 한 상의 차림상 같은 것이라 생각한다. 맛있게 많이 먹을 수 있도록 차려주어야 골고루 잘 영양공급이 되어 잘 성장하게 된다. 균형 잡힌 방대한 인풋이 있어야 제대로 된 아웃풋도 가능해진다는 말이다. 그리고 이 제대로 된 아웃풋은 아이들의 영어 자존감을 높일 수 있는 최고의 방법이다.

9. 자기주도학습력을 높여라

의존적인 공부 방법으로는 자기주도학습 능력을 키울 수 없다고 말한다. 그러나 처음부터 의존적이지 않게 공부할 수 있는 아이는 몇 명이나 될까? 여기에 의문을 가지지 않을 수가 없다. 시키지 않아도 본인이 무엇을 알고 무엇을 모르는지 체크하면서 자기 조절 능력을 발휘해 스스로 공부 할 수 있는 아이는 세상에 없을 것 같다. 그래서 아이들에게는 자기주도학습 능력을 높여줄 조력자나 협력자가 필요하다.

조력자나 협력자의 도움을 받는다는 것이 결국 의존적인 공부로 가는 길이라고 치부할 필요는 없다. 오히려 자기주도 전문가가 되기 위해 거쳐야 하는 일련의 훈련의 과정이라고 생각한다. 혼자해서 못하는 것보다 도와주면서 이끌어 주는 게 훨씬 아이들의 자기주도학습력을 제대로 키워줄 수 있다. 대신 절대로 학습의 주도권이 엄마나 교사에게 있어서는 안 된다. 아이가 엄마나 교사가 만들어준 일정량의 학습량과 시간표에 따라 매일 조금씩 해나가도록 이끌어주자. 그러다 보면 아이들은 자신도 모르게 배움의 주도권을 잡으면서 혼자서 공부하는 방법과 능력이 생기게 된다.

이렇게 공부하는 방법과 습관이 잡힌 아이는 스스로 공부하는 법을 익힌다. 누군가 시켜서 하는 것보다 아이 스스로 자신만의 속도와 방법으로 공부하는 편이 만족감을 느끼게 한다. 나아가 혼자서도 공부하고 싶은 맘이 들게 될 것이고 이것이 진정한 자기주도학습력이고 진짜 공부가 될 것이다.

10. 꾸준함이 영어의 힘이다

뭐든 매일 조금씩이라도 하면 습관이 쌓이고, 이 습관은 무기가 된다. 최고의 영어 실력가를 만드는 무기 말이다. 어떤 일이든 전문적인 실력을 만드는 데 쇼트 컷(shortcut), 즉 지름길은 없다. 특히 어학에서는 더욱 그럴 것이다. 매일 쓰는 모국어인 한국어도 평생 익히고 다져야 제대로 구사할 수 있게 되는데 하물며 영어가 하루 아침에 될 리가 없다.

《일이 인생을 단련한다》의 저자 니와 우이치로는 "계속하다 보면 'Something great(뭔가 멋진일)'가 일어나는 순간은 반드시 찾아오며, 그 과정을 통해 우리의 삶은 단련되고 완성된다"라고 했다. 영어 학습에 왕도는 없다. 결국은 계속해내는 그 과정을 잘 단련해야 뭔가 멋진 일이 일어나는 난다는 것이다. 영어가 원재료이고 영어를 배우는 기술이 방향성이라면 영어라는 재료를 가지고 어떻게 제대로 배우고 오래도록 익히느냐에 따라 그 힘과 발휘되는 영향력은 천차만별이고 무궁무진하게 발현될 것이다.

꾸준함만큼 큰 보상을 해주는 것은 없다. 운동의 원칙 중에도 '점진적인 과부하(progressive overload)'라는 말이 있다. 매일 조금씩 자신의 상태에 맞춰서 남과 비교하지 말고 덤벨을 들다보면 나중에 자신이 들 수 있는 무게 이상을 들 수 있게 된다는 말이라고 한다. 처음부터 황소를 들 수 없지만 송아지부터 들기 시작하다보면 나중에는 황소도 들 수 있게 되는 것처럼 말이다. 영어도 이와 같지 않을까. 절대 타인과 비교하지 말고 내 아이의 속도와 방향을 보면서 매일 조금씩 정해진 일정의 시간, 구체적인 학습의 정보와 안내를 해주는 루틴을 만들어 준다면 아이들은 매일의 작은 성공의 기쁨을 통해 지속적인 학습 욕구가 생기고 이를 바탕으로 아이들의 실력 또한 올라갈 것이다.

Q & A

스페셜 PT
"쥴리쌤에게 물어보세요!"

1. 영어 못하는 엄마는 어떡하죠?

먼저 엄마표 영어를 정의해볼게요. 엄마표 영어란 뭘까요? 엄마가 영어를 잘해서 아이에게 영어를 가르치는 것일까요? 결론부터 말하자면 엄마가 가정에서 영어를 노출시켜주면서 환경을 만들어 주는 게 엄마표 영어에요. 엄마가 무언가를 가르쳐야 되겠다는 생각 때문에 그리고 그 전제에 내가 '영알못(영어를 알지 못하는 사람)'이라는 생각 때문에 엄마표 영어를 시작하기를 두려워하지 마세요.

엄마가 영어를 잘한다고 해서 진도가 잘 나가는 것만은 아니랍니다. 아이가 기대치를 못 따라오는 것이 갑갑할 때가 있거든요. 난 영어를 못해서 티칭은 못하지만 우리 아이를 제일 잘 아니까 무엇이 필요하고 무엇을 노출해줄지 생각하고 함께 배우면서 나아갈 수 있는 거예요. 같이 배우는 러닝메이트가 되는 거지요.

러닝메이트가 뭘까요? 예시를 들어볼게요. 엄마가 알파벳에 A자도 모르거나 영어를 읽지도 못해도 창피한 게 아니랍니다. 오히려 잘 되었네~ 이번에 나도 아이와 함께 영어를 시작해보자 라는 마음으로 함께 공부하면서 달려 주는 것이랍니다. 내일 아이에게 가르쳐줄 발음을 미리 듣고 발음 연습을 해보세요. 요즘엔 인터넷 사전에서 발음을 다 읽어 주니까 어렵지 않아요. 아이는 엄마의 노력하는 모습을 보면서 더 성장할 수 있답니다.

영어를 몰라서 어떻게 시작할지 막막할 수 있어요. 그럴 땐 아이에게 한글을 알려주었던 걸 생각해보세요. 여러분, 한글을 직접 가르쳐보신 경험은 있으시죠? 저도 한글을 직접 가르쳤었는데 단어 카드를 벽에 붙이기도 하고, 포스트잇에 단어를 적어서 실제 물건들에 붙이곤 했어요. 글자를 그림처럼 보면서 시각적으로 문자를 인지하게 해주었던 것이지요. 그렇게 글자를 익힌 다음에 문자의 조합 원리를 그리고 그림책으로 동화책으로 한국어 읽기를 확장해 주었었어요.

그러니 영어도 알파벳을 먼저 가르치셔야 되겠죠? 알파벳과 함께 알파벳 기본 음가(알파벳이 가지는 소리) 26자를 가르쳐 주고 읽기와 쓰기 기초가 되는 파닉스 교재를 골라 보세요. 그러면서 집안 물건에 사이트 워드 카드를 붙여도 좋고 쉬운 원서를 읽어 주셔도 좋아요.

엄마표 영어는 목표지점이 다 달라요. 혼자 읽기가 가능한 독립 리딩이 되기까지 일수도 있고 그 이상일수도 있겠죠. 그러나 이 목표는 아이 영어의 단계이지 엄마 영어의 유창성 지점은 아니에요. 한계가 느껴진다면 여러 외부 교육 컨테츠들의 도움을 받거나 사교육의 도움을 받을 수 있어요. 오히려 저는 아이가 토익이나 토플 수준으로 유창한 영어를 하는 수준에 이른다면 엄마표를 이어가는 게 큰 의미가 없다고 생각해요. 더 전문적인 도움을 받을 수 있도록 찾아보는 것이 아이를 위한 선택 아닐까요? 그러니 엄마의 영어가 꼭 유창할 필요는 없다고 생각해요.

결론적으로 엄마표 영어는 엄마가 영어를 못해도 가능합니다. 아이에게 어떤 도움을 줄지 어떤 방식으로 접근해 줄지를 고민해 주면서 영어에 노출해주고 엄마도 함께 공부한다면 아이도 엄마도 행복한 영어의 시작이 될 것입니다. 실력보다는 엄마만이 줄 수 있는 관심과 신경, 의지가 엄마표 영어에서 중요합니다.

전 이 시작의 의미를 두 개로 정의해요. 언어로서의 영어시작과 학습 영어로서의 시작으로 말이지요.

엄마표 영어 책을 쓰고 유튜브를 통해 엄마표 영어를 안내하는 사람들은 어리면 어릴수록 엄마표 영어 시작 적기라고 말하더라고요. 언어학자들도 유아기를 언어학습의 결정적 시기라고 말합니다. 어린아이일수록 목표로 삼은 언어 환경에 자연스럽게 노출해주면 모국어처럼 말할 수 있다는 말도 있습니다. 그런데 모국어처럼 말한다고요? 사실 한국에서 태어나 한국에서 살면서 영어를 모국어처럼 말한다는 것은 힘들다고 생각합니다.

제가 미국에서 태어난 한국 아이들, 어릴 때 미국에 이민 온 아이들 그리고 중고등 시기에 유학 온 아이들을 보면서 든 생각이 있어요. 미국에서 태어난 한인 2세를 제외하고는 일찍 이민 온 아이들도 영어가 모국어 같지 않다는 것이었어요. 아무리 이른 시기에 미국 땅을 밟았더라도 대학을 들어가기 전까지 외국 학생을 위해 개설되는 esl class를 듣는 경우도 보았습니다. 그러니 한국에서는 아무리 일찍 영어 노출 환경을 만들어 준다고 해도 영어를 모국어처럼 말할 수 있다는 데에는 의문이 생겨요. 물론 예외는 있겠지만요.

그래서 저는 아이의 나이보다도 먼저 엄마의 마음가짐을 점검해보라고 권하고 싶어요. 엄마표로 내 아이에게 영어를 재미있게 알려주고 싶은 마음이 생길 때 시작하세요. 내 아이 영어 실력을 어디까지 높일지에 목표를 두고 시작한다면 목표에 도달하는 그 긴 시간 동안 엄마도 아이도 지쳐서 포기할 게 뻔하니까요.

또한 연령보다는 아이의 관심에 주목해주세요. 주변을 영어가 보이고 들리는 환경으로 만들었을 때 아이가 어떻게 반응하나요? 영어 영상을 틀어놓는다거나 영어 그림책을 주변에 놓아 준다거나 영어 단어 카드 등이나 소리가 나는 장난감들을 두었을 때 아이가 반응하고 관심을 두는 때가 적기가 아닐까 싶어요. 절대로 이웃집 아이가 영어 공부를 시작했다는 소식에 조급한 마음으로 엄마표 영어를 시작하지 마세요. 그 아이는 옆집 아이지 내 아이기가 아니니까요. 다른 아이와 비교하고, 기준이 될 수 없는 잣대를 아이에게 끼워 맞추며 스트레스를 주는 것은 첫단추를 잘못끼우게 되는 거랍니다.

미취학 아동이라면 "다른 나라에 사는 아이들은 우리와 같은 말을 하지 않네. 그런데 좀 궁금하다 그치? 무슨 말을 하는지 알고 싶지 않아?", "와 너는 엄마를 엄마라고 하는데 저 아이는 맘이라고 하네~."라고 하면서 아이가 궁금해 하고 질문하게 하고 다른 언어에 대한 호기심을 갖게 해주세요. 이것이 좋은 엄마표 영어의 시작이라고 생각합니다. 이후 동작과 감각을 이용한 놀이나 미술 등의 활동으로 놀이도 배움이라는 것을 알게 해주세요.

이렇게 엄마와의 유대관계가 깊어진 아이들은 엄마표 학습 영어로 전환해도 거부감 없이 엄마를 믿고 잘 따라올 것입니다. 진정한 엄마표 영어는 영어 압박이 아니라 영어 상호작용이라고 말씀드리고 싶어요.

3. 발음은 어떻게 잡아줘야 할지 모르겠어요

엄마표 영어에서 발음 교육이 제일 힘들다는 경우를 보게 됩니다. 엄마가 영어 발음이 좋아야 아이 발음이 좋아질거라는 부담감에서 벗어나세요. 발음은 원어민의 소리를 배우는 것이지 엄마의 소리를 배우는 것이 아니에요. 제가 알려드리는 방법대로만 하면 우리 아이도 버터 발음이 가능합니다. 바로 섀도잉 읽기(shadowing reading)입니다. 섀도우는 그림자라는 뜻입니다. 원어민 음원을 들으며 동시에 그림자처럼 따라서 말하며 읽게 하세요. 듣기 능력도 함께 좋아집니다.

섀도잉의 단계는 원어민의 소리듣기 - 그대로 따라 연습하기 - 본인의 목소리 녹음해 보기- 매일 1개씩 꾸준히 해보기입니다.

첫 번째 섀도잉 도구는 책입니다. 원서나 스토리 교재에 있는 음원을 섀도잉하게 하세요. 끊어 읽기, 연음, 억양, 강세를 따라서 말하다보면 발음이 저절로 좋아집니다. 이 끊어 읽기, 연음, 억양, 강세를 지키는 것은 너무나 중요해요. 원어민이 우리가 말하는 것을 못 알아듣는 이유가 여기에 있기 때문이죠. 칠 때 치고 빠질 때 빠질 수 있는 단어의 소리 말하기는 따라 말해 보면서 연습하는 방법밖에 없어요.

두 번째는 도구는 영상입니다. 아이가 좋아하는 영화나 만화를 보고 그대로 따라서 하는 것입니다. 요즘엔 유튜브에 섀도잉 공부용 콘텐츠가 많이 있어서 아이가 좋아할 만한 주제의 만화나 영상물들을 선택하기 수월해요. 유튜브 검색창에 '영어 섀도잉'이나 '구간반복 더빙'이라고 치면 됩니다.

'2dub'이라는 더빙앱도 있어요. 콘텐츠는 유료이지만, 하루에 영상 하나는 무료로 사용할 수 있어요. 아이가 영상에 본인의 목소리를 그대로 입혀볼 수 있어서 영상의 주인공이 되어 볼 수 있어 재밌고, 재미만큼 집중하기때문에 발음 연습 효과도 뛰어납니다.

▶️ [줄리영어TV] 참고 영상

우리 아이 영어 버터 발음 만들어 주고 싶다면

4. 영어 책 읽을 때 해석해줘야 할까요?

아이가 자꾸 영어 책을 읽어 달라고 하는 이유는 글씨 위주의 영어 책이 거나 아이의 수준보다 높은 책이기 때문일 가능성이 높아요. 이럴 때는 그림이 많고 쉬운 책부터 시작해 주시는 것이 좋아요. 영어 그림책 읽기의 시작은 쉽고 재미있고 그림이 많아서 아이가 그림만 보아도 영어 단어와 연결되면서 스토리를 이해하게 해주어야 합니다. 한마디로 내용을 유추하고 이해하기 수월한 책이 좋은 책입니다.

책을 읽어주기 전에는 아이와 책을 보면서 내용의 사전지식을 함께 얘기해보세요. 그러면 한글로 해석해 달라고 하는 경우가 줄어들 거예요. 단계가 올라가면 아이가 이해하지 못할 만한 단어를 미리 체크해서 그림과 함께 플래시카드를 만들어 보여주고 책을 읽어주는 것도 좋아요. 다만 한 줄 읽고한 줄 해석해 주는 방법은 바람직하지 않다고 생각해요. 당연히 엄마가 한국어로 말해 줄거라 생각한 아이가 영어로 읽어줄 때 집중을 덜할 수 있기 때문이에요.

미국 선생님들은 'five finger rule'을 사용해 아이 수준에 맞는 책을 확인해요. 한 페이지에 모르는 단어가 1개면 쉬운 책, 2~3개면 수준에 맞는 책, 4개면 다소 어려운 책, 5개 이상이면 너무 어려운 책이라고 합니다. 그러니 아이가 한 페이지에서 모르는 단어가 2~3개인 책이라면 내용을 유추하고 이해하는 데 어려움이 없어서 한글 해석이 굳이 필요하지 않아요. 물론 아이 수준보다 조금 더 쉬운 책이면 아이가 더욱 편안하게 접근할 수 있겠지요?

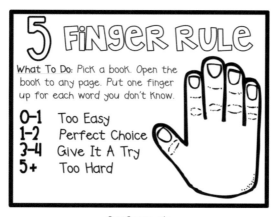

five finger rule

어린아이일수록 깊고 디테일하게 학습하는 읽기보다는 다독을 통해 많은 단어들을 노출해 주는 게 더 중요합니다. 엄마 욕심으로 글밥이 많은 책만 골라 읽어주지 말고 아이가 편히 즐길 수 있는 영어 원서를 다양하게 읽어 주세요. 아이가 책을 좋아하게 되야 꾸준히 읽고, 읽은 책이 쌓여야 영어의 베이스가 단단해진다는 걸 잊지 않았으면 좋겠습니다.

5. 유학을 가지 않아도 영어를 잘 할 수 있나요?

부모의 재력이 가장 지대한 영향을 미치는 과목이 영어라는 말 많이 들어 보셨나요? 경제력이 돼서 유학을 보내면 영어가 어느 정도 해결되는 것도 사실이에요. 그래서 이런 질문도 많이 받았습니다. "영어는 동기부여가 필요하다는데 어학연수를 보내야할까요?", "영어는 환경이 중요하다는데 조기 유학을 보내는 것이 맞을까요?" 그러나 결정적인 한방은 아이의 태도와 준비, 각오, 마음가짐입니다.

유학 가지 않아도 우리 아이 영어 잘 할 수 있습니다.

오해 할 수 있는데 이 말은 유학을 가지 말라는 말이 아닙니다. 어학연수 나 유학을 쉽게 찾아가는 답으로만 생각하면 안 된다는 것을 말하고 싶어 요. 하다하다 정 안되면 영어권 국가에 보내면 되겠지라는 잘못된 판단은 아이도 부모님도 상처받을 수 있습니다. 어학연수나 유학에 성공하고 싶거 나 유학을 가지 않아도 영어 교육을 잘 해주고 싶다면 정확하게 알고 정확하게 판단하는 노력이 반드시 필요합니다.

미국에서 유학원을 운영했던 경험상 단기어학연수의 골든타임은 4학년에서 5학년이에요. 영어 하나만 배워 와도 성공이라고 생각하고 보내는 경우죠. 아직 사춘기 전이라서 현지 아이들과도 무리 없이 잘 어울리고 선생님 관리에도 반항 없이 과정을 잘 따라오는 나이입니다. 이렇게 2년 정도 미국에서 공부하면 한국에 돌아와서도 영어를 쉽게 잊어버리지 않기 때문에 중학교 고등학교까지도 좋은 결과를 만드는 밑거름이 되더라고요.

만약 미국에서 좋은 대학을 보내는 것이 목표라면 중학교나 고등학교 그리고 고등학교까지 한국에서 공부해도 됩니다. 미국에서도 아이비리그 같은 명문대는 입학이 쉽지 않기 때문이죠. 오히려 한국에서 미국 입시에 맞추어 공부한 아이가 더 좋은 결과를 내는 경우도 많아요.

조기유학 왜 보내시려고요?

영어공부가 왜 필요한지 직접 경험하면 동기부여가 될 것 같아서, 혹은 영어는 언어니까 어릴수록 영어환경에 빨리 노출시켜줘야 스폰지처럼 잘 빨아들일 것 같다는 생각에 조기유학을 생각하고 계신가요? 한마디로 보고 듣고 뜯고 맛보고 해주고 싶은 거지요? 결국엔 더 넓은 세계무대를 경험하고 바라보는 시작을 갖게 하고 글로벌시대에 글로벌 인재로 키우고 싶은 거지요?

그러나 아무것도 준비되어 있지 않은 아이에게는 새로운 세상이 열리는 것보다 자신이 지금까지 살던 세상과의 단절을 의미하기도 해요. 아이에게 제일 소중한 부모님과 그리고 친구들 자신이 익숙해있던 것들과의 단절 말이에요.

자립심이 아직 준비되지 않은 어린아이들은 부모님과 떨어지면서 정서에 혼란이 있을 수 있어요. 아이가 어릴수록 아무리 좋은 유학원, 유학원 할아버지라도 추천하고 싶지 않아요. 꼭 부모와 함께 가야 한다고 말씀드리고 싶어요. 현지인 홈스테이를 보냈는데 아이가 음식이나 문화에 적응을 못해서 유학 기간을 다 채우지 못하고 다시 한국으로 돌아오는 경우도 종종 보았습니다.

이런 아이들에게 유학은 어떤 기억으로 남아 있을까요? 어떤 아이는 비행기를 쳐다보지도 않고 얼굴을 돌리고 공항 쪽으로는 가려고도 하지 않는다는 말을 들었어요. 또 미국으로 가게 될까봐 늘 불안하고 비행기를 보면서 미국에서의 절망스러웠던 기억이 났기 때문이 아닐까요?

물론 아이를 어릴 때 미국에 보내면 언어 적응뿐 아니라 사회 적응력도 빨라서 별 탈 없이 정말 미국식 사고와 친구들을 사귀게 될 수 있습니다. 그러나 이제 영어를 잘 하게 되었다고 판단하고 한국에 돌아오게 하면, 어린 나이일수록 영어를 다 잊어버리기도 하고, 심지어 한국에서 적응도 쉽지 않을 수 있습니다.

영어만을 목적으로 이 모든 것을 감내한다는 건 경험이 아닌 무모한 모험이에요. 그것도 위험한 모험이요. 세상에 하나밖에 없는 내 아이인데 잘되면 좋고 안 되면 말고 하면 안 되는 것이잖아요.

어린아이이라면 정서와 음식이 맞는 믿을만한 안전한 한국인 가정이나 친척집을 고려해보세요. 무조건 안전, 안전이 먼저에요. 자기주도적 학습 습관이 부족하다면 관리형 홈스테이를 추천드리고 싶어요.

큰 아이들의 경우 주도적 공부자세가 되어 있는 미국아이들에 비해 상대적으로 학습 습관이 미비해서 어려움을 겪는 경우를 많이 보았습니다. 아이가 영어를 좋아하고 자립심이 강하고 학습 습관이 잘 다져져 있을뿐더러 본인이 유학을 원한다면, 미국 문화를 직접 경험하면서 현지 학생들과 교육을 받는 유학생활이 정말 좋은 선택이 아닐 수 없어요. 그러나 영미문화권에서의 생활과 어학 향상만이 목표인 단기유학과 어학연수는 신중해야 할 필요가 있습니다.

연수 혹은 유학에 성공하려면?

영미권 나라에서 영어를 학습하는 방법으로는 크게 어학연수와 유학으로 나눌 수 있어요. 우선 어학연수는 유학보다 기간이 짧을 수 있어서 오히려 커리큘럼과 프로그램을 더 자세히 확인해야 할 필요가 있고, 유학은 양육환경과 주변 환경 그리고 학군과 학교 등을 꼭 체크해야 해요.

그리고 연수든 유학이든 무엇보다도 한국에서 먼저 제대로 준비하고 영어를 익힌 후에 보내는 것을 추천해요. 무엇보다 본인의 의지가 가장 중요하기도 하고요. 연수도 마찬가지지만 유학은 제대로 한국에서 준비하고 각오하고 온 학생들만이 생존할 수 있는 전쟁터라는 걸 잊으시면 안 됩니다. 영어를 배운다기보다 한국에서 배운 영어를 연습하고 심화하는 또 다른 경험으로 삼는 것이 훨씬 좋은 준비입니다.

두 명의 고1 학생이 있었어요. 한 명은 단기 어학연수로 왔고 한 명은 유학으로 왔지요. 단기 어학연수를 온 학생은 미국에 오면 저절로 영어가 되지 않을까라는 막연한 생각으로 '미국 가서 열심히 하면 되겠지.'라는 마음이 더 큰 학생이었어요. 그 낯섦과 부담 때문인지 미국캠프 첫날 첫날부터 한국으로 돌아가고 싶어서 울고 속상해하던 모습이 기억나요. 다행히 캠프 선생님들과 친구들의 배려에 용기를 얻고 구글 번역기와 온 세계의 공통어 바디랭귀지를 통해 친구도 사귀고 영어의 필요성을 몸소 체험하며 캠프 기간을 무사히 마쳤습니다. 준비되지 않은 상태의 어학연수에서 아이가 느꼈을 좌절감과 마음의 상처는 많이 안타까웠어요. 그래도 귀국 후에 힘든 경험을 교훈 삼아 영어 학습에 동기 부여를 받았다는 소식을 들려줘 고마웠던 아이입니다.

한국에서 제대로 공부하고 온 다른 학생은 본인이 원해서 유학을 온 학생이었어요. 그 아이의 첫 성적표와 writing essay report card를 보면서 많이 놀랐어요. 어릴 때 미국에 와서 같은 학교를 다니고 있던 저희 아이보다 눈에 띄게 성적이 좋았고 선생님도 최고의 코멘트를 써주셨거든요. 같은 학년의 미국 아이들보다도 훨씬 더 제대로 된 글이었어요. 저도 모르게 한국에서 어느 학원 다녔는지, 영어는 몇 년 동안 했고, 영유를 다녔는지 물어보게 되더라고요.

말하기가 조금 약해서 처음에는 가이드를 해주어야 할 만큼 의사소통이 되지 않았지만, 그동안 해온 공부 내공이 있어서인지 불과 몇 개월 만에 혼자서 차를 가지고 쇼핑하고 여행하고 하더라고요. 이 아이는 고등학교도 조기 졸업했고 한국에서 고3인 senior때 AP(Advanced Placement)까지 몇 과목 마치며 졸업했습니다. AP는 미국고등학생들에게 대학의 교양과목 수준이 되는 과목들을 미리 학습할 수 있는 기회를 주고 시험의 결과를 통해 대학 이수학점을 인정해 주는 과정이에요. 한국에서 제대로 학습된 방대한 인풋이 얼마나 질 좋은 아웃풋을 낼 수 있는지 보여주는 결과였습니다.

유학을 가지 않아도 괜찮아요

어학연수만이 목적이라면 한국에서도 얼마든지 영어 실력을 쌓을 수 있다고 생각해요. 요즘엔 한국에서도 단기어학연수처럼 진행하는 캠프도 많이 있어요. 엄마표로 어느 정도 실력이 만들어졌다면 이런 캠프를 활용해 보는 건 어떨까요? 아이의 영어가 어느 정도 자리 잡혀서 실력을 더욱 점프-업 시킬 적당한 시기를 가늠해보세요. 유학이나 어학연수를 보내지 않고도 장점들을 얻을 수 있을 거라 생각해요. 최소한의 비용으로 엄마표 영어로 실력을 다져 주고 한국에서 어학연수를 시키셔도 충분히 우리 아이 탄탄한 외국어 능력과 실력 만들 수 있다고 장담합니다!

유학에 따르는 경제적인 부분도 무시 못 할 거 같아요. 미국 한 달 어학연수 비용이 보통 천만 원 정도에요. 아이 1년 학원비보다 큰 액수다보니 부모님들은 한국에서의 1년 영어 학원에 보내는 것보다 미국 연수 한 달이 더 효과가 있기를 기대합니다. 그러나 아무리 관리형 어학연수나 유학이라고 해도 그렇게 되지 않아요. 차라리 그 반대라는 것을 기억해 주면 좋겠습니다. 정말 보내고 싶으시다면 한국에서 기초를 다져주세요. 1년 정도 제대로 공부했다면 기초를 쌓을 시간을 세이브해주기 때문에 바로 본게임인 수업을 따라갈 수 있으니 시간과 경비를 아낄 수 있습니다.

어린 아이들에겐 선택권이 없습니다. 특히 어학에서 배움의 의지와 결정은 부모님에게 있어요. 부모님의 올바른 선택을 통한 방향설정이 가장 중요해요. 주변 아이, 옆집 아이의 성공이 내 아이 성공의 푯대가 아니라는 거예요. 누구의 말이 아닌 부모님 스스로가 내 아이를 정확히 보려는 노력을 해야 잘못된 선택으로 허비되는 시간과 돈을 줄일 수 있어요. 다시 돌아오지 않는 시간보다 더 소중한 우리 아이들의 인생이 달려있으니까요.

▶️ [줄리영어TV] 참고 영상

한 달에 천만 원 아껴드립니다!!
어학연수나 유학을 준비하신다면 꼭 시청해 주세요!

엄마표 영어는 공교육에서 채워주지 못하는 영어교육의 한계나 사교육의 단점인 비용과 시간을 줄여주기도 하고 양극화라는 상대적 박탈감의 중심에 우리 아이를 세우지 않아도 된다는 점에서 건강한 대안이에요. 하지만 어떻게 접근하는지에 따라 엄마와 아이 모두에게 극도의 피로감과 스트레스를 주는 또 다른 영어강박이 될 수도 있습니다.

엄마표 영어의 최고 장점이 '비용 부담 없이 아이와 엄마가 실수하면서 만들어 내는 최고의 콜라보 학습'이라는 점에 주목해주세요. 이게 가능한 어린 연령, 취학 전 그리고 아이가 엄마와의 영어가 부담이나 스트레스로 느끼기 전까지는 계속해도 좋다고 생각해요. 이런 솔직한 의견이 사교육을 30년째 하고 있는 저 자신에게나 다른 사교육 선생님들에게는 도움이 되는 말이 아니라서 오히려 욕이나 먹지 않으면 다행일지 모르겠어요. 사교육이 나빠서 엄마표를 하라고 말씀드리는 것은 아니에요. 사교육은 양날의 검 같아서 어떻게 사용하느냐에 우리 아이에게 안 맞을 수도 정말 도움을 줄 수도 있거든요. 아이의 성장과 함께 좋았던 사이도 엄마의 지도가 간섭으로 느껴지는 순간이 옵니다. 아이와의 더 이상 좋지 못하다고 느끼게 되는 순간이 엄마표 영어의 한계라고 생각해요.

아이는 언젠가 엄마 품을 떠나게 됩니다. 엄마표 영어에서도 마찬가지이죠. 엄마표 영어를 마치기 전에 기초를 탄탄히 다져보세요. 특히나 불균형할 수 있는 어휘와 문법을 생각해보는 거죠. 엄마표로 만들어진 아이들에게서는 잘하는 것과 못하는 것이 비슷한 경우가 많아요. 대체로 듣기와 말하기는 훌륭하지만, 읽기와 쓰기 부분에서 좋은 점수가 안 나오는 경우가 많아요. 결국 읽기와 쓰기는 어휘와 문법적인 부분이 많기 때문입니다. 이 점에 유의해서 부족할 부분에 더 신경써준다면 아마 사교육으로 넘어가야 할 때에 어느 교육기관에서나 환영받고 모든 영역에서도 좋은 결과를 받게 될 것이라 생각합니다.

어린 나이에 영어를 시작하는 것을 조기 영어교육이라고 해요. 이론적으로는 만6세가 기준이지만 요즘 영어교육 트렌드로는 2~3세에도 많이 시작하더라고요. 영어 노래나 영상물을 보여주거나 아이 수준의 말하기를 공부하면서 매일 반복되는 말들은 영어와 한국어를 같이 들려주기도 합니다. 어렸을 때부터 두 가지 언어에 노출시키는 것이죠.

엄마표 영어를 하는 분이라면 언어학자들의 책들을 많이 읽어 보셨을 텐데요. 대표적으로 촘스키는, 인간은 태어날때부터 언어능력을 타고나며, 이 언어습득장치 LAD(Language Acquisition Dvice)는 만1.5세에서 6세에 가장 활성화하기 때문에 이때 타켓 언어 환경에 자연스럽게 노출되기만 하면 몇 개의 언어라도 모국어처럼 쉽게 배울 수 있다고 했습니다.

그런데 이것이 이론적으로 맞을 수 있지만 실제적으로 두 언어 사이의 불균형이 생겨 오히려 아이들에게 안 좋은 영향을 줄 때도 있어요. 제일 많이 나타나는 것이 단일 언어를 사용하는 아이들에 비해 어휘력이나 표현력이 낮아지는 경향을 보이며 언어습득이 늦어지는 것이지요. 그리고 설단현상도 있는데 이건 가끔 저도 겪습니다. 알고 있는 단어인데도 불구하고 혀끝에서 맴돌고 밖으로 나오지 않아서 가끔씩 대화를 하면서 머뭇거리게 되는 거예요. 어, 어, 하면서요.

이런 단점은 풍부한 언어 환경과 계속적인 연습으로 극복이 가능하다고 해요. 두 언어를 균형적으로 발전시켜야 한다는 것이죠. 그런데 우리나라에서는 쉽지 않습니다. 요즘엔 국제 결혼한 분이나 외국 유학을 다녀온 부모님들이 많아져서 자연스럽게 이중언어 환경이 만들어지기도 하지만, 보통의 가정은 정말로 엄마가 공부하면서 아이와 함께 자라야 하는 환경이니까요.

미국에서 아이를 키운 저도 쉽지 않았습니다. 아이들의 한국어 실력도 문제였어요. 한번은 작은 아이가 할머니 생신카드에 쓴 축하 문구를 보고 경악했습니다. 이렇게 썼더라고요. "할머니 생신 축하드려요. 제 마음이 환장하겠어요."라고요. 학교 앞 현수막에 크게 적힌 "(환) 장하다, 대한의 아이들 (영)"을 그대로 연결해서 읽는 바람에 환장하다가 좋은 말인 줄 알았다는 거예요. 그때야 비로소 알았어요. 단일언어와 이중언어 사이에 불균형이 생기지 않으려면 모국어의 문해력이 무엇보다 중요하다는 것을요. 한국어로 깊이 있게 생각하고 사고할 수 있도록 도와주는 게 먼저였습니다. 아직 사고력 논리력이 자리 잡지 않은 아이들에게 학습의 과정은 정말 부담이 아닐까요?

결국은 선택의 문제입니다. 우리 아이를 원어민처럼 만들고 싶다가 아니고 부담 없이 놀이처럼 접근해서 자연스럽게 습득해 주고 싶다면 모국어인 한국어가 어느 정도 인지된 상태에서 시작해주라는 것이 제 생각이에요. 이것도 아이가 거부감 없이 관심을 보인다는 전제에서 말이죠. 또한 언어 혼란을 방지하기 위해 한국어 그림책과 영어 그림책을 많이 보게 해주면 좋아요. 음원이 있다면 훨씬 더 좋겠죠?

저희 작은 아이는 어릴 때 제가 읽어 주었던 『Good night Moon』과 『Today is Monday』 두 책을 제가 읽어준 리듬감 그대로 외우고 있더라고요. 영어 원서 중에는 한국어 번역본보다 운율감이 있는 책이 많아요. 아이들은 그런 리듬감을 좋아하고요. 음원이 없다면 엄마가 직접 읽어 주어도 좋답니다.

영어조기교육은 정말이지 노력과 엄마의 역할이 넘 중요해요. 아이가 힘들어 한다면 그냥 두세요. 방치가 아니라 아이가 영어환경에서 혼란을 겪지 않게 조금 시간을 주는 것이지요. 절대 무리하지 말고 아이가 다시 관심을 보이면 시작하세요. 이게 오랫동안 영어를 좋아하게 하는 엄마표 영어의 가장 좋은 장점입니다. 그리고 잊지 마세요. 영어의 노출과 영어 학습은 다르다는 것을요!

8. 자기주도 영어 학습이 가능한가요?

우리는 트렌드에 많이 민감한 시대에 살고 있죠? 그중에서도 아이를 양육하거나 가르치고 있다면 교육트렌드에 제일 민감하지 않을까 생각해요. 아니 민감해야 해요.

OECD에서는 2030 미래교육을 위하여 교육이 나아가야할 방향성을 아이가 자신의 길을 주도적으로 찾아가는 '학생 주도성' 그리고 다양한 다른 사람과 협력하는 '공동 주도성'이라고 정리했습니다. 또한 코로나 이후 2022년 미래형 교육과정이 발표되면서 온라인 수업이나 각종 다양한 미래형 학습 방법이 대두되고 있죠. 앞으로의 교육은 더 변화무쌍하게 바뀔 것이고 학교는 아이들에게 더욱 자율성을 강조하게 될 거예요.

자기주도학습은 오래전부터 학습 습관 만들기나 학습을 위한 공부 방법 중의 하나였어요. 요즘 들어 다시 핫해진 이유는 코로나로 인한 학습 격차를 줄이기 위해서는 공부습관이 무엇보다 중요하다고 생각해서인 것 같습니다. 다만 자기주도학습이 그렇게 쉽지 많은 않아요. 방법이 쉽지 않다는 것이 아니고 꾸준히 지켜보는 것이 쉽지 않다는 거예요. 부모님의 속도를 아이가 못 따라 가면 조급해 하면서 다른 방법들을 찾아 가시게 되거든요. 그런데 제가 20년 이상 영어를 자기주도 수업으로 아이들을 가르치면서 느낀 건 분명 제대로 된 학습의 방향이었다는 거예요.

그럼 자기주도학습, 대체 이게 무엇일까요? "공부는 혼자 스스로 해야 하는 거니까 너 혼자 해야지!"라고 생각하시나요? 그러시면서 속으로는 "혼자하면 분명히 놀기만 할텐데" "내가 봐줘야 공부가 될텐데 혼자 어떻게 하지?" 이런 걱정도 함께 하고 계신 건 아니시죠?

자기주도학습을 자율학습의 개념으로 오해하면 안 됩니다. 처음부터 스스로 공부하는 아이는 없어요. 자기주도학습법을 아이가 몸으로 익히기 전까지 누군가의 도움이 필요해요. 아이와 충분히 대화를 해주고 세심하게 아이를 지켜보면서 부족한 부분을 이끌어 내어 도와주는 든든한 조력자가 필요합니다. 바로 엄마입니다. 단, 옆에서 도움을 줄 때는 지도해야지 지시를 하면 안 됩니다. 지시에는 명령이 담겨 있어요. "너 이거 해라! 이거 하지마라! 공부해라!"처럼요. 그러나 지도하는 것은 아이를 중심으로 두고 생각하기 때문에 아이가 먼저 생각하게 하고 움직일 수 있게 합니다. 이것이 진정한 조력자의 역할인거죠. 그럼 그 다음 단계는 무엇일까요?

그 다음은 아이가 자신의 공부에 대한 과정을 이해하는 것이에요. 이게 무슨 말이냐면 이건 메타인지학습의 시작으로 내가 무엇을 알고 무엇을 모르지에서 시작해야 한다는 거예요. 그러다 보면 이것이 아이가 학습에 대한 동기를 갖게 되는 시작점이 되는 것이거든요. 무슨 일이든지 동기가 제일 중요하다는 거 아시죠? 동기가 분명하지 않으면 어떤 일이든 오래 지속하기가 힘들어요. 부모님들께서 꾸준하게 아이들과의 대화를 통해서 왜 학습이 필요하고 중요한지에 대한 마인드를 잡아 주어야 아이가 스스로 학습동기를 갖게 하는 힘이 만들어지거든요. 부모님의 따뜻한 격려와 칭찬이 아이에게 강력한 학습에 대한 동기를 심어주기 때문이죠. 그러나 무심코 던진 말이 아이에게 상처가 되어 동기를 사라지게 한다는 것도 잊지 마셨으며 좋겠습니다. 공부는 마음이 하는 거니까요.

그리고 나서 학습을 효과적으로 우리 아이에게 맞는 할 수 있는 학습법을 찾아서 계획해요. 100명의 아이를 가르치면 100개의 학습방법이 필요하다는 말이 있어요. 저는 이 말을 단순히 학습방법으로만 이해하지 않아요. 이건 모든 아이들은 다 다르다는 것에서 출발하라는 말 같아요. 그래서 그 아이의 속도와 방향에 맞추어 가르치라는 말이라고 생각하고요. 다만 아이에게 맞는 학습방법을 찾아서 계획을 하는 것이 쉽지는 않아요. 많은 부모님들께서 너무 아이의 능력보다 높은 계획과 실행을 하시거든요. 그러다 보니아이는 해낼 수 없는 과정들에 좌절하고 앞으로 나갈 힘을 잃게 되는 거지요. 이게 자기주도학습이 실패하게 되는 지점이에요. 아이가 감당할 수 있고우리 아이에게 맞는 오목조목 현실적이고 구체적인 계획표를 만들어 주시는 것이 중요하다는 것 잊지 마시기 바랍니다.

마지막으로 계획한 것들을 실행하게 해야 해요. 실행하지 않는 계획은 아무 의미가 없다는 것 아시죠? 그건 그저 종이 쪼가리에 불과한 거예요. 실천을 부르는 계획표가 그래서 중요해요. 절대 무리한 계획표는 의미가 없어요. 그리고 실천하기에 좋은 방법은 실천여부를 확인할 수 있는 체크리스트를 만들어 보는 거예요. 계획표와 함께 체크표를 보면서 능동적으로 하루의 분량을 채우게 되는 거지요.

자기주도학습의 꽃은 바로 이 모든 학습 과정과 결과에 대해 아이가 스스로 체크하고 평가하게 하는 거랍니다. 이 모든 과정들을 해나가면서 아이들은 이 일련의 과정이 몸에 베이게 되겠죠. 그런 다음 필요한 것이 평가라는 거예요. 아이는 체크를 통해 자신을 객관적으로 평가하는 능력을 키울 수 있어요. 스스로 무언가를 해낸 것에 대한 성취감뿐 아니라 제대로 해내지 못한 것에 대한 부족함을 몸소 느끼게 되는 거지요. 반성이란 감정은 유일하게 인간만이 느낄 수 있는 감정이라고 해요. 반성을 해야 앞으로 무엇을 더 잘 내야 할지 방향이 보이기 시작할 거예요.

마지막으로 팁을 드리자면 자기주도학습은 체질을 바꾸는 거라고 생각하면 훨씬 쉽게 접근 할 수 있어요. 체질은 쉽게 바뀌지 않죠. 병약한 아이의 체질을 바꾸려고 한다면 식습관은 물론 생활습관까지 오랜 시간이 걸리잖아요. 자기주도학습도 마찬가지에요. 처음엔 부모님의 참여가 필요한 수업법이라 결과가 보이는듯하지만 이 주도권을 아이에게 넘겨주면서는 인내와의 싸움이 시작됩니다. 자기주도학습은 아이들의 공부에 대한 인식을 바로 잡아 주면서 공부습관을 길러 주기 때문에 분명 성적과도 연관을 주면서 좋은 성적을 기대 할 수 있어요. 그렇지만 잘못된 방향으로 간다면 그건 오히려 아이를 방치하게 되어 망칠 수도 있다는 것을 명심해 주셨으면 좋겠어요.

* 앞서 알려 드렸던 것들에 대한 구체적인 실행과 방법들은 본 책 6장에 자세히 기술해 놓았습니다.

9. 엄마표 선생님에서 공부방 영어 선생님이 될 수 있을까요?

　좋은 엄마는 좋은 교사를 이긴다는 말이 있어요. 다르게 말하면 좋은 엄마가 좋은 교사가 될 수 있다는 말이 아닐까요? 저는 아이들에게도 영어를 가르치는 영어원장이자 교사지만 선생님들을 교육하는 교육 컨설턴트이기도 해요. 주로 공부방이나 교습소 학원의 창업이나 운영 교육을 하고 있어요. 전국적으로 하다 보니 아마 수천 명의 선생님을 만났던 것 같아요. 그 중에 유난히 기억에 남는 한 분 이야기를 해볼게요.

　그 분은 엄마표 영어 선생님이었습니다. 엄마표 영어로 성공했고 그 성공을 통해 아이들 영어교육에 대한 새로운 시각을 갖게 되었다고 해요. 저는 그 분에게서 엄마표 영어가 어떻게 진행되었는지 들으면서 정말 존경스럽다고 생각했답니다. 무엇보다는 엄마표 영어를 하면서 자신과 아이를 위해서 공부했던 과정들은 참 인상 깊었었답니다. 여러 가지 학습자격증들은 기본으로 가지고 있었어요. 그 분도 본인 아이들을 가르쳤던 그 과정대로라면 다른 아이들도 가르칠 수 있겠다는 자신감이 생겼던 것 같아요. 다만 창업이나 운영적인 부분들과 학습에 대한 것이 궁금해서 저에게 왔던 거지요. 지금은 수십 명의 아이들과 대기자 아이들까지 생긴 공부방으로 성공했고 학원 확장까지도 하는 모습을 뵈면서 진짜 좋은 엄마가 좋은 교사가 되었다고 생각하고 있답니다.

엄마표 영어는 짧지 않은 어쩌면 지루하고 포기하고 끝내고 싶을 때가 많은 긴 여정인데 이 과정을 잘 견디고 넘기셨다는 것 그것 하나만으로도 충분히 무엇을 하시든 성공할 수 있는 기본을 갖춘 거라고 생각해요. 여기에 대충하고 싶지 않다는 마음으로 여러 가지 자격증을 따며 공부까지 했으니 성공은 충분히 예견된 거나 마찬가지였지요.

그럼 어떻게 영어 선생님이 되나요? 라는 질문이 나올 것 같아요. 엄마표 영어를 하시거나 마음을 먹었다면 먼저 투자하세요. 여기서 투자는 돈보다는 시간적 의미가 더 커요. 아이 때문에 시간이 없다고 섣불리 단정 짓기에는 요즘 무료로 할 수 있는 온라인 과정의 자격증 코스가 많아요. 예를 들면 파닉스 지도사 , 아동영어 독서 지도사, 자기주도학습 지도사, 독서 논술 지도사, 초등 영어 지도사 등이 있지요. 우리 아이를 제대로 가르치면서 미래 다른 아이들도 가르칠 수 있다는 큰 그림을 그려 볼 수 있는 것이죠. 물론 내 아이에게 우리 엄마는 늘 공부하는 엄마라는 생각을 심어줄 수도 있으니 일석이조의 큰 그림을 그릴 수 있지 않을까요? 지금 엄마표 영어를 하고 있다면 영어기관 영어 선생님이나 영어공부방 선생님으로 한 번 도전해 보세요!

초등 장·단기 어학연수의 골든타임은?

2○○○년대엔 나라의 영어교육 정책으로 인해 실용적 영어교육에 광풍이 몰아칠 정도로 말하기 중심의 영어교육이 트렌드를 이끌었다. 당연히 영어 사교육 시장도 커지면서 조기유학이나 어학연수에 대한 관심도 높아졌다. 덕분에 영어학원으로 건물주가 된 친구들도 아파트를 몇 채씩 산 친구들도 있었다.

이 시기에 나는 그 잘되던 공부방을 조카에게 주고 다시 아이들과 미국에 가기로 결정하였다. 그런데 현실이 발목을 잡았다. 공무원인 남편의 월급만으로 두 아이와 함께 몇 년이 될지 모를 미국에서의 학비와 생활비를 감당할 수 있을까? 사업적인 촉이 있었던 나는 미국에서 지냈었던 경험과 공부방 원장으로서의 경험을 살려 유학원을 운영하기로 했다. 그때나 지금이나 실행력 하나는 정말 좋았던 나는 앞뒤 생각 없이 바로 쥴리 유학원이란 이름을 짓고 운영을 시작했다.

시작은 서류 준비였다. 우리 아이가 다녔던 사립학교와 유학 올 아이가 방과 후 활동으로 다니게 될 community center, after school 그리고 주변 도서관 프로그램 등을 이메일과 홈페이지로 알아보고 입학절차와 관련 서류 등을 준비했다. 그리고 로고를 만들어서 브로슈어와 명함, 현수막을 만들어 홍보했다.

모두가 다 말렸었다. 전국적으로 소문난 공부방을 그만두고 남의 나라 미국에 아이들 교육 때문에 어떤 대책도 없이 간다는 나를 질타하는 사람도 있었다. 미국만 가면 아이가 잘 된다는 보장이 있느냐면서 말이다. 지금 생각해보니 아이들 교육 욕심뿐 아니라 나 역시 미국에서 공부를 더 해보고 싶다는 욕심이 있었던 게 사실이다. 그렇게 나는 또 이민백 6개를 가지고 미국행 비행기에 올랐다. 미국생활 2막의 시작이었다.

유학원은 관리형 홈스테이 형태의 작은 규모로 운영되었었다. 여름방학에는 4명에서 5명 정도였고 평상시에는 2명 정도의 아이들을 우리 아이들과 함께 돌보며 지냈다. 잠깐일거라고 생각한 미국생활은 거의 5년 반을 채웠고, 쥴리 유학원의 미국이야기도 그렇게 5년 반을 꾸준히 이어갔다.

유학원을 다녀간 아이들은 초등 4학년부터 고등학교 1학년까지 있었지만 대부분 초등학생이었다. 부모님 없이 여행하는 어린이들을 처음부터 끝까지 케어해 주는 UM(Unaccompanied Miner) 서비스를 이용해 데이튼이라는 작은 도시까지 날아와 준 그 아이들도 보내 주신 부모님들도 지금 생각해 보면 정말 대단하고 고맙다는 생각밖에 들지 않는다. 학년연령이 다른 아이들과 함께 하면서 다시 한국으로 돌아가서 전해주는 결과물들과 한국학교에서 이루어내는 성과들을 보면서 나 역시 단기나 조기 유학의 시기들에 대해서 많은 생각들을 해보게 되었다. 아이들의 단기와 장기 어학연수 그리고 유학 시기는 학부모님들의 단골 질문이기도 했다.

우리 아이들만 봐도 확실히 단기나 장기 어학연수의 골든타임은 있다고 생각한다. 2~3학년을 마치고 왔던 작은 아이는 1년 동안 미국 아이들과 거의 유사한 발음을 구사하며 날 감동시켰고 미국아이들과 같은 학습 커리큘럼 수업에도 늘 우수한 결과를 보여주었었다. 4~5학년을 마치고 왔던 큰 아이도 마찬가지였다. 그런데 한국으로 돌아온 이후 둘은 확연히 다른 차이를 보여주고 있었다. 작은 아이는 영어의 노출이 적어지는 한국에 돌아오자 영어적 사고와 감각들이 빨리 사라져 갔다. 반면에 큰 아이는 처음 적응하고 공부할 때 어휘나 문법에서 그리고 리딩에서도 많이 힘들어 했었지만 오히려 한국에 와서는 학습된 것들을 오래 기억하고 학교에서 영어토론대회나 발표에서 늘 우수한 실력으로 입상하곤 했었다.

우리 아이들뿐만 아니라 유학 왔던 다른 아이들도 크게 다르진 않았다.

영어를 받아들이고 익히는 개인차는 분명히 있지만 적당한 시기에 적절한 동기부여가 되는 기회가 온다면 학습적인 영어로의 접근이 가능한 나이면 좋을 것이다. 개인적으로는 단기연수의 골든타임을 초등 5학년이라고 생각한다. 한국에서 기본을 인풋(input)하고 올 수 있는 시기이기도 하고 어학연수를 통해 얻을 수 있는 언어 감각뿐 아니라 실제로 언어로서의 영어를 배울 수 있어 한국으로 돌아온 뒤에도 한국 수업에 크게 떨어지지 않을 시기이기 때문이다.

반면 유학은 세 가지를 염두에 두어야 한다. 원어민처럼이 목표라면 시기가 빠를수록 도움이 될 거고, 미국 명문대 진학이 목표라면 중학생이나 고등학생 때 와도 크게 문제가 되지 않는다고 생각한다. 어릴수록 문화와 환경 그리고 학교생활에 더 빨리 적응하는 장점이 있지만, 좋은 대학이 목표라면 한국에서 미국 입시를 준비하더라도 좋은 대학을 들어가는 경우가 많다.

두 번째로는 한국에서 제대로 학습이 된 후 보내야 한다. 1~3개월 단기연수는 공부를 하러 간다기보다는 탄탄하게 다져온 영어 실력을 바탕으로 본 필드에서 어떻게 뛰는지 감각을 익히는 것으로 생각하는 게 좋다. 그러면 아이들은 투자한 것 이상의 결과를 가지고 돌아올 것이다. 어학 공부를 목적으로 기본적인 준비 없이 가면 실망하는 일이 생길지도 모르겠다. 영어 기본이 부족하다면 해외 연수보다는 국내 연수 프로그램 참가나 원어민 개인 과외를 연수처럼 집중해 받는 것을 추천한다.

  세 번째로는 제대로 안전하게 관리 될 수 있는 홈스테이를 구해야 한다는 것이다. 무조건 미국인 가정이 좋겠다며 아이들을 보냈으나 실패한 경우를 종종 보았다. 학습이나 언어적인 측면이 아니라 아이가 정석적인 측면으로 적응을 못해서 마음에 상처를 입고 귀국하는 경우들도 보게 되었다. 특히 초등학교를 다니는 시기의 아이들은 이 부분을 간과해서는 안 된다. 모국어인 한국어로 감정을 제대로 소통하고 건강한 한국 음식도 먹을 수 있는 곳이 아이가 낯선 미국 땅에서 적응하는 데 도움을 줄 수 있다.

  단기 연수라면 한국으로 돌아왔을 때 한국학교의 학과 공부를 잘 연계해서 수업에 지장이 없도록 조금이라도 봐줄 수 있는 곳이 훨씬 좋을 것이다. 한국의 평균 수업일수를 채우기 위해 1년 단기 어학연수밖에 선택권이 없는 학생들은 미국 학기와 함께 10개월 정도 머무르다가 한국으로 돌아가곤 했다. 이 경우 한국에서 유급하지 않도록 자체 시험을 준비해 주었다. 단기 연수 시에는 이런 부분도 염두하고 선택하는 것이 좋다.

mom's class

엄마표 영어 PT는 이렇게!

초등 시기, 영어 학습의 골든 타임을 잡아라

1. 멋모를 때 할까? 철들고 할까?

아이들을 오래 지도하다 보니 가깝게는 중학교 멀게는 고등학교에서도 흔들리지 않는 초등 영어공부 기간은 길게는 5년 짧게는 3년 정도였다. 초등영어도 단기간에 성과는 나올 수 있지만 그 성과를 지속하려면 꾸준한 노력만이 답인 것이다.

특히 5, 6학년은 영어에서 본게임이 시작되는 시기이다. 하던 대로 하면 안 된다. 총체적 영어 영역을 골고루 배워야 한다. 좋아하는 영역만 하면 중학교에 가서 제대로 할 수가 없다. 그래서인지 어렸을 때부터 영어를 학습적으로 접근했던 아이 중에서는 이 시기에 지쳐서 나가 떨어지는 경우도 있다.

리딩은 양보다 질에 초점을 맞춰야 한다. 논픽션으로 지문과 문제 풀이가 업그레이된 것들로 학습해야 한다. 단어는 리딩 올 인 원 학습법을 하면서도 따로 단어 교재를 준비해주면 좋다. 문법도 문법책을 공부하며 정확한 의미와 개념을 이해해야 한다. 나아가 이 단계의 문법은 쓰기로 이어진다. 제대로 배우지 못하면 중학교에 가서 서논술형 시험이나 수행대비 쓰기를 제대로 할 수 없다. 하기 싫다고 미루다가는 중학교에 가서 아예 손을 못 대는 경우도 많다. 중학교에 올라가 격차가 벌어지는 이유이다.

중학생들이 입회할 때 제일먼저 아이의 의견과 상태를 먼저 묻는다. 왜 영어공부를 해야 하는지 하고는 싶은지. 아이의 의지와 의사가 없다면 제일 무의미한 투자가 될 수 있기 때문이다. 그저 엄마가 학원가라고 해서 다니겠다는 아이들은 성공률을 떠나 나 자신의 정신건강까지 피폐해 지기 때문이다. 어르고 달래고 해서 될 때가 아니라는 것이다.

그래서 초등이 영어 학습의 적기이다. 이 시기 아이들은 부모님이나 선생님의 칭찬과 격려에 그나마 잘 움직이며 따라온다. 어차피 영어는 학교 학년 기준이 아니라 레벨이 기준이다. 영어 책도 초4, 초5처럼 학년에 표기된 것보다 초급, 중급, 고급으로 나눠진 것들이 적합하다. 중1 초4라고 되어있는 것을 한다고 하면 아이는 본인의 상황을 심각하게 받아들이지 못하고 내가 중1 인데 하면서 학교 학년 기준으로 생각만해서 더 시작을 꺼리게 된다.

중학교에 가서도 무너지지 않는 영어 학습은 초등 시기에 탄탄해져야 한다. 그렇다고 해서 너무 많은 공부를 하게 하면 아이가 그나마 해오던 것들도 질릴 수 있다. 아이가 받아들일 수 있는 범위 내에서 필요한 것을 준비하자. 영어 학습은 철들고 시키면 알아서 할 거 같은데 철드니까 더 안하려고 하는 경향이 있다. 조금 철은 안 들었어도 멋모를 때 시키는 것이 오히려 훨씬 아이에게도 엄마에서도 스트레스를 덜 주면서 학습하는 길은 아닐까 한다.

2. 초등은 딱 좋은 동시통역 영어 훈련기이다

영어식 사고를 통해서 말하기를 아웃풋하게 하는 많은 엄마표 영어 선생님들과 교육기관이 있다. 그렇게 할 수 있으면 너무 좋겠지만 초등 아이들은 벌써 한국어가 모국어로 자리 잡힌 나이이다. 그래서 차라리 한국어를 영어로 빨리 말하고 바꾸는 훈련을 하는 것이 더 효과적일 수 있다. 정확한 문형을 배우고 리딩스킬을 훈련한 후에 통역사가 하는 방식대로 한국어 스크립트를 보고 영어를 말하고 영어스크립트를 보고 한글로 말하는 연습을 시키는 것 말이다.

동시통역이란 스피커가 말을 할 때 1~2초 사이를 두고 거의 동시에 통역해내는 것을 말한다. 여기서 '동시에'가 핵심이다. 그 언어에 대한 지식, 대화 내용에 대한 이해 그리고 표현하고자 하는 언어 자체에 대한 해박한 배경 지식까지 종합적으로 필요하다. 그 나라의 문화, 관용적 표현, 농담, 문맥상 나타나는 단어의 의미를 파악하는 능력과 순발력과 실력까지. 이 중에 무엇 하나라도 빠진다면 매끄러운 통역이 되지 않는다.

우리 아이를 동시 통역사로 키울 생각은 없다고 해도 이 학습법은 유용하다. 아이가 영어를 우리말로 전달할 때나 우리말을 영어로 전달할 때 유창성을 배우게 되기 때문이다. 다만 생각해서 반응하는 것이 아니고 몸에서 즉시 나와야 하기 때문에 상당한 훈련을 하지 않으면 할 수 없다. 초등 저학년부터 훈련해야 하는 이유이다. 아이들은 순발력뿐 아니라 수준도 영어 실력에 따라서 높아진다.

어떤 형태의 교재든 가능하다는 것이 장점이다. 리딩 교재도 회화 교재도 아이가 읽고 있는 원서도 가능하다. 텍스트만 보고 아이의 말로 읽어주는 영어 동화, 참 멋진 시작이 아닐까 싶다. 이것은 아이가 인풋했던 것들을 꺼내는 아웃풋이다. 말하기와 쓰기는 다른 거 같지만 둘 다 결국은 아웃풋이다. 매일 조금씩 한 연습이 입으로 체화될 것이고 이후 영작할 때도 문법적인 오류와 문장의 영어 어순을 자연스럽게 알게 된다.

쉬운 단계의 스토리로 시작하다보면 힘들지 않게 해내게 된다. 아이들 수준과 레벨을 고려하여 조금씩 조정해 가면서 해주면 좋다. 물론 리딩스킬을 높이는 학습을 선행해야 한다. 듣고(새도잉) 읽고 말하기 (낭독) 쓰고(영작, 받아쓰기) 를 하고 난 이후에 이 훈련을 하는 것이 효과적이다. 단어와 문장 학습이 되지 않은 상태에서는 오히려 아이들에게 부담감을 주어 역효과가 날 우려가 높다.

훈련이 되었다면 영어 음원을 들으면서 한국말로 동시에 말해 보게 시켜주면서 녹음해보자. 처음에는 힘들고 어색하겠지만 이렇게 하다보면 아이들은 자신도 모르게 영어를 들으면서 한국어 뜻을 이해하는 능력까지 생기게 된다. 최종적으로는 다른 아이들 앞에서 말하기 프리젠테이션까지 해보게 한다. 이렇게 초등에 하는 동시통역 훈련은 영어 능력뿐 아니라 발표력과 자신감까지 키울 수 있는 효과 만점의 학습법이다.

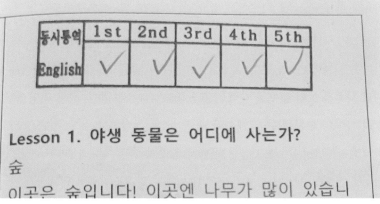

동시통역 도장을 활용한 교재 수업

3. 영어교재 잘 고르는 방법은 따로 있다

강산이 세 번 바뀐 긴 시간 동안에 만난 아이들만큼 영어교재도 많이 만나왔다 원서는 물론 우리나라 출판사 교재와 외국 출판사 그리고 미국 교과서까지 정말 다양한 교재를 사용해 교육 현장에서 가르쳐왔다. 그래서 교재라면 표지만 봐도 어떤 느낌일지 감이 온다. 그래서인지 최근에는 국내 유수의 출판사나 영어 책 표지를 고르실 때 연락을 주기도 한다.

올 해도 구입한 영어교재들 잘 사용하고 있는지 아니면 그대로 방치되었거나 혹시 아니면 라면받침으로 쓰고 있지는 않은지 묻고 싶다. 교재를 교재로 사용하고 있지 못한 데에는 훌륭하고 좋은 교재라고 해서 구입했는데 우리 아이와 맞지 않는 교재이기 때문이었을 것이다. 잘못된 선택은 돈 낭비일뿐 아니라 아이의 귀한 시간까지 빼앗게 되는 일이다. 어떤 기준으로 교재를 선택하는 것이 좋을지 크게 네 가지로 알려드려 보도록 하겠다.

교재의 구성

이해하기 쉽고 재미있는 교재인지 봐야 한다. 남이 좋다하는 교재는 진짜 남들에게 좋은 교재이다. 또 유명하다고 다 좋은 교재는 더더욱 아니다. 교재의 구성이 우리 아이가 이해하기 좋고 재미있게 구성 되었는지 꼭 확인해 주어야 한다.

단계별 난이도

특히 리딩이나 문법이 이에 해당하는데 리딩은 출판사에서 리딩레벨에 맞추어서 단어수가 레벨별로 되어 있어서 선택하기 좋지만 문법은 단계별로 난이도가 무난한지 확인해야할 필요가 있다.

자기주도적 학습이 가능한 교재

아이가 주도적으로 학습을 하기 위해서 유기적으로 구성이 되어있는 교재를 선택하는 것이 좋다. 앞에 나왔던 단어나 문법 사항이 뒤편에서 한 번씩 더 나오면 아이는 자신도 모르게 복습을 하게 된다.

부가 자료가 있는 교재

요즘엔 영어교재 출판사에서 교사용 부가 자료들을 잘 만들어서 무료로 주기 때문에 교재와 함께 아이가 스스로 학습하기에 부족함이 없다. 다만 이 부가 자료들이 너무 어려워서 아이가 혼자서 해낼 수 없고 엄마도 가르치시기 힘든 것이라면 아무 소용이 없다.

그리고 개인적으로 좋아하는 교재들은 두껍지 않고 적당한 양과 표지와 편집이 깔끔해서 가독성이 좋고 그림이 예뻐서 자꾸 보고 싶고 설명이 간단명료한 책들이다.

원서 교재 vs 우리나라 교재

영어교재는 크게 원서교재와 우리나라 교재 이렇게 나눌수 있다. 원서는 한국 교재들처럼 미국교과서나 리딩 문법 그리고 어휘 등 다양한 미국 출판사별 교재들이 있다. 그중에 대표적인 것이 미국교과서이다. 우리나라에서 지금은 원서 읽기를 통해 학습으로 이끄는 엄마표나 교육기관이 트렌드지만 예전에는 한동안 일반 교과목까지 미국교과서로 가르치는 이멀전 통합교육이 유행한 적이 있었다. 필자도 예전에 가르쳤던 아이들 중에 발품을 팔거나 외국사시는 지인분께 부탁하여 미국교과서를 구입을 부탁해서 가르친 적이 있다. 지금도 영유나 특정 교육기관에서는 이 미국교과서로 수업하는 곳들이 있다. 그런데 미국교과서는 가격도 높고 분량이 많아서 가정에서 가르치기에는 여러 면에서 부담이 될 수 있다.

이렇게 미국교과서로 수업을 하는 이유 중에 하나는 아마도 미국에 가지 않고도 미국아이들과 같은 책으로 공부할 수 있다는 점 때문일 것이다. 그리고 초등 저학년이라면 교과서 자체가 재미있고 체계적으로 구성되어있다는 것도 매력 중 하나이지 않을까 싶다.

그런데 가르치면서 느낀 건 미국교과서는 미국에서 태어난 현지 아이들을 위한 교재라는 것이다. 그래서 교과서를 이해하기 위해서는 어느 정도의 영어수준과 실력이 있어야 한다. 잘못했다가는 오히려 영어에 대한 거부감과 흥미만 잃을 수도 있다. 그래서 원서교재 미국교과서는 조금 더 신중을 기해 선택해야 한다.

우리나라 영어교재는 크게 ELT원서형 교재와 일반교재를 나눌수 있다. ELT원서형 교재는 전문 출판사들이 있는데 대표적인 출판사로는 빌드앤그로우. 브릭스. 이퓨처. 에이리스트 등이 있다. 일반 교재 출판사로는 키출판사나 능률 그리고 다락원 등이 있다. 영어가 모국어가 아닌 사람들에게 영어를 가르치는 ELT 교재는 주로 ESL, EFL 환경에서 교육된다. 쉽게 말해 교재 안에 영어만 존재하는 원서형 교재들이다. 보통 어학원이나 영어교육 기관에서 아이들에게 많이 사용하고 있다.

원서형 교재를 사용하게 된 배경에는 원서가 가지는 장점과 함께 우리나라 교재가 가지고 있는 한국형 입시에도 최적화된 커리큘럼 때문이었다. 무엇보다도 단계별 과정이 아주 잘 되어 있다. 또한 출판사에서 제공하는 단어장부터 각 유닛별 테스트지까지 다양한 부가 자료들이 매력적이다. 회원가입만 하면 되니까 꼭 가입해서 무료로 자료 다운 받아 보시면 좋으실 거 같다.

 능률 빌드앤 그로우 부가 자료 다운로드 사이트

개인적인 생각이지만 원서형 교재로 먼저 기본과 내공을 충분히 쌓은 후 미국 원서수업을 하는 것이 맞다고 생각하고 있다. 충분한 교과의 이해가 되는 영어 실력을 가지고 있어야 과목들을 학습할 수 있다. 아니면 과목을 과목으로 이해하는 것이 아니라 영어를 공부하게 되는 이상한 상황이 만들어 진다.

좋은 교재만큼 중요한 것이 있는데 그것은 하나의 교재라도 정확히 반복해서 제대로 끝내서 아이의 것으로 만들어 주는 것이다. 아이가 이해하지 못하고 모르는데도 불구하고 앞으로 계속 가는 것은 교재빼기 그 이상의 의미가 없다. 좋은 교재를 선택하는 것보다 그 교재를 어떻게 제대로 사용하고 어떻게 가르칠지에 대한 정확한 이해와 고민이 우선시 되어야 할 것이다.

▶️ [쥴리영어TV] 참고 영상

초등영어 교재, 절대 실패하지 않는
학년별 교재 추천과 커리큘럼 로드맵

영어교재로
커리큘럼 만들기

필자가 영어공부방으로 130명의 아이들을 가르칠 수 있었던 제일 큰 성공 노하우는 체계적인 커리큘럼에 있었다. 130명의 아이들에게 큰 틀에서 영역별로 짜준후에 아이들마다 개인별 스터디 플래너로 아이의 로드맵을 만들어 주었기 때문에 아이가 중학교에 가서도 빈틈없이 꼼꼼하게 구멍 없이 잘 해내었던 것 같다.

초등커리큘럼을 짜는 방식을 능률 빌드앤 그로우 교재 기준으로 알려드려 보도록하겠다. 국내 원서형 교재중에서 자기주도 수업과 잘 맞는 교재가 빌드앤그로우 교재라고 생각했기 때문에 이 교재를 기준 삼았다. 학교 학년 기준이 아닌 영어 학년 기준으로 설명하겠다.

영어 학년 1~2학년

파닉스를 익히는 것이 중요하다. 초등저학년은 『come on phonics』 초등 고학년은 『phonics show』로 하면 된다. 파닉스 규칙에 맞지 않는 사이트 워드는 따로 가르치면 읽기 독립이 쉬워질 수 있다.

리딩은 단어 수 30에서 80정도에 해당하는 『스케치 스타터(Sketch Starter)』 『Read it』『Easy Link』시리즈가 있다.

그리고 듣기, 읽기, 쓰기, 말하기를 균형 있게 학습하며 영어 기본기를 확립할 수 있는 코스북을 사용해도 좋다. 파닉스 끝나고 한번에 언어의 4대 영역을 알려주고 싶은 부모님께 추천 한다. 교재로는 『Come on Everyone』이 있다. 교재 속의 교재 「Show time」까지 있어서 아주 알차게 활용할 수 있다.

이 시기에는 단어장과 문법 교재를 추천하지 않는다. 리딩 교재 안에서 단어를 찾아서 나만의 영단장을 만들어 주고 리딩 책안에서 나오는 기본 문법을 워밍업하듯이 알려주어야 아이들에게 영어의 부담을 줄여줄 수 있다.

영어 학년 3~4학년

리딩교재로는 단어수 80에서 200 정도의 『Insight Link Starter』에서 『Insight Link 6』까지가 좋다.

문법 교재는 『Grammar Space Kids』 시작해서 『Grammar in Focus』로 연결해 준다.

이퓨쳐 출판사의 『그래머 3, 4 , 5』도 스페이스 키즈 다음에 넣기 좋다. 쓰기와 말하기 훈련부분이 잘 연결되어 있고 단계도 나선형 반복학습을 할 수 있어서 복습과 학습이 잘 섞여 있다. 이 시기에는 한글 문법교재도 괜찮다.

고학년을 위한 대비로 『그래머텐 기본』을 해주면 된다.

그리고 『요즘 초등 영어 단어』나 『천일문 보카앤 스토리』를 시작해 보면 좋다.

영어 학년 4~5학년

학교 학년으로는 6학년에서 중1 정도이다. 리딩교재로는 단어 수 200 이상에서 350까지의 『서브젝 링크 4~9』로 연결해 주면 되고 『서브젝링크 9』가 끝나고 다음으로는 에이리스트 출판사에 나오는 『National Geographic Wonderful World』로 연결해 주면 좋다.

문법 교재로는 한글 문법서인 『Grammar Ten 완성』으로 연결해 주면 된다. 4권으로 구성되어 있는데 3, 4는 중학교 필수 문법이 다 들어가 있어서 2회독 이상 반복 학습해 주시는 것이 새로운 교재를 공부하는 것보다 효과적이다.

단어는 『보카앤 스토리』나 『워드마스터 기본』을 한 번 더 돌고 실력편으로 넘어가도 된다.

ELT교재와 원서로
최고의 콜라보 학습하는 법

영어 학습에서 원서가 정답이다! 학습서가 정답이다! 라고 말씀 드릴 수는 없지만 방향성은 분명히 말할 수 있다. 바로 우리 아이는 어떤 성향의 아이일까? 라고 생각해 보는 것이다.

원서는 말 그대로 책이기 때문에 책을 통해 영어를 자연스럽게 접할 수 있다는 장점이 제일 크다. 비록 그 시작은 엄마로부터이지만 그럼에도 아이는 공부가 아니라는 부담감이 사라지니 흥미를 가지고 시작 할 수 있다. 그래서 재미와 흥미적인 부분만 놓고 본다면 원서가 "승勝"이다. 그래서 아이가 어리거나 책 읽기를 좋아하는 아이라면 원서로 접근하는 것이 더 좋을 수 있다. 그리고 원서의 장점이라면 원서도 한글 책과 마찬가지로 아이들이 원서를 통해 다양한 어휘와 문맥을 이해하는 힘을 기르게 된다. 호흡이 길다 보니 글의 흐름도 자연스럽게 배울 뿐 아니라 책에 대한 깊은 생각도 하게 된다.

반면 학습적인 측면으로 조금 아쉬운 부분은 깊이가 없다는 점이다. 단어나 문장을 감으로 읽기 때문에 정확한 뜻이나 문장의 구조를 분석하는 것이 쉽지 않다. 이 부분이 조금이라도 해결이 되려면 정독을 통해 독서 후 쓰기로 아웃풋을 해주면 되는데 가정에서는 쉽지 않을 수 있다. 그렇다보니 원서만으로 해리포터까지 읽는 아이들도 중학과정으로 넘어가면 한국어와 영어 학습에 사이에서 혼란이 오기도 한다. 그래서 원서로 책을 읽을 때 원서와 비슷한 원서형 학습서를 함께 수업해 주는 것을 추천한다. 책읽는 즐거움과 함께 필요한 학습적인 부분들도 채워줄 수 있기 때문이다.

ELT 학습서는 학습 측면의 의도와 목적을 가지고 접근하는 교재이다. 그러다 보니 재미있거나 자연스럽지 않을 수 있다. 긴 호흡의 원서에 비해 글이 짧고 주제별 내용의 스토리들로 구성이 되어있다 보니 글의 전체적인 흐름을 이해하거나 작가의 생각을 읽어내고 생각하는 능력을 기르기에는 무리가 있을 수 있다. 반면 이러한 단점을 학습적인 측면으로 접근한다면 장점이 된다. 호흡이 짧은 대신에 흥미롭고 다양한 주제로 배경지식을 넓힐 수 있고 주제나 세부 정보를 찾아내며 읽기 때문에 독해력을 향상시킨다. 단어도 암기라는 테스트를 거치므로 정확한 의미를 알 수 있게 된다. 정확한 학습에 대한 직관력을 가지게 되는 것이다. 특히 아이가 체계적인 공부를 좋아하는 성향이라면 교재로 학습하는 것을 추천해 본다,

이렇게 원서와 ELT교재는 서로 목표와 방향은 다른지만 영어 학습에 도움이 주는 것은 틀림없는 사실이다. 그래서 서로 부족한 부분들을 필요에 따라 적절하게 섞어준다면 아이들은 구멍 없는 제대로 된 영어 학습을 하게 될 것이다.

마지막으로 아이들의 리딩레벨에 맞는 원서형 ELT교재를 선택할때 최고의 콜라보 학습이 될 수 있도록 아래의 표를 참고해 보길 바란다.

시리즈명	교재명	AR	Lexile®	Word Count
Reading Sketch	Reading Sketch Starter 1, 2, 3	-	BR	30 ~ 45
	Reading Sketch 1, 2, 3	1.4 ~ 1.5	170L ~ 210L	35 ~ 65
	Reading Sketch Up 1, 2, 3	1.6 ~ 1.8	260L ~ 300L	50 ~ 80
Reading Sponge	Reading Sponge 1, 2, 3	1.3 ~ 1.7	160L ~ 280L	45 ~ 70
Read & Retell	Read & Retell 1, 2, 3	1.6 ~ 2.2	240L ~ 390L	50 ~ 80
Reading Sense	Reading Sense 1, 2, 3	1.9 ~ 2.3	320L ~ 410L	80 ~ 100
Reading Clue	Reading Clue 1, 2, 3	2.7 ~ 2.8	490L ~ 510L	100 ~ 130
The Basic Way	The Basic Way 1, 2, 3 [2nd Edition]	3.2 ~ 3.8	570L ~ 660L	150 ~ 240
Read To Reach	Read To Reach 1, 2, 3	3.3 ~ 3.8	600L ~ 660L	140 ~ 220
The Best Way	The Best Way 1, 2, 3 [2nd Edition]	3.2 ~ 4.2	580L ~ 710L	230 ~ 340
Reading Source	Reading Source 1, 2, 3	5.6 ~ 7.0	860L ~ 970L	140 ~ 200
Reading Peak	Reading Peak 1, 2, 3	5.6 ~ 6.0	860L ~ 900L	190 ~ 270
Read Up	Read Up 1, 2, 3	8.6 ~ 13.5	1070L ~ 1320L	350 ~ 500
Easy Link	Easy Link Starter L1, 2, 3	-	BR	20 ~ 35
	Easy Link 1 ~ 6	1.6 ~ 2.1	240L ~ 380L	35 ~ 80
Insight Link	Insight Link Starter L1, 2, 3	2.3 ~ 2.5	400L ~ 500L	80 ~ 120
	Insight Link 1 ~ 6	2.7 ~ 4.7	500L ~ 760L	120 ~ 250
Subject Link	Subject Link Starter L1, 2, 3	2.2 ~ 2.8	430L ~ 460L	90 ~ 135
	Subject Link 1 ~ 9	2.8 ~ 6.7	520L ~ 950L	140 ~ 360
READ IT	Read It ! 30 - 1	1.1 ~ 1.2	BR ~ 90L	30-35
	Read It ! 30 - 2	1.1 ~ 1.2	BR ~ 90L	35-40
	Read It ! 30 - 3	1.1 ~ 1.2	BR ~ 90L	40-45
	Read It ! 50 - 1	1.3 ~ 1.6	150L ~ 240L	50-55
	Read It ! 50 - 2	1.3 ~ 1.6	150L ~ 240L	55-60
	Read It ! 50 - 3	1.3 ~ 1.6	150L ~ 240L	60-65
	Read It ! 100 - 1	1.7 ~ 2.2	270L ~ 400L	70-80
	Read It ! 100 - 2	1.7 ~ 2.2	270L ~ 400L	80-90
	Read It ! 100 - 3	1.7 ~ 2.2	270L ~ 400L	90-100

출처: 새야의 얼렁뚱땅 엄마표

원서 리딩 레벨과 빌드앤 그로우 교재(원서형 ELT 리딩 교재) 활용표

4. 학년별 초등학교 교과서로 배우는 영어공부

엄마표 영어나 교육기관표 영어나 교과서를 조금 가볍게 생각하는 것 같다. 파닉스부터 시작해서 영어원서까지 읽기를 시키면서도 교과서로 공부하는 곳은 많이 없다. 교과서는 학교에서 하는 것이고 쉬운 것이라는 고정관념 때문은 아닐까 싶다. 그러나 초등교과서 수업은 실생활의 의사소통 회화를 듣고 말하기하며 거기에 맞는 어휘와 표현 등을 아웃풋으로 꺼내기에 좋은 학습 도구가 될 수도 있다.

초등 영어교과서는 국정 교과서가 아니라 검정교과서라서 출판사 5곳에서 펴낸다. 이 5개의 교과서는 교육부가 지정한 어휘나 문법 표현을 교재에 담고 있다. 초등 영어 교과서는 영어를 잘 하는 아이들을 위해 만든 것이 아니다. 평균의 아이거나 영어를 고학년에 처음 시작하는 아이들에게 조금이라도 접근이 용이하게 만든 교재이다. 그렇다보니 난이도가 어렵거나 단계가 급히 올라가는 느낌이 덜한 건 사실이지만 초등에 아이가 기본적으로 익혀야 하는 어휘와 문법 그리고 실생활 표현이 패턴화 되어 있어서 영어를 처음 시작하거나 영어가 어렵다고 생각하는 아이들에게는 훌륭한 영어 교재가 아닐 수 없다.

아이들도 모국어를 배울 때처럼 듣고 말하기의 의사소통 중심의 기초회화패턴을 배우는 교육방식이라 쉽게 접근할 수 있고 영어와 친해지면서 영어에 대한 자신감을 갖게 된다. 그럼에도 불구하고 엄마표로 교과서보다 원서와 원서형 교재를 선호하는 이유는 교과서에서 다뤄주지 못하는 독해력에 관한 부분 때문이라고 생각한다. 아이들의 리딩레벨과 비교하자면 초등 5학년의 교과서가 AR 1. 1에서 1. 5 정도이고 6학년은 1. 7 이고 중학교1학년은 3. 2정도라고 한다. 그러다 보니 보통 엄마표로 초등에 5점대에서 6점대를 읽히고 있다면 당연히 교과서가 너무 쉬워보이게 된다. 또한 텍스트 위주의 교재가 아니다 보니 오히려 티칭의 어려움을 겪기도 한다. 이럴 때 디지털 교과서를 활용하면 책에 나오는 지문과 대화문 내용을 직접 들을 수 있어 도움이 될 것이다.

영어는 읽기 능력만으로 키울 수 있는 것이 아니다. 영어의 4대 영역이 골고루 성장해야 실력이 될 수 있다. 텍스트 중심의 읽기만 하다보면 놓칠 수 있는 것이 말하기 중심의 의사소통 일수 있다. 이 때 실생활 말하기 학습이 체계적으로 잘 다져진 초등교과서와의 콜라보 학습도 도움이 될 것이다.

초등 교과서를 조금 더 효과적으로 잘 가르칠 수 있는 팁을 소개하자면, 첫 번째는 교재에 나온 상황이나 문장 자체에서 나오는 것들을 가능하면 암기하게 한다. 두 번째는 디지털 교과서를 활용해서 무조건 많이 듣고 따라 읽게 한다. 세 번째는 교과서의 기초회화 패턴을 암기하게 한다. 마지막으로는 교과서에 나오는 질문과 대답을 모두 암기하게 한다.

사실 장점이 많은 교과서임에도 불구하고 무조건 교과서만이 답이 될 수는 없다. 영어가 초등에서 끝나는 것이 아니기 때문이다. 초등 고학년에 이르면 영어는 교과서만으로 안 되는 부분이 있다는 것을 염두에 두고 지도해야 한다. 중학교 진학시 영어의 난도가 급상승하기 때문이다. 진학 전에 체계적인 어휘나 문법을 다져둘 필요가 있기 때문에 이 부분은 교과서 지도를 하더라도 놓치지 말고 챙겨 주어야 한다.

　엄마표로 영어 교과서 학습이 어느 정도 되었는지 궁금하고 걱정이라면 초·중·고 검정고시 기출문제를 풀어보는 것을 추천해본다. 합격의 유무를 떠나서 제대로 이해하고 있는지 없는지를 확인할 수 있다. 검정고시 문제는 쉽게 출제 되지만 이해도가 있어야 풀 수 있어서 초·중·고등의 영어를 얼마큼 이해했는지 파악할 수 있다. 우리 교실 아이들에게도 일 년에 한두 번은 복사해 주어 아이들 실력이 어느 정도 되는지 체크해 보고 있다. 레벨 테스트 개념이 아닌 아이가 알아야 하는 가장 기본적인 것들을 이해하고 있는지 확인해보기 위해서다. 영어뿐 아니고 다른 과목들도 있으니 아래 사이트를 들어가셔서 보시면 도움이 될 것이다.

한국검인정교과서쇼핑몰

한국교육과정평가원

메뉴에서 '자료마당' 〉 '기출문제' 〉 '초졸 · 중졸 · 고졸 검정고시'로 들어가면 검정고시 시험지와 정답지를 확인할 수 있다.

초등 영어교과서 학년별 수업 내용과 학습법

초등 3학년은 처음 영어를 시작하는 단계로 알파벳과 파닉스를 배우는 비중이 높다. 기초적인 인사, 사물 이름 말하기, 지시어에 몸으로 반응하기, 영어로 수 세기, 갖고 있는 것 말하기, 색깔 문답, 좋아하는 음식 말하기, 외형 묘사, 할 수 있는 것, 가족 소개, 날씨 문답 등 일상 영어의 말하기 기초를 배우게 된다.

4학년은 3학년에서 배운 기본적인 것들을 조금 더 세부적으로 말하기 연습으로 유도해서 확장하게 된다. 인사, 가족 소개, 감정, 하지 말 것 지시하기, 물건 위치 찾기, 시간 문답, 물건 주인 찾기, 직업, 하고 있는 일 묻기, 가격 문답, 일과 말하기를 배운다.

5학년은 교과서에 리딩 지문이 등장하며 쓰기의 분량도 느는 때다. 이때부터 제대로 글을 읽고 쓰는 능력을 기르기 위해서는 기초적인 문법 지식도 알아야 한다. 교과서외에 기본 문법교재를 해주어야 읽는 능력과 쓰기 능력이 향상될 수 있다. 인사, 출신국가, 여가, 허락 권유, 물건주인 찾기, 음식 주문, 미래 계획 말하기,

과거 한 일 말하기, 가격 문답, 좋아하는 과목, 집의 장소 말하기, 하고 싶은 직업 말하기를 배운다.

　6학년은 다양한 주제 대한 말하기와 토론 활동을 통해 논리적인 생각과 사고를 기를 수 있도록 하고 그림이나 실물을 보면서도 문장으로 묻고 대답하고 일상생활 속 친근한 주제와 실제 상황에서의 말하기 학습도 한다. 쓰기에서는 표현에 맞는 어구나 문장을 2개에서 3개정도 합쳐서 문단으로 쓸 수 있도록 반복적으로 학습한다. 이를 통해 읽기와 쓰기 유창성도 길러진다. 곧 6학년은 총체적인 듣기 읽기 쓰기 말하기 학습을 하는 것이다.

5. 고학년, 영어 위기를 기회로 만드는 비법

우리 아이가 5, 6학년 고학년인데 아직 알파벳도 모르고 기초도 안 되어 있고 시간만 간다면 당연히 넘 늦은게 아닐까 불안하고 걱정 될 것이다. 실제로 이 때쯤 영어 학습 시작을 문의해 주시거나 찾아오셔서 상담해드리고 가르치게 되는 아이가 요즘엔 의외로 많기도 하다. 많은 경우는 아니지만 중등에 처음 영어를 시작한다고 오는 경우도 있다.

시작이라고는 하지만 영어 노출이 처음인 아이들은 없다. 학습영어로서 시작을 안 한 상황인거지 애기때부터 한번쯤은 영어노래든 영상이든 책이든 접해 보았을테니 말이다. 이런 아이들은 어떻게 보면 자연스럽게 영어노출이 된 경우이기도 하고 고학년 특성상 이해력이 빠르다 보니 수업의 진행이 크게 어렵지 않다. 그래서 아이에게 가야할 정확한 목표 지점의 지도를 보여주기만 하면 된다. 오히려 어릴 때 시작했다면 지도밖으로 나가서 잘못된 길로 들어서기도 하고 잘못된 곳을 찾을 수도 있지만 고학년의 아이들은 제대로 된 로드맵을 준다면 그럴 염려는 덜 하다.

아이들 교육에 늦은 시기는 없다. 초등 고학년에 영어를 시작하는 아이들에겐 어쩌면 위기가 기회가 될 수도 있다. 이 아이들에겐 영어에 대한 두려움만 살짝 거둬줘 보자. 그러면 날개를 달고 더 잘하게 될 것이다.

이 아이들을 위한 로드맵은 어떻게 학습에 대한 시작과 방법 그리고 지도 방향을 잡아줄지에 대한 고민에서 시작되어야 한다. 왜냐하면 초등 고학년이 영어를 시작했을 때 교육기관을 들어가려고 하면 아이에게 맞는 반이 그렇게 많지는 않기 때문이다. 어쩌면 이때가 엄마가 기본을 잡아주기에 좋은 시기일지도 모르겠다. 엄마표 코칭영어가 제일 잘 통하기도 할 때이기도 하다. 고학년이지만 그래도 초등이기 때문에 엄마의 말이 아직은 통한다. 그리고 시작은 쉬운 것부터 알 때까지 하는 것이다. 결국은 기초와 복습이 제일 중요하는 것이다. 이 기본을 토대로 목적과 방향은 중학교를 대비에 맞춰야 한다.

처음은 영어의 기본인 읽고 쓰는 파닉스 과정을 해주시는 것이 좋다. 사실 고학년은 한 달 정도면 이 과정이 가능해지기도 한다. 어린 아이들처럼 6개월 이상 하지 않아도 한글을 떼는 것처럼 원리를 이해하면 어렵지 않게 끝낼 수 있다.

무엇보다 신경을 쓰셔야 하는 부분은 영역별 학습 부분이다. 시기적으로 어렸을 때부터 시작한 아이에 비해 실력을 만드는 시간이 짧을 수 있기에 시간대비 효율적인 학습이 될 수 있도록 학습 계획을 짜야 한다. 독해력을 길러야 하니까 리딩만 하거나 중등엔 문법이 많이 나오니까 문법만 한다든가 어휘가 기본이라고 하면서 단어만 외우면 안 된다. 리딩 올 인 원 학습법으로 기본 과정을 하고 이후에 전문적인 영역별 학습을 시작해 주는 게 좋다. 리딩도 스토리 중심의 교재보다는 논픽션 교재를 통해서 독해의 기본이 되는 배경지식을 높여줄 수 있도록 해주고 문법도 중학교 수행평가까지 준비 할 수 있는 쓰기와 말하기를 함께 해줄 수 있는 교재들로 선정하는 것이 좋다.

급하다고 해서 건너뛰기식 학습을 한다거나 한꺼번에 많은 것을 해준다면 오히려 학습 습관이 와르르 무너질 수 있으니 최대한 기초를 잘 잡고 넘어가야 하는 것이 중요하다. 매일매일 공부하고 학습량을 목까지 꽉 채우기보다 2/3정도를 채워서 소화를 잘 시키는 것이다.

영어 공부를 오래했다고 해서 잘하는 것이 아니다. 시간 대비 효과를 먼저 생각해 볼 필요가 있다. 어린아이가 6개월에서 1년을 배우는 과정을 기초 사고력이나 이해력이 훨씬 빠르기 때문에 짧게 몇 개월 안에도 끝낼 수 있게 된다. 그리고 지금쯤은 해야 하지 않을까라는 학습에 대한 의지와 동기가 훨씬 영어 학습을 받아들이는 것이 상승효과를 주게 될 것이다.

아이에게는 새로운 기회가 주어진 것이다. 이 시기는 진짜 영어 실력이 길러지는 시기이기에 제대로 하면 영어 학년 레벨을 빠르게 올릴 수 있다. 아이가 학교 학년이 높아서 시작이 늦었다며 걱정하지 말고 장점에 집중해서 영어 학년을 높여 주면 된다.

6. 공부머리와 공부 그릇은 초등에 완성된다

손주은 매가스터디 사장은 공부머리 80%는 유전이라고 했다고 한다. 이 말을 듣고 어떤 부모님들은 실망하며 그럼 공부는 포기하고 다른 것을 시켜야 하는 것은 아닐까 고민하게 될 것이다. 그러나 평균의 유전자를 가진 사람들도 공부를 잘 할 수 유일한 방법이 있다. 그건 주어진 조건에서 공부머리와 공부 그릇을 키우는 것이다.

많은 아이들을 가르치다 보니 솔직히 학습에 재능과 머리가 있는 아이가 있기도 했었다. 10분 안에 단어 100개, 200개도 거뜬히 외우고 시험은 보기만 하면 백점이고 1등급은 늘 놓치지 않는 그런 아이들 말이다. 그러나 요즘엔 정말 이런 아이들을 찾아보기도 힘들고 있지도 않은 것 같다. 필자가 가르치는 지역의 문제일수도 아니면 아이가 학습머리 대신 미디어의 발전으로 다른 머리를 쓰다 보니 유전적인 재능이 쇠퇴해서인지도 모르겠다. 그렇다면 이런 재능이 없는 아이들은 학습을 포기해야 하는 것일까?

다행인지 재능 있는 아이는 찾아볼 수 없지만 노력으로 공부머리와 공부 그릇을 키워서 잘 하는 아이들은 더 많이 보게 된다. 우리 아이가 공부머리 유전자를 타고 나지 않아 보이더라도 희망을 놓지 않아야 할 이유가 여기에 있다. 공부머리는 노력으로도 충분히 만들어 질 수 있고 이 노력은 학습에 대한 동기와 도움을 주는 누군가를 통해 더 자극이 되고 하고 싶은 마음을 먹게 한다. 그게 부모님일수도 학교나 교육기관의 선생님일수 있다.

필자는 공부머리 유전자를 잘 타고난 편은 아니라고 생각이 들지만 제법 공부는 잘 했었고 좋아했었다. 그 계기가 초등학교 6학년 때 만난 장춘규 선생님 덕분이었다. 공부도 중간정도 성격도 왕소심이어서 그렇게 학습에서 두드러지지 않던 나에게 선생님은 공부의 즐거움을 주셨고 그 즐거움은 공부를 열심히 하고 싶은 마음이 들게 한 결정적인 동기가 되었다. 그러면서 좋은 성적을 받게 되었고 공부에 자신감과 성취감이 생기다 보니 나도 모르는 사이에 나의 공부 그릇은 그렇게 키워졌다. 나도 누군가에게 그런 선생님이 되어야겠다고 마음먹은 시기도 이때였다.

그릇은 원래 빚는 사람에 따라 그 모양이 결정된다. 그래서 특히 학습을 무리 없이 제대로 잘 해나갈 수 있도록 해주면서 공부 그릇과 학습 습관을 길러주고 잡아주는 최적의 시기는 초등이라고 생각한다. 공부 그릇도 도자기 그릇을 만드는 것처럼 흙이 굳기 전에 빚어야 하기 때문이다. 흙이 굳어지면 아무리 제대로 빚어도 예쁜 그릇이 만들 수 없다. 흙이 굳어지기 전 아이들의 공부 그릇 그럼 누가 제일 잘 키워줄 수 있다고 생각하는가? 필자에게는 선생님이었지만 지금의 우리 아이들에겐 우리 부모님이었으면 좋겠다는 간절한 바람을 가져본다.

초등 시기는 올바른 공부 습관을 형성하여 중·고등학교에 가서도 지치지 않고 정서적으로 안정감 있게 공부할 수 있도록 기반을 다지는 정말 중요한 시기이다. 좋지 않은 습관이 굳어지기 전, 습관을 만들어 나가는 어린 시절에 부모가 어떻게 이끌어 주느냐가 매우 중요하고. 아이의 '공부 그릇'

을 크게 만들어 주어야 그 그릇에 더 많은 것들을 담을 수 있게 된다.

애쓰면서 만들어준 아이의 공부습관은 분명 아이를 위한 것이지만 나중에는 부모에게 좋은 선물로 돌아올 것이고 습관이 잘 잡힌 아이들은 초등학생임에도 스스로 야무지게 공부를 해내면서 스스로 할 수 있겠다는 자신감과 공부에 대한 의지도 생기게 될 것이다. 이런 공부 그릇키워주는 공부 습관을 초등에 만드는 것이 최선의 선택일 것이고 최고의 방법이 아닐까 한다.

7. 엄마표로 성공하는 초등 영어 성공 방정식

아이가 자전거를 배울 때를 생각해 보자. 처음부터 두발 자전거를 타는 아이는 없다. 처음엔 네발 자전거로 다음엔 세발자전거로 그리고 두발자전거를 타게 된다. 부모는 그 과정을 지켜봐 주면 된다. 네 발에서 보조 바퀴를 뗄 때 그리고 세발에서 보조 바퀴를 뗄 때 말이다. 이건 부모가 떼어주지 않는다. 아이가 커감에 따라 스스로 하나씩 떼기를 원하기 때문이다. 두 발이 되었을 때도 아이가 넘어지고 다칠까봐 염려해서 도와주지만 결국은 아이는 혼자 스스로 힘차게 달리게 된다. 이런 과정들 속에서 아이는 자발적으로 앞으로 나아가게 되는 것이다. 부모의 도움이 아이 스스로 필요하지 않다고 느끼면서 말이다.

그네를 탈 때도 아이는 처음엔 뒤에서 밀어주는 부모님의 손길이 있어야 안심하고 앞으로 나아간다. 그러나 어느 순간 아이는 알게 된다. 밀어주는 부모님의 힘보다 본인 스스로가 앞으로 나아가는 힘이 더 세고 힘차게 나아갈 수 있다는 것을 말이다.

결국 엄마표 영어에는 엄마가 없어야 한다. 엄마가 주도적으로 끌고 가지 말고 아이에게 학습의 주도권을 넘겨주어 아이가 스스로 할 기회를 제공해야 한다는 것이다. 잡아줄 때와 놓아줄 때를 알고 아이를 보내야 비로소 엄마표 영어는 성공할 수 있다.

엄마표로 성공하는 성공 방정식 10가지

1. 왜 엄마표 영어를 하는지 이유

엄마표 영어를 하는 이유를 생각해보자. 무엇인가를 시작할 때는 하려고 하는 이유와 얻고자 하는 것이 무엇인지 정확히 인지가 되어 있어야 성공할 수 있다. 집에서 편하게 내 아이니까 내가 해봐야지 하는 걸로는 시작동기가 불충분할 수 있다. 엄마표 영어의 장점과 단점이 무엇인지 알고 이유를 확실히 생각하자.

2. 영어환경 만들기

영어를 가르친다는 생각 말고 편안한 영어환경을 세팅해 준다는 걸로 접근하는 것이 좋다. 엄마표 영어의 노출은 듣기를 기본으로 음원, 영상, 원서를 아이가 편안하게 접할 수 있도록 만들어 주는 것이다. 편안한 환경에서 아이는 충분한 인풋이 가능해 질것이고 그래야 아웃풋으로 자연스럽게 연결할 수 있다. 충분한 인풋이 되지 않으면 질좋은 아웃풋도 나올 수 없다.

3. 엄마표 영어에 대한 정확한 지식과 정보

아무리 유익하고 좋은 정보라고 해도 우리 아이와 맞지 않는다면 아이에게 오히려 독이 될 수도 있다. 이렇게 해라라는 앞집이나 이웃집 말이 아니라 사실적인 확인이 필요한 정보를 통해 지식을 습득해야 한다.

4. 장기적인 영어로드맵

실행 가능한 목표와 함께 계획을 짜는 것이 중요하다. 보통 엄마들의 제일 큰 착각은 우리 아이는 천재일거야 라는 것이다. 우리 아이가 천재라고 생각하는 순간 열정과 기대치로 인해 목표는 너무 무리하게 높아질 것이고 결국 이건 엄마표를 끝까지 해내지 못하게 만든다. 쉽고 재미있게 영어를 시작하면서 거기에 맞는 계획과 실행으로 로드맵을 그려보는 것이 좋다. 아이가 초등학생이라면 초등학교 교과과정 중심으로 계획과 목표를 잡는 것도 좋은 방법이다.

5. 아이와의 좋은 관계와 신뢰

엄마표 영어는 몇 달하다 그만두는 학습지도 학원도 아니다. 몇 년을 아이와 엄마가 견디며 함께 하는 팀웍플래이이다. 그런데 아이와 관계가 나빠지면 신뢰가 무너져 엄마표 영어를 지속하기 어려워진다. 특히 엄마의 지나친 기대와 무리한 학습량에서 균열은 시작된다. 내 아이라고 해서 내 마음대로 할 수 있는 것은 아니다. 아이의 진심이 무엇인지 그 마음을 들여다보길 바란다. 재촉하지 않고 기다려 준다면 충분히 아이 스스로 아이의 능력을 드러낼 것이다.

6. 엄마는 아이와 함께 뛰는 러닝메이트

아이에게만 공부하기를 강요하지 말고 엄마도 같이 공부하고 같이 옆에서 있어 주어야 한다. 아이는 공부하는데 엄마는 핸드폰을 하거나 티비를 본다면 아이는 혼자 뛰느라 너무 외롭기도 하고 힘들고 지치기도 할 것이다. 옆에서 함께 달려주는 엄마를 보는 것만으로도 아이는 힘이 나고 더 잘하고 싶어진다.

7. 적정한 예산과 투자

생각보다 아이들은 빨리 자라고 그 때마다 필요한 책과 교구들은 달라진다. 아무리 좋은 장난감도 몇 번 가지고 놀다 실증내고 심지어 한두 번 가지고 놀다가도 아예 관심을 가지지 않은 경우도 많다. 무리할 필요는 없다. 적정한 수준에서 아이의 연령에 맞추어 그 때마다 필요한 것들을 구입해 주는게 오히려 현명한 선택이다.

8. 규칙적이고 꾸준한 학습 시간

언제 할 것인지 얼마동안 할 것인지 정하고 일주일에서 한 달 계획을 쌓아가다 보면 1년 이상의 시스템이 만들어 질 것이다. 시스템이 습관이 돼서 엄마표 영어를 성공할 수 있는 원동력이 될 것이다.

9. 마음을 이끄는 편안한 분위기

엄마는 아이가 힘들 때 편안하게 들어줄 준비를 늘 하고 있어야 한다. 그건 아이에게 빈틈을 보이라는 말이 아니라 아이가 힘들고 지칠 때 자신의 마음을 편하게 얘기하고 공감해 줄 수 있는 사람이라는 것을 아이에게 느끼게 해주어야 한다는 것이다.

10. 과정중심의 따뜻한 격려와 칭찬 그리고 응원

인간은 누구에게나 칭찬 받고 싶고 인정받고 싶은 욕구가 있다. 특히 아이는 더욱 그렇다. 아이는 칭찬을 받으면 더 잘하고 싶다는 생각과 함께 자신감도 올라간다. 그래서 영어를 잘 하고 싶다는 전제가 되는 자신감과 성취감은 칭찬에서 나온다. 잘한 부분은 어떤 부분에서 잘 되었는지 부족한 부분은 어떤 부분을 채워야 하는지 구체적으로 진심을 담아 칭찬도 격려도 해주는 것이 진정 아이를 위한 응원이 된다.

초영비로 실력 다듬기
- 초영비로 기본 영어 능력 갖추기

1. 알파벳과 파닉스는 파닉스 구구단으로!

우리말을 배우려면 한글을 배워야 하는 것처럼 영어를 배우려면 알파벳을 익혀야 한다. 그 쉬운 걸 누가 모를까 싶지만 영어는 알파벳만 배운다고 해서 한글처럼 읽고 쓸 수 있지 않기 때문에 아이가 조금 더 어렵다고 느낄 수 있다.

영어는 각 문자에서 파생되는 소리가 다르다. 파닉스를 끝냈다고 해도 부모님의 기대만큼 읽기와 쓰기에서 편안해지지 않을 수도 있다. 더군다나 영어는 노출환경이 제한되어 있다보니 아이들의 문자 학습이 느려지고 힘들어 질 수 있다. 그래서 문자 학습과 함께 최대한 쉬운 책이나 짧은 그림책

등과 함께 리딩 연습을 해주어야 한다. 그래야만 배운 문자를 문자로 끝내지 않으면서 읽기 훈련을 할 수 있게 된다.

그래서 파닉스 교재는 끝내는 것이 아니고 훑는 것이다. '파닉스 한 달 완성'은 진정성이 없는 상술에 지나지 않는다고 생각한다. 파닉스는 끝낸다는 개념으로 접근하면 안 된다. 파닉스 교재 5권을 끝낸다고 해도 모든 영어를 술술 읽지 못하는 경우가 대부분이기 때문이다. 파닉스 규칙에 맞지 않는 사이트 워드 단어들도 있다. 그래서 파닉스 교재는 훑는다는 마음으로 조급하지 않게 가르치는 것이 좋다. 아울러 파닉스를 가르치는 방법은 정말 다양하고 무엇이 정답이라고 말할 수도 없다. 다만 그 과정이 길고 지루하기 때문에 아이들에게 재미있고 쉬운 방법들을 찾는 것이 가장 중요하겠다.

파닉스의 시작은 아이가 한글을 뗀 다음에 가르치면 아이가 조금 편안하게 시작할 수 있다. 한글의 조합 원리를 이해한다면 영어도 글자와 소리와의 관계를 조금 더 쉽게 접근할 것이고 거부감 없이 접근 할 수 있기 때문이다.

파닉스 학습의 단계

1) 알파벳 문자

파닉스 지도의 첫 시작은 알파벳이다. 영어의 알파벳은 총 26개로 이루어져 있다. 그 안에는 자음 21자(bcdfghjklmnpqustvwxyz)와 모음 5개(aeiou)가 있다. 그리고 알파벳 26자는 대문자와 소문자로 구별된다.

영어를 배운 적 없는 아이들에게 영어는 굉장히 외계어같은 느낌이 들기도 할 것이다. 그리고 그림으로만 세상을 배우던 아이가 글자를 보고 읽고 써내야 하는 것 또한 굉장한 모험일 것이다. 그렇기 때문에 아이들의 입장에서 쉽고 재미있게 가르쳐줘야 한다. 알파벳 기본 소리를 노래로 가르치면 아이가 재미도 있고 쉽게 익힐 수 있게된다.

노래 '반짝반짝 작은별'에 맞추어 부른다.

Phonics Song

(반짝반짝 작은별 ABC 노래로)

a	b	c	d	e	f	g
[애]	[브]	[크]	[드]	[에]	[프]	[그]
h	i	j	k	l	m	n
[흐]	[이]	[즈]	[크]	[르]	[므]	[느]
o	p	q	r	s	t	u
[아]	[프]	[쿠]	[르]	[스]	[트]	[어]
v	z	th	th	sh	ch	ng
[브]	[즈]	[드]	[뜨]	[쉬]	[취]	[응]
ai	ay	ee	ea	oa	ow	ew
[애이]	[애이]	[이~]	[이~]	[오우]	[오우]	[유~]
au	aw	oi	oy	ou	ow	oo
[오~]	[어~]	[오이]	[오이]	[아우]	[아우]	[우]

노래로 익히는 파닉스

2) 알파벳 음가

파닉스를 가르칠 때는 알파벳의 26개와 함께 소리를 먼저 가르치기도 하고 알파벳 26개를 익히고 나중에 소리를 알려주기도 한다. 어느 순서이든 상관은 없지만 구구단처럼 에이 애 애플 이렇게 한꺼번에 가르치는 게 좋다.

예를 들면 A a 를 보여주고

"What letter is this?" 라고 물으면, 아이가 "에이."라고 대답한다.

"What sound does this make?"라고 물으면, 아이가 "애."라고 대답한다.

"What words start with letter" "A"? 라고 물으면, 아이가 "apple" "alligator" "ant". 라고 대답한다.

마지막으로 아이에게 애이 애 애플 이라고 말하게 한다.

3) 단모음Short Vowels)

알파벳 26개가 어떤 소리를 내는지, 그리고 각 글자의 이름이 무엇인지 배우고 나면, 단모음 단계로 넘어간다. 단모음 파트에서는 'CVC 단어'를 읽고 쓰는 방법을 배운다.

CVC 단어란 Consonant-Vowel-Consonant의 약자로 자음-모음-자음으로 이루어진 단어를 말한다. 'cat', 'dog', 'pig'가 있다.

4) 장모음(Long Vowels)

단모음을 끝내고 나면 장모음으로 넘어간다. 단모음까지는 비교적 아이가 잘 따라오는 편인데 장모음은 기본소리에 익숙한 아이가 갑자기 어려워졌다고 체감하고 쉽게 따라오지 못하고 힘들어 한다. 그런 경우 단모음을 2

회독 하는 경우도 있다. 단모음이 제대로 학습이 안 되어 있는 상태에서 장모음을 배우면 단모음과 장모음이 혼합되면서 혼란스러워하고 어려워하기 때문이다.

장모음은 단모음 파트에서 배웠던 모음들(a e i o u)이 단어의 맨 끝 글자인 e가 더해지면서 소리가 변하는 것을 말한다. 예를 들면, 단모음 단어 'cap'에서 'a'는 '애'라는 소리가 나는데, 'cape'에서 'a'는 '애이'라는 소리가 나서 캐이프로 소리가 나는 것이다.

보통 영어권에서는 'cape'에서의 'e'를 'slient(묵음) e' 또는 'magic e'라고 부른다. 'e' 자체는 아무 소리도 안 나지만 앞에 있는 'a'의 소리를 바꿔주기 때문에 마법을 부린다고 해서 붙여진 별명이다.

5) 연속 자음(Consonant Blends)

첫 번째 산인 장모음 파트를 무사히 마쳤다면, 연속 자음 으로 넘어간다. 연속 자음은 아이가 장모음보다 비교적 쉽게 배운다. 연속적으로 붙어있는 두 개의 자음을 정확한 발음으로 읽고 쓰는 것을 익히는 것이기 때문이다.

'bl, cl, fl, gl, pl, sl', 'br, cr, dr, fr, gr, pr, tr', 'sm, sw, tw, sc, sn, st, sk'와 같은 것들을 말한다.

bl: blue, black	dr: draw, dream	sk: skunk, sky
cl: clap, clay	fr: frog, fram	sm: small, smart
fl: flower, float	gr: grey, grape	sn: snail, snow
gl: glad, glue	pr: practice, promise	sp: space, spot
pl: play, please	tr: try, tree	st: stair, story
sl: slow, sleep	sc: school, scratch	sw: sweet, swim
br: brown, broke		tw: twinkle, twice
cr: crab, cry		

6) 이중자음(Consonant Digraphs)

이중자음은 알파벳에서 배운 소리를 단순하게 결합하는 것이 아니라 두 개의 글자가 결합되어 전혀 다른 소리가 나는 것들이다. 어려울 수 있기 때문에 많은 연습이 필요하다. 'ch, gh, ck, kn, ph, sh, ss, th, wh, wr, ng'가 있다.

ch: chair, child, lunch

gh: cough, laugh

ck: sick, luck, clock

kn: knight, knife, know

ph: phone, elephant, phonics

sh: shape, shoe, brush

ss: class, chess, mess

th: think, three, with

wh: what, why, whale

wr: wrist, write, wrap

ng: long, ring, thing

7) 이중모음(Vowel Digraphs)

이중 모음도 아이가 어려워하는 파트이다. 왜냐하면 여기서는 스펠링이 같은데 다른 소리가 나거나, 스펠링이 다른데 같은 소리가 나는 예외적인 단어가 나오기 때문이다. 아래와 같은 예시가 있다.

ee: feet, beep / oo: book, hook / oo: moon, room

ai: rain, gain / ay: pay, stay / aw: paw, law

ea: head, bread / ea: read, lead / ie: chief, thief

ie: pie, lie / oa: boat, goat / oi: coin, boil / ou: pout, mouth

oy: toy, boy / ow: tow, mow / ow: cow, now

8) R 통제 모음(R-Controlled Vowel)

모음 뒤에 r이 붙어서 원래 모음과 다른 소리가 나는 단어를 뜻한다. 아래와 같은 예시가 있다.

ar: car, hard / er: cover, water / ir: birthday, first
or: more, corn / ur: purple, hurt

9) Hard c/g와 Soft c/g

알파벳 음가를 배울 때 c는 '크' g는 '그' 소리가 난다고 배우지만, 문장 읽기 단계로 넘어가면 c와 g가 다른 소리가 나는 경우를 만나게 된다. c와 g는 hard한 소리가 나는 hard c, hard g와 soft한 소리가 나는 soft c, soft g로 나눌 수 있다. 아래와 같은 예시가 있다.

Hard c('크'로 발음): car, cat, corn, class, cry
Soft c('스'로 발음): cent, city, circle, face, ice
Hard g('그'로 발음): goat, glue, gum, go, dragon
Soft g('j'로 발음): angel, danger, orange, gym, gem

■ [쥴리영어TV] 참고 영상

[완전쉬운 영어읽기] 완영읽

쉽게 배우는 파닉스 구구단

알파벳 음가 노래를 마친 아이들에게 1단 모음시작으로 해서 5단까지 알파벳 음가와 단어를 외우게 도와주는 구구단이다. 비트를 넣어서 불러주면 아이들은 신이 나서 따라 부르며 자연스럽게 파닉스를 익히게 된다.

1단 (모음)		2단 (자음 1)		3단 (자음 2)		4단 (자음 3)	
A a [애/이/어/오/애이] apple		B b [브] banana		H h [흐] hat		P p [프] pig	
E e [에/이/어] egg		C c [크] cat		J j [즈] jam		Q q [쿠] queen	
I i [이/아이/어] igloo		D d [드] dog		K k [크] king		R r [르]*r/ㄹ 한번은 ㄹ rabbit	
O o [아/오/어/우] ox		F f [프] fish		L l [르]*앞ㄹ뒤ㄹ lion		S s [스/쓰/즈] sun	
U u [어/우/유] umbrella		G g [그] goat		M m [므] monkey		T t [트] tiger	
				N n [느] nurse			
5단 (자음 4)		6단		7단		8단	
V v [브] van		ang[앵]		ank[앵크]		ar [알]	**ar: [알]
W w [우] window		eng[엥]		enk[엥크]		er [얼]	**or: [올]
X x [즈/크스/ㄱ즈] xylophone		ing[잉]		ink[잉크]		ir [얼]	
Y y [이/아이] yo-yo		ong[옹]		onk[옹크]		or [올]	
Z z [즈] zebra		ung[엉]		unk[엉크]		ur [얼]	
9단		10단		11단		12단	
a-e [애이]		au [오]		c, k, ck [크]		ee, ea [이~]	
e-e [이~]		ai, ay [애이]		ch, tch [취]		ew [유]	
I-e [아이]		alk [어크]		ce, ci, cy [스]		f=gh=ph [프]	
o-e [오우]		al, all [올]		ge, gi, gy [쥐]		I,r + ew [루]	
u-e [유우]		aw [어]				sh [쉬]	
						ng [응]	
13단		14단		15단		16단	
ot [앝]		oi, oy [오이]		sc [스끄]		qu [쿠]	
op [앞]		oa [오우]		st [스뜨]		ds [즈]	
ould [우드]		oo [우]		sp [스쁘]		ts [츠]	
ous [어스]		tion [션]		sk [스끄]		th [드] [뜨]	
ou [아우, 오우]		sion [젼]		tr [츄ㄹ]		wh [우/흐] [*ㅎ소리 안남]	
ow [아우, 오우]		ture [춰]		dr [쥬ㄹ]			

파닉스 구구단

1단: 애이 애애 애플! 이 에에 에그! 아이 이이 이글루! 오 아아 악스! 유 어어 엄브렐라!

2단: 비 브브 버내너! 씨 크크 캩! 디 드드 도그! 에프 프프 피쉬! 쥐 그그 고트! (6단부터는 ang 앵 eng 엥 ing 잉 ong 옹 ung 엉 등 한번에 보고 읽어야 하는 단위로 나누어 제시한다.)

2부 mom's class 엄마표 영어 PT는 이렇게!

알파벳 소리를 한글로 적었다. 아이들에게 처음 알파벳과 파닉스를 알려 줄 때는 영어의 소리를 한글로 표현하고 있다. 소리를 한글로 표현하는 일이 특히 영어는 쉽지 않지만 최대한 한국어 표기와 맞추어 알려주고 소리 교육을 다시 한다. 아이의 영어 발음이 나빠지거나 소리와 문자의 혼란이 오는 경우는 거의 없다. 오히려 모국어를 기본으로 소리의 조합의 원리를 익히다 보니 이해가 빨라진다.

파닉스는 기계적인 반복과 학습이 필요해서 지루하고 늘어질 수 있다. 그러나 문자 학습의 시작이기에 꼭 해야 하는 부분이기도 하다. 그러므로 아이가 알파벳과 파닉스를 시작할 때는 '영어는 재미있네~ 엄마랑 하니까 즐겁네.'라고 생각할 수 있도록 이해하기 쉽게 나누어 즐거움과 재미에 초점을 두고 가르쳐야 한다.

알파벳 자료 무료 다운로드 사이트(worksheetfun)

📹 [쥴리영어TV] 참고 영상

[엄마표 영어]
파닉스 구구단과 놀이로 저절로 익히는 알파벳과 파닉스

알파벳 예쁘게
쓰게 하는 팁

알파벳을 읽는 것만큼 필자는 쓰기를 강조해서 교육하고 있다. 세 살 버릇 여든 간다고 한 번 글씨는 영원한 글씨라고 생각한다. 어른이나 아이나 자신이 쓴 글씨가 예쁘면 더 공부가 좋아지고 더 자꾸 보고 싶어지는 거 같다. 그래서 우리 영어교실 아이들은 입학해서 일주일 동안은 거의 알파벳 예쁘게 쓰기에 집중을 시키고 있다.

글씨를 예쁘게 써야 하는 5가지 이유를 더 이야기해보자면, 첫 번째는 의사소통 수단이기 때문이다. 아이가 제대로 써주어야 보는 사람이 글을 이해하고 오해하지 않게 된다. 중학교부터는 아이가 쓴 글이 평가 대상이 된다. 알아보기 힘든 글씨체 때문에 1등에서 2등이 된다면 너무 억울하지 않을까? 실제로 안타까운 일을 겪은 아이도 있었다.

두 번째는 예쁘게 글씨를 쓰면서 집중하기 때문에 읽고 쓰는 능력이 좋아지기 때문이다. 알파벳이나 단어 문장을 노트에 쓰다보면 하나하나를 말하면서 쓰니까 집중력이 생기게 된다.

세 번째로 바른 자세를 가질 수 있게 된다. 바른 글씨는 바른 자세 바른 마음을 만들어 준다. 바른 글씨를 쓰기 위해서 먼저 바른 자세가 될 것이다.

네 번째로 어릴 때 잘못된 글씨체가 손에 익으면 그 글씨체가 고착화 되어서 교정해 줄 수가 없다.

그리고 다섯 번째는 앞서 말했다시피 자기가 쓴 예쁜 글씨를 보면 공부를 더 하고 싶은 마음이 들기 때문이다. 왜냐하면 엄마나 선생님의 칭찬도 받으면서 자존감이 올라갈 것이고 그러면 공부가 즐거워 질 것이다.

처음 알파벳 쓰기를 배우는 아이들에게 이렇게 설명한다. "얘들아~ 너희도 집이 있지? 알파벳도 집이 있어! 대문자는 1층과 2층에 소문자는 2층에 살아. 그래서 남의 집에 넘어가서 크게 써도 안 되고 집에서 쭈그리고 작게 있어도 안 되는 거야!"

대문자 쓰는 법

대문자는 1번과 2번에 꼭 맞추어 쓰게 한다.

소문자 쓰는법

소문자는 2번 색이 진한 곳에 꼭 맞추어 쓰게 한다. 단 1자처럼 막대기가 있는 알파벳만 1번과 3번에 갈 수 있다.

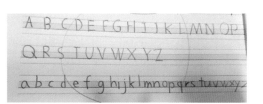

알파벳 쓰기 연습

▶️ [쥴리영어TV] 참고 영상

영어 악필도 이렇게 하면 고칠 수 있어요!!
"이것" 틀리면 중고등 논서술형 시험에서 완전 망합니다!

2. 독립 리딩을 위한 사이트 워드 4단계 학습 비법

파닉스를 뗐는데 영어를 제대로 읽지 못한다면 파닉스 규칙에 맞아 떨어지지 않는 단어를 읽지 못하기 때문이다. 파닉스 규칙으로 읽을 수 있는 단어들은 60~70%밖에 안 된다. 그래서 전형적인 파닉스 규칙에 맞지 않는 단어들의 덩어리들인 사이트 워드를 읽는 훈련이 필요하다. 물론 사이트 워드를 따로 익히지 않아도 영어 책을 계속 접하다 보면 단어가 반복적으로 등장하기 때문에 자연스럽게 읽게 될 것이다. 그러나 시간이 더 필요하다는 점이 단점이다.

그럼 사이트 워드는 무엇을 말하는지 알아보자. 사이트 워드는 한눈에 알아보는 단어를 뜻한다. 한글을 배울 때 통문자로 문자를 인식하는 것처럼 말이다. a, the, of, see, is, am…. 이런 단어가 사이트 워드이다. 사이트 워드는 영어 레벨에 상관없이 문장 안에서 문장을 연결해 주기 위해 자주 나온다. 사이트 워드가 잘 학습되면 보는 순간 의미까지 떠오르게 되고 내용을 이해할 수 있는 해석 능력이 생기기 때문에 읽기의 유창성도 높아진다. 그래서 집중적으로, 의도적으로 학습 해주는 것이 좋다.

미국에서 아이가 초등학교를 다닐 때 보니 미국 아이들도 유치원부터 초등학교 3학년 까지 이 사이트 워드를 강조하면서 가르치고 있었다. 집에 가져오는 숙제는 물론 PTO(학부모 모임)으로 학교에 잠시 들리게 되면 교실 게시판이 온통 사이트 워드였다. 또한 아이가 알고 있는 단어를 쭉 적은 리스트도 붙어있었다. 아마 그 이유는 아이가 읽고 있는 리딩서의 50에서 70%가량이 이 사이트 워드가 차지하기 때문인 거 같다.

　사이트 워드는 빈도수가 높고 짧은 단어부터 시작해서 학습을 해주는 것이 효과적이고 꾸준히 할 수 있는 방법이다. 이 사이트 워드 종류로는 사이트 워드의 아버지라고 불리는 '돌치(Dolch) 워드 리스트'와 '프라이(Fry) 워드 리스트'가 있다. 돌치 워드는 5레벨로 나누어진 315단어들로 구성되어 있어서 일반적으로 많이 사용하는 단어이다. 초등 저학년 수준에 적합하다. 프라이 워드리스트는 명사, 형용사, 부사 등을 포함한 10레벨의 1○○○단어로 구성되어있다. 초등 고학년에 익히기 적합하고, 중학생이더라도 읽기 유창성이 떨어지는 아이가 학습하면 도움이 된다.

　언어 교육학자에 의하면 아이들 영어 책의 영어문장 절반 이상이 기능어(대명사, 전치사, 접속사)이기 때문에 사이트 워드를 학습하면 문장의 절반 이상을 자연스럽게 읽을 수 있다고 한다.

 재미있게 끝내는 단계별 사이트 워드 자료 다운로드

단계별 사이트 워드 학습 4단계

사이트 워드를 조금 효과적으로 가르칠 수 있는 방법을 4단계로 나누어서 소개해 보고자 한다. 실제로 우리 교실에서 아이들에게 사용하고 있는 검증된 방법이다.

기본은 '단어-구-문장-질문카드' 4단계로 진행한다. 개인적으로 영어를 공부하거나 가르칠 때 단계별 학습을 선호하는 편이다. 단계를 통과하면서 성취감과 자신감이 생기기 때문이다.

1) 단어

레인보우 사이트 워드 300을 활용한다. Fry sight word로 아이들 눈높이에서 컬러별로 되어 있어서 쉽게 접근이 가능하다. 매일 목표 단어수와 시간을 정해놓고 조금씩 해주고 해석보다는 단어를 바로 보고 읽는 것에 집중해서 해주시는 것이 좋다.

무지개 색에 맞춰 구분되어 있어서 각 컬러의 사이트 워드를 통과할 때마다 상장과 원하는 선물을 준다면 조금 더 동기가 생길 것이다.

Rainbow Words: Fry's First 300 Sight Words

RED	ORANGE	YELLOW	GREEN	BLUE	PURPLE	PINK	LT. PINK	WHITE
the	all	into	over	right	went	high	something	carry
of	were	time	new	too	men	every	seem	state
and	we	has	sound	mean	read	near	next	once
a	when	look	take	old	need	add	hard	book
to	your	two	only	any	land	food	open	hear
in	can	more	little	same	different	between	example	stop
is	said	write	work	tell	home	own	begin	without
you	there	go	know	boy	us	below	life	second
that	use	see	place	follow	move	country	always	late
it	an	number	year	come	try	plant	those	miss
he	each	no	live	want	kind	last	both	idea
was	which	way	me	show	hand	school	paper	enough
for	she	could	back	also	picture	father	together	eat
an	do	people	give	around	again	keep	got	face
are	how	my	most	form	change	tree	group	watch
as	their	than	very	three	off	never	often	far
with	if	first	after	small	play	start	run	Indian
his	will	water	thing	set	spell	city	important	really
they	up	been	our	put	air	earth	until	almost
I	other	call	just	end	away	eye	children	let
at	about	who	name	does	animal	light	side	above
be	out	oil	good	another	house	thought	feet	girl
this	many	its	sentence	well	point	head	car	sometimes
have	then	now	man	large	page	under	mile	mountain
from	them	find	think	must	letter	story	night	cut
or	these	long	say	big	mother	saw	walk	young
one	so	down	great	even	answer	left	white	talk
had	some	day	where	such	found	don't	sea	soon
by	her	did	help	because	study	few	began	list
word	would	get	through	turn	still	while	grow	song
but	make	come	much	here	learn	along	took	being
not	like	made	before	why	should	might	river	leave
what	him	may	line	ask	America	close	four	family
		part			world			it's

레인보우 사이트 워드

직접 고안한 단어 사이트 워드-구구단도 있다. 수학은 잘못하는데 구구
단은 엄청 좋아하는지 영어를 가르치면서 이것저것 만들다보니 파닉스 구
구단부터 사이트 워드 구구단도 만들게 되었다. 이렇게 구구단을 만들어서
익히면 훨씬 정리가 잘되어서 보기도 좋고 읽기 훈련을 할 때도 재미있다.
구구단처럼 단수를 읽으면서 읽기도 하고 빙고게임으로 진행해도 된다. 수

학 구구단과는 다르게 외우지 말고 즐겁게 익히면 된다.

2) 구(phrase) booklet

단어 학습이 된 아이들은 2단어 이상이 모여 있는 '구(phrase) booklet'을 만들어 주고 매일 들고 다니게 하면서 계속 읽게 한다. 문장보다 길지 않고 단어보다 많기 때문에 아이들은 부담 없이 이 자료를 읽으며 한 단계 앞으로 나아갈 수 있다.

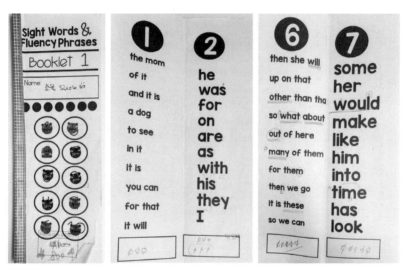

구입처: teacherspayteachers

Sight words & Fluency Phrases

3) 문장의 확장 30단계

사이트 워드 단어와 구에 노출과 학습이 어느 정도 된 아이들은 읽기가 많이 수월해져 있는 상태이다. 문장과 문장이 모여서 결국 글이 되기 때문에 이 단계만 잘 활용해도 아이들의 독립 리딩은 한결 수월해진다.

Fluency Strips

4) 사이트 워드 Q&A 질문카드

사이트 워드와 함께 질문을 하면서 문장까지 익힐 수 있는 단계다. 질문에 익숙하지 않은 우리나라 문화에서 어릴 때부터 사이트 워드로 질문하고 대답하는 훈련은 읽기뿐 아니라 말하기까지 할 수 있는 아주 훌륭한 수업 도구이다. 쓰기가 가능한 아이들은 매일 2개에서 4개의 문장을 쓰고 녹음까지 하게 하면 훨씬 도움이 될 것이다.

사이트 워드 Q&A 질문카드

영어 책을 독립적으로 읽으려면 파닉스 학습과 함께 사이트 워드 학습이 병행되어야 한다. 읽기의 속도를 높여주어 빨리 읽기를 시작하는데 큰 도움이 되기 때문이다. 아울러 단계로 표현했다고 해서 처음부터 차근차근 시작할 필요는 없다. 우리 아이에게 부족하고 필요한 부분이 어딘지, 어떤 걸 잘 따라하게 될지 성향을 보고 파닉스와 병행해주어야 한다. 우리 아이에게 어떤 것이 필요할지 잘 선별하여 도움이 되길 바란다. 아무리 좋은 것도 아이가 싫어하고 하기 싫어한다면 그런 무용지물이기 때문이다.

성공적인 읽기 독립까지

미국 국립 읽기 위원회(National Reading Panel)는 '최적의 읽기 지도 방식'을 발표하고 이런 과정으로의 읽기 지도교육을 추천하고 있다.

1) 음소 인식(Phonics Awareness)

음소는 단어의 의미를 구분하는 가장 작은 소리 단위이다. 소리가 어떻게 작용하는지를 알려주는 것으로 소리들을 조합하고 분류하고 조작하는 방식을 인식하는 것을 말한다. 'pig'를 예로 들자면 알파벳 'p'를 'f'나 'd'로 바꾸어서 'fig'나 'dig'로 첫음소를 바꾸면 뜻이 바뀐다는 것을 인지하는 것이다.

첫 음소를 바꾸는 시도를 통해 아이들은 다양한 짧은 단어들의 읽기를 확장해 나갈 수 있게 된다. 이렇게 음소 인식 능력을 갖추게 되면 단어읽기가 향상되고 철자를 배우는데 도움을 줄 수 있다고 한다.

2) 파닉스(Phonics)

파닉스는 알파벳 26자 글자와 소리의 관계를 익혀서 읽고 쓰는 능력을 기르는 것이다. 체계적인 파닉스 규칙을 배우고 사용하게 되면서 익숙한 단어들을 자동으로 인지하고 새로운 단어도 읽고 쓰게 된다. 그렇게 개별 단어뿐 아니라 문맥 속에서도 단어를 읽는 능력을 키워준다.

3) 유창성(Fluency)

유창성은 글을 빠르고 정확하게 인식하고 내용을 쉽게 이해하는 능력을 말한다. 유창하게 책을 읽게 되면 '단어 by 단어'가 아니라 문장을 이해하게 되므로, 작가의 의도를 쉽게 파악하고 글이 의미하는 것에 자신의 주의를 집중할 수 있게 된다. 반면 유창성이 부족한 아이는 책을 읽을 때 단어 해석에 많은 시간을 소비하게 되다보니 집중력이 없게 된다.

4) 어휘(Vocabulary)

어휘는 글을 이해하는 데 중요한 요소 중의 하나이다. 단어의 의미를 모르면 문장을 이해 할 수 없다. 어휘를 효과적으로 지도하려면 낯선 어휘와 핵심 어휘는 독서 전에 짚어주어야 한다. 또한 단어의 이해와 관련된 추가 학습을 하거나 다양한 문맥에서 배운 단어를 사용해 봐야 한다. 이 새로운 어휘가 다양한 문맥에서 자주 노출될수록 좋다. 아이들은 어휘를 더 자주 보고 듣고 사용할 수록 잘 배우기 때문이다.

5) 내용 이해(Comprehension)

내용 이해는 문해력의 시작이라고 할 수 있고 읽기의 궁극적인 목표이기도 하다. 글을 제대로 이해하지 못하고 읽는다면 그것은 진정으로 읽는 것이 아니다. 이해하는 독서를 위한 몇 가지 가이드는 다음과 같다. 제대로 이해했는지 모니터링 한다. 시각자료를 적극 활용한다. 질문과 대답을 한다. 스스로 질문을 적어보게 한다. 이야기의 구조를 파악했는지 확인하다. 요약문을 적어보게 한다.

마지막으로 묻는다. 읽기 독립이라는 것이 단순히 아이가 혼자 힘으로 책을 읽는 것만이 목표일까? 개인적으로, 책을 읽는 즐거움과 책이 주는 힘들을 기르게 하는 것 그것이 진정한 읽기 독립의 목적이었으면 하는 바람이 있다.

▶️ [쥴리영어TV] 참고 영상

 사이트 워드로 끝내는 읽기독립 만세

3. 영어 질문으로 아웃풋 하는 다양한 실전 영어 수업

미국에서 인상 깊었던 풍경 중 하나는 학교 선생님이나 미국 부모님이나 아이들에게 참 많이 질문하고 있다는 것이었다. 아주 사소한 실생활에서부터 책 한 권을 읽어주는 동안에도 질문은 빠지지 않았다. 빠른 걸 좋아하는 한국인 눈에는 지루해 보이기까지 할 정도였다.

햄버거를 하나 사주면서도 어느 버거를 먹을지 안에는 무엇을 넣을지 무엇을 넣지 않을지 음료수는 사이즈는 어떻게 할지 코카콜라를 먹을지 펩시를 먹을지…. 그래서 아이가 있는 줄은 좀처럼 줄지가 않았다. 반면에 나는 그냥 "해피밀 세트요." 이게 다였다. 생각해 보면 그 질문들이 아이들에게 대답하게 하면서 자신의 생각이나 기호를 표현하는 법을 배우는 단계였다는 것을 간과 했었던 것 같다.

영어를 가르치면서 왜 아이가 자신의 생각을 말하는 것을 주저하고 힘들어하는지 이해하지 못했었다. 한국말로 물어 보아도 대부분의 아이들은 입을 닫는다. 그 이유가 질문이 익숙지않은 우리나라의 질문 문화 때문은 아닐까 싶다. "왜 좋아?" "왜 싫어?" "이유가 뭘까?"에 고민도 없이 "몰라요." 라고 답하는 아이들. 심지어 어떤 아이는 "너는 뭐가 제일 싫어?"는 질문에 생각하는 것이 제일 싫다고 답하기도 했다..

기초나 기본이 안 된 상태에서 바로 잘 할 수는 없다. 생각도 마찬가지다.

생각하는 아이 만들기 그 시작은 앵무새 전략이다. 그대로 말하고 따라하게 해야 한다. 그리고 육하원칙의 의문사를 넣은 질문에 말하게 한다. 그리고 질문에 대한 글을 그대로 필사도 해보고 말하게 한다. 그 다음은 반대로 아이가 의문사를 넣어 직접 질문을 만들고 주제에 대해 질문도 스스로 만들면서 질문에 대한 대답을 할 수 있게 하는 것이다. 아이들은 이 과정을 통해 자연스럽게 자신의 생각을 조금씩 조금씩 쏟아내게 될 것이다.

질문 연습으로 말하기까지

아이들에게 영어를 가르치면서 말하기가 늘 아쉬웠다. 방대한 인풋에 비해서 말하기 아웃풋은 상대적으로 더디게 나왔기 때문이다. 문제를 많이 풀거나 단어를 많이 암기하고 심지어 문법을 잘한다고 해서 영어로 질문을 잘할 수 있는 것은 아니다. 아이가 기초적인 질문조차 들리지 않는 것은 질문을 만들어 내는 훈련이 안 되어 있기 때문일 가능성이 높다.

아이의 문법지식이 잘 쌓여 있는지 확인하는 방법으로는 질문을 만들어보게 시켜보면 좋다. 정확하게 의문문을 만든다면 문법을 얼마나 잘 체득하고 있는지 확인할 수 있다. 기본 문장의 구조와 시제 개념이 잘 잡혀 있지 않으면 제대로 된 의문문 문장을 만들 수 없기 때문이다.

1. 질문 카드 만들기

1) 5W1H를 바탕으로 의문사를 정확히 알려준다. 5W1H는 Who(누가), When(언제), Where(어디서), What(무엇을), Why(왜), How(어떻게)를 말한다. 추가로 Which(어느 것)와 Whose(누구의)도 알려주면 좋다.

2) 주어와 동사로 긍정문 문장을 만든다.

  ex: I like. / I want / I see

3) 영어로 현재형과 과거형 의문문을 만들어 보게 한다.

  ex: Do you like? Do you want? / Do you see?
  Does he like? Does he want? / Does he see?
  Did they like? Did they want? / Did they see?

4) 의문사를 넣어서 만들어 보게 한다

  ex: What do you like? What do you want? / What do you see?
  What does he like? What does he want? / What does he see?

5) yes와 no 두 개로 답을 말하게 한다.

  ex: Do you like a dog? Yes, I do. / No, I don't
  Does he like a dog? Yes, he does. / No, he doesn't

2. 의문문 카드를 만들기

1) 질문 카드를 만들 때처럼 의문사를 정확히 알려 준다.

2) be동사를 사용해 현재형과 과거형의 의문문을 만든다.

> **ex:** Who are they?
>
> When is your birthday?
>
> How was your trip?

3) 일반 동사의 현재형과 과거형의 의문문을 만든다.

> **ex:** What do you want for lunch?
>
> Why does he like Julie?
>
> Where does she live?
>
> What did they eat?

4) 조동사 긍정문과 의문문을 만든다.

> **ex:** I can run. Can you run?
>
> He can run. Can he run?

5) 대답을 정확한 문장으로 말하게 한다.

> **ex:** Who are they? →They are (my friends.)
>
> When is your birthday?→My birthday is (August. 4.)
>
> How was your trip?→It was (wonderful.)
>
> What do you want for lunch?→I want (hamburger) for lunch.
>
> Why does he like Julie?→Because (she is smart.)
>
> Where does she live?→She lives (in Songtan.)
>
> Can you run?→Yes, I can. / No, I can't.
>
> Can he run?→ Yes, he can. /No, he can't

3. Let's talk about 카드 만들기

주제에 맞는 질문카드를 만들어 다양한 질문을 통해 말하기를 훈련한다.

(제이앤제이 에듀 카페에 가입하면 48개 카드를 무료 다운로드받을 수 있다.)

Let's talk about... **fire fighters**

1. What do fire fighters do?

2. Do you think fire fighters are brave?

3. Why are fire fighter important?

4. Where do they work?

5. How do they put out fires?

Let's talk about... **babies**

1. Do you like playing with little babies?

2. What things do babies need?

3. Do you think babies are annoying?

4. What should you do when a baby cries?

5. Do you think babies are cute?

Let's talk about... **chefs**

1. Where do chefs work?

2. What kinds of things do they do in their job?

3. Would you like to be a chef?

4. Do you think being a chef is hard?

5. What does a chef wear?

4. 수행평가 질문카드 만들기

수행평가 시험 유형에서는 쓰기와 말하기가 많은 부분을 차지한다. 꾸준한 인풋이 있어야 아웃풋으로 꺼낼 수 있는 평가이기에 아이에게 상당히 부담을 주기도 한다. 쓰기 교재를 통해 쓰고 말하기를 함께 연습할 수 있는 수행평가 질문카드를 만들어 보기를 추천해 본다.

먼저 수행평가에 나올만한 주제들을 정하고 거기에 맞추어서 질문과 대답을 아이가 작성해 보게 한다. 그리고 아이가 작성한 답들만 모으면 하나의 글이 될 것이다. 중학 수행평가 예시 주제들을 참고해 보길 바란다.

What is you favorite season?(movie, book, food, subject)

What can we do to save the Earth?

What are you going to do this winter?(plans for vacation)

Which country do you want to go?

What traditional things are in your country?

What job would you like to have in the future?

What is your dream? (Dream Job)

What is your goal?

What do you do in your free time?

What do you want to tell your foreign friend about Korea?

What is your plan for this year?

What is good about religion?

What can yo do to help others?

What is the most regretful thing and why?

Who do you admire the most and why?

Who is your best friend?

영어뿐 아니라 다른 어떤 과목이나 영역에서도 질문을 통해 아이들에게 생각의 힘을 길러 주는 것을 놓치지 말아야 한다. 아이들은 질문을 통해 더 생각하고 말하려고 하며 말하는 동안 아이들의 사고력은 성장한다. 그러므로 아이들 스스로가 생각을 꺼내기까지 훈련하고 연습해야 한다는 것을 잊지 않았으면 한다. 이 시기의 엄마는 어쩌면 같은 말을 반복하는 앵무새가 되어야 할지도 모른다. 이게 무슨 말하기야, 할지도 모르겠지만 영어에서 자유롭지 못한 환경이나 상황이라면 필히 단계별로 연습과 훈련이 이루어져야 한다.

아이들에게 일일이 알려주는 것들에는 한계가 있다. 아이 스스로 생각의 틀을 깨고 나와야 아이가 생각하는 힘이나 사고력을 기를 수 있게 된다. 그 시작은 질문에 있다는 것을 꼭 기억해 주면 좋겠다.

4. 발음이 왜 그래? 영어 보컬 트레이닝

한 때 영어 발음을 좋게 한다고 아이들에게 설소대 수술을 시킨다는 말이 있었다. 듣기만 해도 끔찍한 말이지만, 그만큼 아이들의 발음이 원어민처럼 나오게 해주고 싶은 마음이라고 생각한다. 그러나 인위적인 수술을 통해 구강구조를 바꿔야 발음이 좋아지는 거라면 한국에서도 원어민처럼 발음을 잘하는 아이들은 어떻게 설명하지 싶다. 뒤늦게나마 의료 전문가들이 설소대 수술과 발음 교정은 무관하다고 말해주어 참 다행이다 싶었다.

영어발음은 애기 때부터 잡아주어야 하며 한국어가 유창해지면 좋은 발음을 가지기 어렵지 않냐는 우려도 있다. 이런 예는 어떨까? 어느 날부터 몸에 유연성이 떨어지고 팔을 움직이는 것이 너무 힘들어 요가를 배웠다. 처음에는 전혀 움직여지지도 않고 아프기만 했던 근육이 하루 이틀이 지나니 조금씩 천천히 움직여지고 자연스럽게 몸이 유연해졌다. 찢어지는 아픔을 견디고 참았더니 딱딱했던 근육이 내 마음대로 움직여지고 있었다.

전달력 좋은 발음 만들기는 이런 근육 운동과 유사하지 않을까? 안쓰면 굳고 쓰면 유연해 지는 그런 거 말이다. 그렇다면 발음도 유연하게 하기 위해서는 천천히 배우면 되는 것이다. 운동도 무리하면 다치는 것처럼 아이도 처음부터 무리하면 안 된다. 농담으로라도 "발음이 그게 뭐야 못 알아듣겠다."라고 말하는 순간 아이 입이 닫힌다는 것도 명심하자. 또박또박 말을 하라고 하거나 입을 크게 벌리라고 강요하면 아이는 분명히 더 위축이 되어서 입을 다물게 될 것이다. 운동을 멈추면 근육은 굳듯이 좋은 발음을 내려면 꾸준히 연습하고 계속해야 유지가 된다.

영어 학습에서 사람마다 중요하다고 생각하는 영역들은 다르다. 물론 단어, 문법, 읽기, 글쓰기도 중요하다. 그러나 의사 전달이나 생존 영어라면 조금 생각을 달리해 볼 필요가 있다. 이건 단어를 많이 알고 문법을 잘 익혀서 체계적인 문장을 구성할 수 있더라도 자연스럽지 않거나 정확한 발음의 소리를 모른다면 말로써 내 생각과 뜻을 전달할 수 없기 때문에 어려움을 겪게 된다.

재미있는 에피소드가 있다. 어느 날 한 학생이 영어학원에 막 뛰어오면서 아무래도 자기가 발음이 아주 좋은 것 같다고 신이 나 이야기했다. 학교 원어민 선생님이 해주시는 말이 잘 들리고 자기가 말하는 것도 원어민 선생님이 잘 알아듣는다는 자랑이었다. "그랬구나, 멋지다!"라고 리액션은 해주었지만 미안하게도 아이는 공부를 아주 잘하기는 했지만 그렇게 발음이 좋은 편은 아니었다.

'배려영어' 때문이었다. 한국에서 원어민과 대화가 되었던 이유는 발음이 좋아서라기보다는 그들이 우리를 위해 배려하는 영어를 구사하기 때문이다. 아주 천천히 또박또박! 그러나 그들이 친구들과 말하는 것을 들을 때는 하나도 안 들릴 것이다. 듣기평가도 마찬가지다. 듣기평가에서 좋은 성적을 받을 수 있는 것도 대체로 천천히 정확하게 말해 주기 때문이다. 절대 여기에 속으면 안 된다.

언어의 목적은 의사소통이며 좋은 발음은 상대방에게 나의 말을 잘 이해할 수 있게 만든다. 좋은 말투가 사람의 인상을 바꾸는 것처럼 좋은 발음도 확실히 전달력을 좋게 한다. 다만 발음은 의사소통을 위한 하나의 수단이지 목적은 아니다. 그러므로 의사소통을 위해 전달력이 좋아질 수 있도록 발음을 다듬는 작업은 최소한 필요하다. 발음을 다듬는다는 것은 무엇일까? 바로 원어민이 내는 소리와 우리가 내는 소리가 어떤 점에서 다른지 정확히 알고 훈련하는 것이다. 많이 듣기만 해서 발음이 유창해지지는 않는다. 그럼 발음을 다듬는 방법을 알아보자.

발음 다듬기의 시작은 파닉스의 기본 소리들과 모음의 소리들을 정확히 공부하는 것이다. 어절마다 어떤 소리가 나는지 어떤 위치와 조합에 따라 어떻게 읽어야 하는지를 공부하다보면 자연스럽게 소리가 다듬어 진다. 특히 모음 소리만큼은 정확히 알려주어야 억양이 수월하게 해결된다. 결국 좋은 영어발음의 시작은 자음과 모음 소리를 익히고 들으면서 소리를 정확히 내뱉는 연습에서 시작한다. 자음과 모음 소리를 정확히 익혔다면 차츰 단어 그리고 문장 단위로 영역을 넓혀서 자주 읽고, 자기 목소리를 녹음해 발음을 체크해 보게 하는 것도 좋다.

그다음은 강세(stress), 리듬(rhythm), 억양(intonation)을 공부하는 것이다. 미국 현지에서 그들이 내 말을 알아듣지 못했던 이유는 발음보다 억양이나 리듬 때문이었던 듯하다. 덕분에 단어는 강세고 문장은 리듬이라는 말을 정말 실감했다.

발음이 좋다는 것은 어쩌면 이 모든 것이 아우러져 제대로 소리를 내고 결국에는 의사전달을 잘 하게 하는 것 아닐까 한다. 유창한 영어 발음의 비밀엔 어김없이 강세, 리듬, 억양이 있다. 그리고 이것을 체화하기 위해서는 꾸준한 훈련과 연습만이 답이 될 수 있다. 이 훈련과 연습을 아이들에게 어떻게 시작하면 좋을지와 생활속에서 어떻게 확율할 수 있을지 작은 팁들을 소개한다.

영어발음 보컬트레이닝

셰도잉하기(Shadowing)

1) 리딩 책으로 셰도잉하기

셰도잉을 하면 자연스럽게 듣기 능력뿐 아니라 발음이 좋아진다. 셰도잉의 단계는 원어민의 소리듣기 - 그대로 따라 연습하기 - 본인의 목소리 녹음해 보기 - 매일 1개씩 꾸준히 해보기이다.

셰도잉을 연습하며 발음을 교정할 수 있는 책으로는 스토리가 짧은 ELT 교재가 있다. 스토리 교재들에 음원만 있다면 셰도잉 따라읽기를 할 수 있다. 연음, 억양, 강세에 따라서 말하다보면 발음이 저절로 좋아지고 발음뿐 아니라 문장의 구조와 해석능력도 늘어서 직청직해도 수월해진다.

2) 섀도잉 교재로 훈련하기

섀도잉 읽기 교재가 따로 나오기도 한다. 대표적으로 『낭독이 말하기다』 가 있다. 한 주제의 글을 끊어 읽기, 강세, 연음, 억양 등으로 녹음해 놓고 그 대로 들으면서 섀도잉과 낭독 리드 얼라우드(Read Aloud)를 할 수 있는 책이 다. 한 페이지마다 5번씩 읽기 연습을 할 수 있도록 구성되어 있어서 지루하 지 않게 매일 해볼 수 있다.

스크립트 스토리만 보고 리드 얼라우드 낭독까지 연습을 한 후에 소리를 듣고 동시에 섀도잉 연습을 하면 발음뿐 아니라 리딩 훈련에도 도움이 된다.

3) 원서로 섀도잉하기

원서만큼 아이들에게 발음과 문해력을 잡아주는 좋은 리딩 도구도 없다. 원서는 꼭 음원이 있는 책을 구입하는 편이 좋고 처음부터 스토리가 긴 원 서를 듣고 따라 말하기를 한다면 아이들은 지루해 하거나 하기 싫어할 수 있으니 되도록 처음에는 글밥이 길지 않은 원서로 시작해보길 권한다.

이렇게 책들로 섀도잉하면서 발음을 연습하는 일은 읽기와 말하기 학습 더불어 발음의 유창성까지 함께 공부하게 되니까 일석 3조의 효과가 있다.

영화나 만화 구간반복 더빙하기

아이가 좋아하는 영화나 만화를 보면서 아이들이 주인공처럼 영상에 본 인의 목소리를 넣어서 더빙을 해보는 활동이다. 유튜브에는 섀도잉 공부용 콘텐츠가 많아서 아이가 좋아할 만한 주제의 만화나 영상물들을 선택하여 그대로 따라 읽다보면 자연스럽게 발음과 리딩의 효과까지 잡을 수 있다. 유튜브 검색창에 '영어 섀도잉'이나 '구간반복 더빙'이라고 치면 된다. 특히 구간반복으로 올려져있는 애니메이션 영상은 반복 연습으로 더욱 도움이 된다. 개인적으로 '까이유'나 '보스 베이비'를 추천하고 싶다. 특히 까이유는 까이유라는 아이와 가족의 일상생활이 내용이라서 문장이 간단하고 어렵지 않다. 아이가 따라하고 더빙하듯 발음 연습하기에 너무 좋다. 우리 아이들에 게도 까이유 비디오를 보면서 일상생활 영어를 익히게 해주어서인지 유난 히 애정이 많은 영상물이기도 하다. 영상물을 선택할 때는 아이가 좋아하고 쉬운 것이 기준이 된다. 아이 수준에 맞지 않거나 너무 어려운 것들은 소음 에 불과하다.

영상 섀도잉은 투덥(2dub)이라는 애니매이션이나 영화 다양한 영상들을 섀도잉 하면서 스피킹 훈련을 하는 앱도 있다. 배우대신 내가 목소리 연기 를 하면서 하는 것인데 억양 그래프가 있어서 발음 훈련까지 하기에 아주 좋은 앱이다. 하루에 하나 정도는 무료로 사용할 수있어서 아이가 영상에 본인의 목소리를 그대로 입힐수 있어서 영상의 주인공이 되볼 수 있기 때문 에 발음훈련의 효과도 뛰어나다.

영화나 만화 미믹킹 훈련하기

섀도잉 훈련이 어느 정도 되었다면 미믹킹(mimicking)훈련을 해보는 것이 좋다. 미믹킹은 '흉내내다. ~을 모방하다'라는 뜻이다. 미믹킹 훈련은 대화 전달 훈련 방식으로 아주 훌륭하다. 발음을 한 단어 한 단어 정확히 했다고 해도 한국식의 감정으로 전달한다면 그들은 잘 못알아 듣는다. 적용이 안될 수 있다는 말이다. 감정과 마음 그리고 제스쳐 등을 잘 믹스되어야 전달력이 좋아질 수 있는데 이런 연습을 할 때도 미믹킹 훈련은 도움이 된다.

훈련방식은 만화나 영화를 보면서 주인공의 대사와 행동 체스쳐 얼굴표정까지 따라 해 보는 것이다. 이것은 말과 행동을 일치하게끔 유도하기 때문에 발음과 억양 리듬과 함께 그들의 언어문화와 감정까지 자연스럽게 배우게 되면서 좋은 발음 훈련까지 할 수 있게 된다. 아이가 좋아할만한 영상을 10분에서 30분 단위로 선택해서 부모님께서도 함께 해보시면 아이들도 훨씬 신나게 흥미를 가지고 놀이처럼 접근하게 될 것이다.

노래로 발음 연습하기

팝송으로 노래 부르기를 추천해본다. 다시 말하지만 영어 실력 늘리기에 기본은 자신감과 성취감이다. 팝송은 빠르게 성취감을 높일 수 있는 아주 확실한 방법이다. 발음에 중요한 호흡, 연음, 리듬 등 모든 중요한 것들이 들어가 있기 때문이다.

팝송을 가르칠 때는 먼저 한 소절씩 자세히 듣기와 음정 없이 그대로 따라읽기를 연습하는 것이 중요하다. 그래야 발음 훈련이 잘 될 수 있다. 읽을 때는 특히 연음과 억양을 살리면서 읽어 주는 게 좋다. 그런 다음에 리듬과 멜로디를 넣어서 완성하면 된다. 우리 영어교실 옆에 있는 초등학교에서는 매년 팝송 부르기 대회를 한다. 아마 팝송을 배우며 익힐 때의 이런 장점들 때문인 듯하다.

어려운 발음 연습하기

우리나라 말놀이 중에 간장공장 공장장은 강 공장장이고 된장공장 공장장은 공 공장이이다 라는 것이 있다. 영어에도 텅 트위스터(tongue twister)라는 것이 있다. 유튜브에 검색하게 쉬운 것부터 어려운 것 까지 아주 다양한 것이 있다. 아이들과 게임으로 한번 해보아도 좋다.

5. 문법? 동사 하나면 된다

문법은 힘들고 어렵다. 어른들에게도 어려운 이걸 특히 어린 아이들에게 배우라고 할려니 그냥 의사소통이나 잘하고 책이나 잘 읽으면 됐지 굳이 이 어려운 걸 왜 시켜서 애를 잡나하고 의문도 생기실 것 같다. 그런데 그냥 의사소통이나 책이나 잘~이걸 잘하기 위해서라도 문법이 필요하다면 어떻게 해야 할까?

한번은 유튜브에서, 초등학생 때 한국식 영문법 학습 반드시 필요한가를 주제로 EBS 영어 강사인 정승익 선생님과 엄마표 영어 전문가인 새벽달 남수진 작가님이 토론했다. 정승익 선생님은 초등에 문법을 하지 않고 중등에 가서 아이가 문법용어를 들으면 충격이 크다 그래서 해야 한다는 입장이었고 새벽달님은 영어노출과 원서 읽기만으로 자연스럽게 문법을 알게 되므로 굳이 설명해 줄 필요가 없다고 했다. 내 입장은 가르쳐야 한다는 쪽이다. 아니, 가르치는 게 맞다고 생각한다. 만약 중학교에 들어가서 아이가 문법을 특히 문법 용어를 처음 접한다면 어떤 아이도 내신에서 살아남기 쉽지 않으리라는 것을 우리는 모두 알고 있다. 초등에 문법이 제대로 잘 다져지지 않으면 학교 성적이나 입시가 반영되는 중학교, 고등학교에 가서 더 힘들어질 수도 있다는 것이다.

원서 읽기를 통해 문법을 해주고 싶은 이유들은 아마 원서가 재미있고 자연스러운 반면 문법 교재는 고루하고 재미없고 지루하고 부자연스럽다고 생각해서일 것이다. 맞다. 솔직히 문법 교재가 재미있지는 않다. 그런데 원서 읽기 재미와는 다른 학습적인 재미를 찾는다면 자신감과 성취감을 갖게 하는 데는 문법만한 것이 또 없기도 하다.

어릴 때부터 원서를 많이 읽고 헤리포터를 줄줄 읽는 아이들 중에서도 아카데믹 필드로 넘어갔을 때 좋은 성적이 안 나오는 경우들을 보게 된다. 영어식 감이 있는 아이라 그런지 문제를 풀 때 단어나 문장을 정확한 뜻이나 구조를 분석하면서 푸는 대신 영어식 감으로 풀기 때문이다. 원서 읽기가 소용없다는 말이 아니다. 우리 아이들도 어렸을때 원서 읽기로 키웠다. 문법 하나도 몰라도 자신이 좋아하는 만화나 미드로 영어를 잘하는 아이도 있고 영어원서만으로도 좋은 성적을 받는 아이들도 있다. 그런데 이런 소수의 아이가 아니라면 적절한 시기에 바른 선택을 해야 제대로 된 영어 실력을 만들 수 있다.

아이가 좋아하는 책을 읽으면서 자연스럽게 문법을 깨우친다는 건 굉장히 멋진 일이라고 생각한다. 그런데 이게 이상과 현실의 차이라는 것을 아이들에게 오랫동안 영어를 가르치면서 알게 되었다. 우리집 큰 아이는 미국에서 초등학교를 다니다 한국 중학교 1학년을 다녔다. 중학교에 들어가서 첫 시험을 봤는데 아이도 나도 둘 다 당황했다. 나는 아이의 시험 점수에 때문이었고 아이는 시험지에 나온 한국말 때문이었다. 정확히는 한국말이 아니라 한국어 문법 용어가 문제였다. 나는 아이가 미국에서 초등을 다녔으니까 영어는 당연히 100점을 일거라고 생각했었다. 미국학교 ESL 수업에서

나 학교에서도 문법을 했기 때문이다. 아이는 문법을 모르지는 않았지만 'to infinite'나 'gerund'를 'to부정사'나 '동명사'라고 표현하며 같은 용법을 찾으라는 말을 이해하지 못했다.

한국에서 공부한 아이라 할지라도 문법 용어를 접해보지 않았다면 중1에 나오는 to부정사나 동명사 그리고 '용법'이라는 말조차 외계어처럼 들릴 것이다. 그래서 선행의 의미보다는 아이가 당황하지 않고 어느정도 친숙하게 대할 수 있도록 미리 알려주려는 노력은 필요하지 않을까?

힘들지만 아이들에게 문법 교육은 하는 이유는 작게는 말하고 쓰기의 기본을 잡아 주면서 소통을 하기 위해서이고 크게는 아카데믹 필드로 넘어갈 때 학교 성적과 수능에 영향을 주기 때문일 것이다. 문법은 문장의 구성이나 규칙을 배우는 것이다. 여기에 포인트를 주고 가르치면 된다. 아이들은 문장의 짜임이 이렇게 되는구나 라고 이해하면 하나의 퍼즐처럼 하나하나 맞춰나갈 것이다. 이것이 문법을 접근하는 방법이다.

사실 초등에 문법용어 개념을 이해하고 문장을 깨서 구조화 한다는 것이 쉬운 일은 아니다. 그러나 오랫동안 교육 현장에서 가르쳐보니 또 그렇게 어려운 일도 아니었다. 동사를 패턴중심으로 해서 말하기와 쓰기를 연습하고 훈련하게 하면서 시작하면 된다. 그렇게 하다보면 아이는 그게 원서든 한국어 독해 책이든 그 문장 안에 자연스럽게 구조를 알게 된다. 공부는 습관이다. 습관은 하루 아침에 만들어지지 않는다. 그래서 문법은 외우는 것보다 이해하면서 익혀야 한다. 평소에 말할 때 책 읽을 때 글을 쓸 때 시간이 걸려도 문법이라는 습관을 만들어 가야 한다.

결론은 아이가 언어로서의 영어 공부를 한다해도 초등 고학년이 되어서는 한국식 문법 공부를 꼭 시키셔야 한다는 것이다. 문법적 오류를 줄이는 것만으로도 아이들은 자신의 생각을 말하고 쓸 때 그리고 누군가와 소통 할 때 제대로 말할 수 있게 되기 때문이다. 한마디로 문법을 정확하게 눈에 손에 귀에 넣어야 아이는 자기 나이에 맞게 책읽기 정확히 말하기 고급 글쓰기가 가능해 진다. 그러고나면 진짜 자연스럽게 아카데믹 필드로 넘어가서도 좋은 성적을 얻게 될이다. 그리고 문법을 정확히 알기 위해서는 지겨울만큼 기초를 탄탄히 잡아가는 것이 무엇보다 중요하다는 것과 결정적으로 바른 선택이 영어 실력을 좌우한다는 것을 꼭 명심해 주셨으면 좋겠다.

쥴리쌤의 동사 하나면 된다. 동사북 시리즈

집을 지을 때 제일 중요한 것이 기초공사이다. 영어도 마찬가지다. 기초가 잘 다져지지 않으면 분명 제대로 실력이 자랄 수 없기 때문이다. 그 기초가 문법이고 그 문법의 핵심은 동사이다. 영어의 본질은 이 동사를 가지고 어순감각을 익히는 것이다.

필자는 문법 교재를 배우기전에 파닉스가 끝난 아이들부터 직접 만든 동사북으로 동사를 패턴화해서 동사의 변화를 알려주고 있다. 절대 문법 용어를 설명 하지 않는다. 규칙을 아이가 알도록만 하고 있다. 동사북은 3권으로 구성되어 있는데 간단해 보이는 작은 종이 안에 문장의 구조와 종류까지 다 들어 있다. 초등에 필요한 기본 문법사항들과 중등에 배워야할 기초들도 다 들어가 있다. 그럼 어떻게 접근하는지 샘플과 함께 살펴보도록 하다.(동사북 1 권은 Gift page 338~357쪽에 부록으로 제시했다.)

아이들에게 먼저 이 단어들은 '~다'라고 해석 된다고 알려주고 '누가 ~ 하다.'라는 문장 구조를 먼저 알게 해준다. 이 과정으로 아이들은 '나는 하다.', '나는 안하다.', '너는 하니?', '너는 했니?', '너는 할 수 있니?', '너는 할 거니?', '쥴리쌤이 하니?'라는 문장 형태를 자연스럽게 알게 된다. 이것이 초등아이들에게 가르치는 문법의 첫 시작이고 비법이다.

동사북1에는 일반 동사의 긍정문 부정문 의문문 현재 과거 그리고 조동사까지 다 나와 있다. 형식과 모양만이 아닌 뜻을 사용해서 말하기 쓰기까지 하게 한다. 여기까지만 한다면 앵무새 놀이에 지나지 않는다. 아이들에게 이 동사북으로 앵무새가 되지 않게 하는 비법은 바로 문장 확장 훈련에 있다. 아이들은 이 간단한 동사를 가지고 다양한 시제뿐 아니라 문장 확장까지 꺼내서 말하게 해야 한다. 이것은 주어, 동사 다음에 목적어가 오고 다음에는 부사가 온다는 것을 알려 주는 것에서 시작한다.

예를 들어 "나는 먹는다."라는 문장이 있으면 무엇을 먹는데? 누구랑 먹는대? 어디서 먹는대? 라고 하면서 문장을 확장해 나가는 것이다. 의문사를 넣어 질문으로 확장하기도 한다. "너는 무엇을 먹니? 왜 먹었니? 라고 하면서 말이다. 이렇게 1단계 한권을 끝내면 동사 하나만 알려줘도 자동으로 문장을 말하게 되는데 필자는 이것을 유창성이라고 생각한다.

그 다음 2권으로 넘어가서는 동사의 현재 과거 미래의 긍정문 부정문 의문문을 배우고 3권에서는 현재진행 과거진행 현재완료 과거완료까지 배우게 된다. 이 동사북을 통해 쓰면서 인풋을 하고 또 인풋한 것을 말하기로 바로 아웃풋까지 연결한다. 인풋은 바로바로 아웃풋 하지 않으면 자기 것이 되지 않는다는 거 모두가 아시는 것처럼 말이다.

6. 더블 케어 수업 노하우

영어 학습에서 어떤 영역이 가장 중요한지 어떤 영역을 가장 먼저 해야 하는지 어떤 것이 가장 효율적인 영어 학습인지에 대한 궁금증은 영어를 가르쳐야겠다고 마음먹는 순간 가장 먼저 떠오르는 생각일 것이다. 그러다가 누군가 영어의 시작은 듣기가 가장 중요해 들어야 말을 하지 않겠어? 라고 하면 듣기를 하고 아니야 영어의 기본은 단어지라고 하면 단어를 하고 아니야 읽기가 돼야 다른 게 되지 리딩이 중요해 라고 하면 리딩을 하고 중학교에 가면 서술형이 중요하대 라고 하면 또 쓰기를 한다. 그러다 또 누군가 말문이 트이는 것이 먼저야 라고 하면 또 말하기를 한다.

참 어렵다. 누군가가 정답을 알려주면 좋겠는데 모두가 생각이 다르다. 그래서 엄마들은 흔들린다. 생각해 보자. 아이들 교육에 어디 정답이 있을까? 정답이 있었다면 이 세상 모두가 영어를 잘했을 거고 이렇게 흔들리지도 않았을 것이다. 사실 영어 학습에서 어떤 것을 먼저 하고 어떤 것을 나중에 해야 한다고 하면서 앞서거니 뒤서거니하는 것은 큰 의미도 없을 뿐더러 중요하지도 않다. 영어는 언어이기 때문에 무엇을 먼저 하든 어느 시점에서 하나로 만나게 되어 있다.

그러니 시작은 전 영역을 골고루 맛있게 비벼먹는 비빔밥처럼 균형 있게 맞춰주는 것이 중요하다. 이렇게 영어균형을 맞춘 후에 영역별로 필요한 부분들을 채워주면 된다. 영역별 영어 학습을 할 때는 짝꿍 영역을 고려하자.

함께 하면 좋은 시너지를 내면서 영어 학습의 효율성을 높일 수 있게 된다.

읽기와 듣기(Reading & Listening)

듣기에 제일 좋은 교재는 아이가 하고 있는 읽기 교재이다. 그래서 읽기 교재는 음원이 있는 교재를 선택해야 한다. 읽기와 듣기 책을 따로 하는 것이 아니라 읽기 교재안에서 듣기까지 잡자.

읽기와 쓰기(Reading & Writing)

쓰기는 읽기에서 출발한다. 아이들은 보통 읽기 책을 통해 글쓰기의 시작을 배우게 된다. 그게 원서든 아니면 학습서든 상관없이 독후활동이나 워크북활동지를 통해 쓰기를 학습하게 된다. 그리고 읽기 책에 나오는 단어와 문법사항들도 쓰기를 통해 확장해 나가게 된다.

읽기와 말하기(Reading & Speaking)

리딩을 통해서 무언가를 말해야 할지 조금은 해결할 수가 있다. 리딩 책에 나오는 글들을 통해 배경지식도 쌓고 그 과정에서 자신의 생각을 조금씩 정립해갈 수 있기 때문이다. 이 과정에서 질문을 통한 독후 활동으로 말하기를 확장해 나가면 된다. 어떤 내용인지 주인공이 누구인지 무슨 일이 벌어지고 있는지 주인공이나 읽고 있는 아이의 느낌은 어떤지 다음에는 어떤 일이 벌어질지를 질문하다보면 아이들은 점점 말문이 트이고 자신의 생각을 말하게 될 것이다.

쓰기와 말하기(Writing & Speaking)

말할 수 있으면 쓸 수 있고 쓸 수 있으면 말할 수 있다. 영어수다쟁이는 라이팅이 기본적으로 되어야 가능하다. 낭독이나 섀도잉을 아무리 연습해도 본인이 하고 싶은 말을 못하는 이유는 쓰기의 부재에 있을지도 모른다.

라이팅할 때는 간단한 것이라도 자신의 말로 바꾸어서 문장을 확장하는 연습이 필요하다. 그렇게 하지 않으면 매번 똑 같은 말만 반복하는 앵무새가 될지도 모른다. 외워서 따라 말하는 것은 말문을 트이게 하는 아주 좋은 방법이지만 진정한 스피킹은 아니다. 스피킹의 궁극적인 목적과 방향성은 자신의 생각을 짧게라도 분명하게 표현하는 것이다. 쓰기와 함께하면 더 빠르게 그 목표에 도달할 것이다.

듣기와 말하기(Listening & Speaking)

모국어를 처음 배울 때 우리는 듣고 말하기 연습을 한다. 그러나 영어는 듣고 말하기 노출이 쉽지 않다. 이 영역은 슬프지만 의도적으로 학습으로 연결해야 한다. 그래서 듣기 교재를 한다면 꼭 말하기를 함께 연습해서 듣는 대로 말할 수 있는 연습과 기회를 가져야 한다.

영어의 네 가지 영역은 모두 다른 것 같지만 되게 닮아 있기도 하다. 리스닝과 리딩 그리고 롸이팅과 스피킹. 결국은 인풋과 아웃풋이라는 공통점으로 묶을 수 있다. 취학 전 엄마표 영어의 초점이 인풋에 맞춰져 있다면 창의적으로 만들어내는 아웃풋은 학원표에 맞춰져 있는 느낌이다. 이건 롸이팅과 스피킹이 엄마표 영어의 한계라는 생각 때문인거 같다. 한계가 아니라 엄마나 아이에게 또 다른 성장의 기회일수도 있겠지만, 정말 도움이 필요한 경우라면 학원표의 도움도 나쁘지는 않다고 생각한다.

방향을 잘못 잡아서 다른 산을 올라갔다고 생각해 보자. 그것도 정상까지 말이다. 가려고 했던 산이 아니라면 그 꼭대기에서 다시 내려와서 다시 목표했던 산을 올라가야 한다. 그 피로는 고스란히 아이의 몫이며 아이가 겪는 고통이 될 것이다. 그래서 부모님의 방향설정이 무엇보다 중요하다. 어린 아이에게 있어 그 방향 설정의 키는 부모님에게 있다. 영어의 산을 오르락 내리락하면서 아닌 길을 오를 거 같다면 차라리 전문가의 도움을 받은 편이 현명한 선택이 될 것이다.

영어는 종합예술이라고 한다. 서로 다른 색깔이 만나서 만들어내는 창작물과 유사하기 때문이 아닐까 한다. 어울리지 않은 색 때문에 예술품의 가치가 떨어지는 것처럼 아이들의 영어도 마찬가지라고 생각하면 좋겠다. 모든 영역이 잘 골고루 성장해야 효율적인 영어 학습이 된다. 보기 좋은 예쁜 그릇에 빛깔 좋고 맛좋아 보이는 신선한 야채들과 나물들로 맛있는 비빔밥을 만들어 보시길 바란다.

초영비 딥 러닝(Deep Learning) - 자기주도 영어 학습으로의 발돋움(영어 자립)

1. 진정한 자기주도 학습은 아이가 주체다

30년 동안 초중고대학생 그리고 심지어 어른들까지 정말 다양한 제너레이션의 다양한 사람들에게 영어를 가르치면서 느낀 건 모든 사람은 다 다르다는 것이었다. 필자가 만든 자기주도 영어 학습의 시작은 바로 거기에서 시작되었다. 성장속도와 능력이 같은 아이는 하나도 없다는 그것이 출발점이었다.

코로나 팬데믹으로 비대면 학습이 일상화되면서 그 어느 때보다 자기주도적 학습 방법이 인기다. 실제로 학업성취도에 지대한 영향을 미친다는 연구 결과도 매스컴이나 책들을 통해서 많이 들어 보았을 거 같다. 그런데 원래 이 자기주도학습의 개념은 성인 학습에서 시작되었다고 한다. 성인 학습자는 본인의 필요에 의한 것이기 때문에 이 과정들을 잘 해내게 된다. 그러나 학습이 왜 필요한지 동기부여를 하는 아이가 과연 몇이나 될까? "엄마! 공부는 꼭 필요한 거 같아. 그래서 지금부터 자기주도 공부를 해야겠어."라고 말하는 아이들 말이다. 그래서 옆에서 도와주고 만들어 주는 조력자 학습코치가 꼭 필요하다. 그런 역할로 제격인 사람이 있다면 부모님이지 않을까 싶다.

지금도 여전히 아이들에게 자기주도 개별학습으로 영어를 시키고 있다. 진정한 자기주도의 학습과는 좀 거리가 있는 교사가 짜준 공부의 양과 시간 방법 그리고 훈련을 통해서 말이다. 아직 아이가 그 모든 과정을 혼자 스스로 해내기에는 준비가 되지 않았기 때문이다. 그러나 믿는 구석이 있다. 매일 쌓이는 아이가 스스로 하는 공부를 통해 학습 습관을 가지게 된다면 아이가 훗날 학습의 결과를 통해 진검승부를 내야 할 때가 되었을 때 공부하는 법을 잘하게 되리라는 믿음 말이다.

자기주도학습의 실천과 방향

자기주도학습으로 가는 기초공사는 영어 '습관 만들기'이다. 습관이 잘 다져져야 엉힘(엉덩이힘)도 길러져서 자기주도학습자의 길과 가까워진다. 그러나 아이들의 영어 자기주도 습관을 만드는 것은 결코 쉽지 않다.

자기주도식 수업을 하면서 제일 위험한 것이 학습의 주체가 아닌 다른 사람의 참견과 확인인 거 같다. 아이가 무엇을 알고 무엇을 모르는지 스스로 확인해야 하는데 그 기회를 뺏게 되기 때문이다. 그중에 하나가 필자는 교사나 부모가 해주는 채점이라고 생각한다. 아이가 스스로 알아야할 기회를 빼앗지 않고 기회를 주어야 아이는 스스로 자신의 성장을 돕고 자기주도학습력을 기르게 된다.

아이는 스스로 셀프채점하면서 오답을 확인하고 왜 맞았는지 틀렸는지를 다시 한번 보게 된다. 틀린것도 왜 틀렸는지 아는 것도 중요하지만 맞은 것도 왜 맞았는지 나머지는 왜 틀렸는지 확인하게 할 기회를 주어야 한다. 그것이 진짜 아는 것이라 할 수 있다. 자기주도 수업력을 기르는 것은 이런 작은 것에서부터 시작된다.

그 다음으로는 자기주도성을 길러주어야 한다. 이건 어릴 때부터 키워주는 게 좋아서 교사보다 부모님들이 꼭 해주어야 하는 부분이기도 하다. 어릴 때부터 공부를 시키라라는 말이 아니다. 아이가 제일 먼저 배워야 하는 자기주도성은 공부가 아닌 생활교육에서 자란다. 오은영 박사님이 한 말씀 중에 유난히 기억나는 말이 있었다. "아무리 어린 아이일지라도 아이가 자신의 하루를 자기가 운영할 수 있어야 한다"라는 말이었다. 이 말은 아이가 스스로 양치부터 배변 훈련 옷 입기 씻기 같은 기본적인 생활습관들을 스스로 잘 해내야 된다는 말이다. 부모가 해주는 것이 아니라 아이가 스스로 할 수 있게 지켜봐주는 것 그것이 자주주도성을 키워주는 첫 시작이 된다.

아이들은 못할 수 있다. 그게 당연하다. 그런데 아이가 혼자서 해내는 것이 어려울 수 있다고 도와주면 나중에 정말 혼자서 해내야 할 때 스스로 못하게 된다. 자기주도학습습관 공부 그릇을 키우는 것도 마찬가지이다. 아이가 학습의 양이나 진도를 결정하면서 자기주도성을 길러주는 시작을 해 주면 되는 것이다.

예를 들면 듣기를 통한 노출 단계인 아기에게 오늘은 얼마큼 듣고 싶어? 책은 몇 장 읽으면 좋겠니? 이렇게 아이의 의사를 존중해 주고 아이가 말하게 하면 된다. 엄마가 마음이 급해서 오늘 영상 1개보고 책은 2권 읽자 하고 하면 아이는 그 때부터 본인의 배움의 결정권을 엄마에게 넘겨주게 된다. 오늘부터라도 아이에게 학습의 주도권을 넘겨줘 보아라. 서툴고 조금 맘에 안들 수도 있지만 그러면서 알게 될 것이다. 어릴 때 아이의 자기주도성을 키워주는 게 나중에 혼자서 잘하게 되는 자기주도학습의 작은 실천의 시작이라는 것을 말이다.

아이의 의지도 무척이나 중요하다. 하고 싶어 하는 마음이 들지 않으면 아무 소용이 없다. 아이들은 공부하기가 싫은 게 본능이다. 아이들에게 의지를 심어주고 갖게 하는 것이 자기주도학습의 성공 유무를 결정한다. 공부하기 싫어서 아무 의욕이 없는 아이가 제일 가르치지 힘든 학생이다. 이 아이가 그렇게 된 이유 중의 하나는 과한 계획과 공부에 대한 열정과다일 수도 있다. 그러므로 의지를 갖게 하려면 과하지 않은 계획과 실천 그리고 아이 스스로 체크할 수 있는 힘을 길러 주어야 한다. 작지만 스스로 만들어내는 자신의 성과를 보면서 성취감을 느낀다면 아이도 의지가 생길 것이다.

자기주도 영어 학습 코칭에 도움이 될 사이트 모음

storyplace
영상이나 스토리 등을 볼 수 있는 사이트이다.

lil-fingers
다양한 스토리와 게임 활동이 있다.

eduplace
K-12 학생들을 위한 재미있는 교실 활동, 수업 등이 있다.

themoonlitroad
스토리텔링을 통해 역사 전설 귀신 이야기가 있다.

peterrabbit
피터래빗의 스토리로 다양하고 재미난 스토리 북이 많이 있다.

enchantedlearning
다양한 워크시트와 주제별 온라인 자료이 있습니다.

factmonster
퀴즈와 힌트가 있고 교육게임과 질문으로 이어지는 구서이다.
미국 아이들이 숙제를 할 때 참고한다.

2. 시스템으로 자기주도적 학습을 이끈다

유독 자기주도학습으로 이끌기가 쉽지 않은 아이도 있다. 경험상 통제력이 부족하고 의지도 약하고 산만한 아이들은 더 그러했다. 책상에 3분도 못 앉아 있고 책상 밑으로 기어들어가기도 하고 옆 친구에게 계속 말을 걸거나 교실을 너무 돌아다녀서 다른 아이들의 수업까지 방해하는 아이들 말이다. 그러나 이런 아이들일수록 오히려 자기주도 수업이 필요하다. 아이를 기다려 주는 시간, 아이를 이해하는 시간은 조금 더 걸리겠지만 말이다.

그럼 어떻게 기다려주고 이해해 주어야 할까? 이 아이들을 책상에 앉게 하고 잠시라도 집중력을 높여서 영어 학습을 시작했던 나만의 방법이 있다. 수업할 때 수업 과제의 분량과 강도를 조절해 주는 것 그리고 수업시간을 점진적으로 늘려주면서 탄력적으로 해주는 것이다. 첫날부터 무리하게 하지 않고 조금씩 하면서 늘려간다. 20분에서 30분, 40분, 50분까지 말이다. 이때 보통의 아이라면 그냥 10번 정도 들어와 라고 말해주지만 집중력이 짧은 아이에게는 3번, 2번, 3번, 다시 2번과 같이 횟수를 짧게 나누어 미션을 준다. 읽기도 마찬가지다. 이 아이들에게는 학습보다 책상에 앉는 습관을 잡아야 한다. 이렇게 하다보면 아이들은 자신도 모르게 조금씩 책상에 앉아있는 시간이 길어지고 그러면서 조금씩 습관으로 자리 잡게 될 것이다. 천천히 가랑비에 옷젖듯 그렇게 조금씩 책상과 의자에 가까이 다가가게 해야 한다. 비단 집중력이 짧거나 활동적인 아이들만의 처방전은 아니다. 보통의 아이들의 출발점이다.

아이들은 "모두 그렇다"라는 전제에서 만나야 한다. 힘든 아이라 생각하면 그 아이의 모든 것이 힘들 것이고 괜찮은 아이라고 생각하면 괜찮은 아이가 되어간다. 어떤 아이든 믿어주면서 끌고 가면서 습관을 만드는 것이 자기주도 수업으로 가는 첫 번째 관문이라는 생각이 든다.

그룹으로 게임수업을 진행할 때는 게임에 져서 울거나 책상 아래로 들어가서 나오지 않는 아이들이 종종 있다. 이럴 때는 "게임에 져서 속상했구나! 게임 수업이 힘들었지?" 하고 공감을 먼저 해준다. "그런데 네가 울면 다른 아이가 게임을 할 수 없어서 많이 속상하겠다, 그치?" 이렇게 말해주고 오늘은 게임 수업 말고 기존 수업을 해보자며 따로 불러서 기존 교재수업을 진행한다. 그렇게 혼자서 교재 수업을 하보면 친구들이 웃는 소리에 다시 게임수업을 하고 싶어 한다. 그러나 그날은 참여를 시키지 않는다. 왜냐하면 아이에게 바로 다시 참여하게 해주면 아이는 다음에도 또 울면 된다고 생각하기 때문이다. 이럴 때는 아이에게 생각할 시간을 주어야 한다. 아이 스스로 게임에서 해야 될 행동이 아니라는 것을 느끼게 하며 시간과 원칙이라는 것이 있다는 것을 알게 해야 한다. 이게 아이의 자발성을 이끌어내어 스스로 무언가를 하고 싶다는 마음이 들게 하는 중요한 포인트이다.

이건 혼내거나 타이른다고 해서 되는 것이 아니다. 아이와는 부딪히지 않고 아이를 이끌어내는 것 그것은 아이에게 달려 있다는 말이다. 교재 수업이나 게임수업은 아이가 스스로 하고자 하는 마음이 있어야 책상에 앉게 된다. 그리고 그것이 습관이 되고 그 습관은 자기주도학습을 시작할 수 있는 힘이 되는 것이다. 처음 계획은 엄마가 세워준다해도 결국 해내야 하는 것은 아이라는 걸 잊지 않았으면 좋겠다.

아이 스스로 하는 계획과 실행을 위해

필자가 생각하는 학습의 성공의 키워드는 크게 네 가지다. 계획, 실행, 체크, 평가이다. 이 네 가지가 잘 어우러져 학습의 성공이라는 결과물을 만들어 낼 수 있다고 생각한다. 또한 자기주도학습에서 가장 중요한 핵심 키워드이기도 하다. 이것들을 단계적으로 잘 해내어야 결국 학습이든 자기주도학습이든 그 목표에 가깝게 다가설 수 있다.

아이가 자기주도학습에서 가장 중요한 이 4단계의 주도권을 잡으려면 학습 습관부터 들여야 한다. 초등학생이 올바른 학습 습관을 들이려면 최소 3주에서 3개월이 걸린다고 한다. 필자가 재작년에 너무 무리를 했는지 자율신경 조절장애에 문제가 생기면서 운동을 시작했었다. 운동이 좋은 줄 알지만 습관을 들인다는 것이 쉽지 않다는 거 해보신분이라면 모두 아실 것이다. 그래서 일단 3일을 해보자고 마음먹었다. 되었다. 그리고 일주일 또 되었다. 그리고 한 달 그리고 세 달 그렇게 지금도 필자는 2년 동안 여전히 아침마다 산에 다니는 습관을 가지게 되었다. 건강 악화라는 위기를 만나서 들이게 된 습관이지만 그럼에도 작은 실천이 습관을 만든다는 것을 다시 한번 알게 된 계기였다.

그럼 자기주도학습을 위한 플래너 짜는 법을 알아보자. 모든 스터디 플래너는 구체적이고 단기적으로 시작하는 것이 좋다. 영어교실에서 실제로 아이들이 사용하는 데일리 스케줄 수업도장을 보시면 감이 올 것이다.

데일리 스케줄 수업 도장(저작권 보호_상표권 상품)

이 도장에는 짧은 시간 내에 할 일이 구체적으로 포함되어 있다. 아이들은 매일 해야 할 것들을 자세히 적고 하루에 해야 하는 정해진 것들을 이 도장을 통해서 수행하게 된다. 자기주도학습의 첫 시작인 계획과 실행이 이 도장하나로 정리된다.

아이들은 먼저 날짜를 쓰고 본인이 할 과목에 체크를 한다. 파닉스를 한다면 페이지 수를 적게 하고 리딩을 한다면 리딩 페이지수를 적게 한다. 문법이라면 문법 페이지와 문법의 제목을 적게도 하고 있다. 부교재를 만들어서 숙제나 교실에서 할 때가 있는데 그것도 어떤 단계의 어떤 부교재를 나가는지 쓰게 한다.

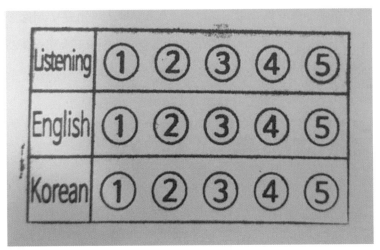

각각 5번 듣기, 5번 영어 읽기, 5번 한글 뜻 읽기라는 의미이다. 이런 도장수업의 효과는 아이들을 지도할 때 매번 말하는 것보다 훨씬 지도가 용이해지고 효과적으로 사용할 수 있다는 것이다.

파닉스 책이나 단어장을 수업할 때 사용하는 도장

파닉스와 리딩 문법을 공부할 때 공부하는 단계들을 라벨지로 만들어서 책 앞에 붙혀주기도 한다. 교재에 대한 전체 플로우와 데일리로 매일 해야 하는 과정이 다 들어가 있다. 그래서 처음 입학한 아이들도 이 과정대로 일주일만 하게 되면 무엇을 해야 하는지 익히게 된다. 이 과정은 또 수업도장으로 한 번 더 확인하면서 수업을 진행하고 있다.

그날 수업이 끝나면 마지막으로 아이가 숙제와 셀프 평가를 하게 한다. 보통 아이들은 좀 내게 미안한지 늘 b정도에 체크를 한다. 그러면 왜 오늘은 열심히 안했니? 힘들었어? 어땠어? 하고 한 번 더 물어본다. 아이들은 이 과정을 통해서 어떤 영역을 얼마큼 어떻게 마무리 했는지 확인하게 되고 내일은 더 열심히 할게요. 라고 말도 하면서 스스로의 학습을 한 번 더 되돌아 본다. 인간만이 반성하는 능력이 있다고 한다. 무언가를 해내고 자기 스스로 평가하면서 이 평가를 통해 반성도 하고 새로운 굳은 의지를 다지게 될 것이다.

이렇게 훈련이 된 아이들은 나중에 혼자서도 이 과정을 스스로 하게 된다. 아이가 자기주도학습 계획표를 세우는 것은 규칙적인 습관을 들이는 데 아주 중요한 역할을 한다. 상위 1%의 학생들을 평균 3시간 정도를 자기가 정한 것들을 스스로 하고 언제나 복습을 최우선으로 한다고 한다. 공부 잘하는 아이들의 비법은 많이 들어보셨겠지만 진짜 복습에 있다. 자기주도 공부학습의 시작 처음엔 30분으로 시작해 보고 그러다 조금 나아지면 1시간, 2시간 이렇게 늘리는 것이다. 공부의 시간보다 얼마큼 제대로 했느냐가 중요한 것이다.

아이들을 가르칠수록 꾸준함이 똑똑함을 이긴다는 것이었다. 아무리 똑똑한 아이라 할지라도 살짝 발을 담그는 정도에서는 특히 영어 성공은 없었다. 우리 교실에 오는 아이들은 매일 60분에서 80분정도의 수업량을 수업한다. 아이들은 공부방이나 학원의 개념보다는 학교처럼 매일 와서 영어에 노출되는 것이다. 무언가를 자기 것으로 제대로 만들려면 만 시간의 법칙이라는 것이 있다. 이건 시간적인 의미도 있겠지만 그만큼 꾸준해야 한다고 강조한 것이 아닐까한다.

영어 자기주도수업 습관 잡기는 생각보다 어렵지 않다. 초등학교 때부터 바른 습관을 잡아준다면 부모님들도 모르는 사이에 아이들은 스스로 계획도 짜고 실행도 하면서 공부 독립을 하게 될 것이다.

체크리스트로 다잡기

스터디 플레너로 계획과 실행을 했다면 셀프평가 전에 체크 리스트를 확인해야 한다. 어휘부터 문법 과정까지 평가 전에 아이가 해낸 결과물에 대한 체크는 말이 아니라 페이퍼로 하나하나 아이 스스로 체크하게 시키는 것이 좋다.

Sight Words 100 Level 1 Check List						
1	2	3	4	5	6	7
11	12	13	14	15	16	17
21	22	23	24	25	26	27

파닉스반 아이들의 부교재로 사용한다. 매일 4개의 단어와 질문들을 노트에 쓰고 녹음까지 하고 나서 아이가 했던 단어들을 체크리스트에 쓰고 다했으면 체크하게 한다.

사이트 워드 체크 리스트

1000 문장 암기세트 Check List						
1	2	3	4	5	6	7
11	12	13	14	15	16	17
21	22	23	24	25	26	27
31	32	33	34	35	36	37

아이가 문법에 맞는 9개의 문장을 매일 말하기 연습과 함께 노트에다 쓰고 와서 확인받고 체크리스트에 체크하게 하고 있다.

천 문장 체크 리스트

체크리스트 만들기는 간단하다. 영어 단어 암기를 할 때나 영작문 연습을 할 경우처럼 하루의 목표 단어 수에 맞추어서 양식을 만들어 주고 아이가 한 것에 대한 결과를 스스로 체크하게 해 주면 된다. 이런 일련의 체크 과정 등을 통해 아이들은 작은 성취감이 생기고 이 성취감은 영어 학습에 대한 자신감과 즐거움을 주게 될 것이다.

마지막으로 아이가 푼 문제를 셀프 채점하게 한다. 이 과정을 통해 본인이 무엇을 알고 무엇을 모르는지 확인하게 된다. 이를 부모님이나 선생님이 진행하면 아이가 스스로 배워야 하는 이 과정을 빼앗게 되는 것이다. 물론 틀린 문제를 맞게 하거나 제대로 채점하지 않고 시간이 오래 걸려서 불안할 수 있지만 그럴 경우 채점 전 · 후로 한번 확인만 해주자. 채점은 아이가 스스로 하게 해주는 것이 좋다.

신뢰가 가장 중요하다

공부 독립 전까지 부모님이 절대 하면 안 되는 것들이 있다. 자기주도 수업의 일련의 과정 속에서 절대 아이와의 신뢰와 감정을 깨트리시면 안 된다. 옆에게 지켜보아야지 간섭하면 안 된다. "그게 뭐야." "이렇게 해야지." "또 틀렸구나." "아까 한 걸 또 잊어버렸네." 이런 말은 아이를 불안하게 만든다.

성적 등 외부의 평가와 자극 때문에 조급해지셔서 아이를 힘들게 해도 안 된다. 자기주도 수업을 잘 한다고 해서 모두 다 성적이 잘 나오는 것은 아니다. 초등 때는 습관을 들이기 위해서 하는 건데 엄마가 조급해 하면 아이는 내가 잘못하고 있구나 하면서 바로 포기하게 될지도 모른다.

실천 가능하고 절대 과하지 않은 계획들을 가지고 아이가 조금씩 조금씩 단계별 과정을 플래너에 스스로 적고 작게라도 셀프평가를 해볼 수 있게 시작하면서 "아고, 기특하다. 잘했어! 멋지다!"같은 소소한 칭찬도 듬뿍해주고 지치지 않게 꾸준히 하면 고학년이 되어서 진검승부를 겨뤄야 할 때 몸에 익힌 그대로 잘 해낼 것이다.

자기주도학습으로 아이들을 지도하면서 제일 만족하는 부분은 아이가 배운 것을 아이가 아이 스스로 자기 것들로 만드는 시간을 줄 수 있다는 것이었다. 이런 시간이 없다면 결국 공부는 열심히 했는데 남는 것이 없게 된다. 공부를 한다는 것 특히 언어를 학습한다는 것은 남아야 한다. 남는다는 것은 제대로 된 아웃풋을 만들어 내어 그게 아이 것이 되어야 하는 것이다.

📹 [쥴리영어TV] 참고 영상

무조건 성공하는 자기주도 영어 학습!!
산만하고 집중력 약한 아이일수록 꼭 필요합니다!!

3. 영어 자립! 영어독립! 수능 1등급을 향한 확실한 처방전

자립이나 독립은 누군가에게 속하거나 의지하지 않고 스스로 무언가를 해낸다는 말이다. 그렇다면 영어 자립은 엄마표에서 한 단계 성장하여 아이표, 즉 아이가 주도적으로 무언가를 스스로 해내는 것일 것이다. 아이에게 영어 자립심은 물리적인 시간이 지난다고 해서 저절로 생기지 않는다. 생각해보면 공부가 아니더라도 우리가 아이들을 독립시키기 위해서 20년 가까이 생활 교육, 경제 교육, 인성 교육 등 많은 가르침이 필요하지 않는가? 그것이 부모의 역할이라는 것에는 모두가 동의할 부분이리라 생각한다.

영어 자립심 독립심을 길러주는 것도 이와 같다. 아이 주도적으로 공부하는 힘을 길러주어야 아이 스스로 그 길을 걷는다. 그럼 그 힘은 어떻게 길러줄 수 있을까? 수능 1 등급을 향한 영어 자립의 제일 중요한 <u>첫 번째 처방전은 습관 들이기이다.</u>

『아주 작은 사고한 습관의 힘』의 저자 제임스 클리어는 잠들기 전 1분 명상, 매일 1페이지 책 읽기, 틈날 때마다 팔굽혀 펴기 1번과 같이 너무나 사소해서 하찮게 느껴질 정도의 작은 반복이 엄청난 변화를 일으킨다고 말한다.

중요한 돌파구의 순간이란 이전의 수많은 행위가 쌓이고 쌓인 결과가 되는 것이다. 오랫동안 반복하고 행동해서 몸에 밴 행동을 우리는 습관이라고 한다. 습관의 힘은 한번 배고나면 고치기 힘들다는 점을 이용해 영어에서 자립할 수 있다.

초등학생 때는 부모님과 선생님이 바라던 방향대로 교육을 진행할 수 있고 이끄는대로 잘 따라온다. 그래서 초등에 영어교육을 시키는 것은 조기교육이 아니라 '적기교육' 교육이라고 할 수 있다. 이때 잡은 공부 습관을 들이는 것은 아이가 누구보다 앞설수 있게 하는 최고의 무기가 될 것이다.

다음은 <u>학습 동기를 갖게 하는 것이다.</u> 무언가를 배울 때 효과를 높이려면 배움의 목적이 무엇인지 뚜렷하게 설계하는 것이 중요한데 그것은 '학습 동기'라고 할 수 있다. 아이가 영어를 배워야 하는 필요성을 알고 그 동기가 형성되었을 때 진짜 공부의 효과가 나타난다. 이 아이들의 동기를 높여주면서 진짜 공부를 하고 싶은 마음을 들게 할 수 있는 방법을 찾는 것이 부모님의 제일 큰 역할 아닐까?

세 번째는 <u>아이를 믿어주는 것이다.</u> 아이들은 자신만의 속도로 무언가를 배워간다. 이를 믿고 존중해 주는 것, 이것은 부모가 아이에게 주어야 하는 기본이기도 하지만 가장 좋은 선물이기도 하다. 아이는 누가 말하기도 전에 자신이 잘하고 있는지 못하고 있는지 본능적으로 알고 있다. 여기서 굳이 말을 더해서 "도대체 이게 뭐니? 너는 이렇게 밖에 못해? 다른 아이들은…." 하고 말하는 순간 아이들의 자립이나 독립은 무너진다. 믿음이 없는 부모의 기대를 뛰어넘는다는 것은 아이의 입장에선 아마 올림픽 금메달을 따는 것만큼 힘들 것이다.

영어를 배우는 일은 쉽지 않다. 아이에게 맞는 길이 아니라면 더욱 힘들게 하는 것이다. 달리는 말에 채찍질을 하는 것이 아니라 조금 쉬어가게 하고 물을 주는 것, 이것이 아이를 영어에서 자유롭게 독립할 수 있는 최고의 처방전이라 생각한다.

초등에 꼭 준비하는 수능

초등학생에게 수능 문제나 모의고사 공부를 시키라는 말이 아니다. 과도한 선행학습은 개인적으로 아동학대 수준이 아닐까한다. 아이가 아무리 영어 실력이 뛰어나도 고등학생 수준에서 이해하고 받아들일 수 있는 글을 읽어내는 능력에는 한계가 있다. 수능은 뜻도 모르고 암기만 한다고 해서 되는 것이 아니다. 그렇다면 어떻게 초등에 수능을 준비해야 할까?

수능의 기본을 알아야 초등에 제대로 수능을 위한 걸음을 시작할 수 있다. 수능에서 영어 영역 시험은 70분간 45문제를 보게 되는데 듣기 평가 17개 문제와 객관식 28개 문제로 이루어진다. 듣기 평가는 보통 25분 내외로 치러지고 45분 내외로 어법 한두 문제와 거의 리딩을 기본으로 하는 독해력 28문제의 시험을 보게 된다. 답안지 마킹 시간을 제외하고 나면 한 문제당 보통 1분 15초 내에 풀어야 한다는 말이다. 그리고 등급의 평가는 상대적 줄서기를 하는 상대평가가 아닌 절대평가로 90점 이상이면 90점에서 100점 모두 1 등급으로 등급을 매기고 있다. 보기만 해도 뭔가 숨찬 기분이 든다.

1. 듣기

수능 듣기는 초등학생 때부터 준비한다. 초등에 꾸준히 듣기를 공부한 준비한 아이가 고등에 가서도 힘들지 않게 좋은 점수를 기대할 수 있다. 초등학교 4학년은 중학교 1학년부터 시작해 주고 조금씩 학년을 높여주면 된다. 틀린 듣기 문제가 나올 경우 꼭 듣기대본을 확인하고 왜 잘못 듣게 되었는지 확인해 주는 것이 무엇보다 중요하다.

 중학영어 듣기능력 평가 사이트

2. 읽기

중고등 영어의 핵심은 리딩에 있고 수능의 성패를 결정짓는 것은 독해력에 있다 해도 과언은 아니다. 이것은 절대 중고등에 시작해서 만들어지지 않는다. 초등에 원서와 리딩 학습서를 통해 제대로 읽기 훈련과 글을 읽는 능력을 길러야 하는 것이다. 수능에 필요한 독해력의 기본이 되는 주제 제목 요지 내용일치 순서배열 도식화되었는 표까지 이런것들은 초등에 기본적으로 조금씩 학습 되지 않으면 절대 하루아침에 이루어지지 않는다. 그래서 책읽기는 초등에 꼭 해주어야 한다. 그리고 읽기도 전략적으로 공부해야 한다. 읽기는 문해력이 바탕이 되어야 한다. 문해력은 문장을 해석하는 능력이라는 말이기는 하지만 이건 해석 능력뿐 아니라 내용을 제대로 이해해야 한다는 것이다. 의미 있는 영어 읽기를 해야 한다. 수능은 타임어택시험이라고 할 만큼 빨리 읽어내야 하는 한다. 빨리 읽고 답을 찾아야 하기 때문에 전략적 빨리 읽기가 필요하다.

3. 어휘

어휘 능력은 수능의 좋은 점수를 결정한다. 독해력의 기본도 결국 영어 단어에서 시작하기 때문이다. 영어 단어는 단어로 하나하나를 학습하고 암기하는 자체가 무의미하기 때문에 글의 문장이나 예문들을 통해서 학습되어져야 한다. 이런 영어 단어 암기학습은 습관을 들이는 것이 중요한데 이런 효율적인 영어 단어 학습을 위한 습관은 초등에 다져져야 한다.

4. 어법

수능 독해의 기초는 어법이다. 그러나 수능시험에 나오는 수능어법 문제는 그렇게 난이도 있지 않아서 고등학교에 가서 준비해도 사실 늦지 않는다. 초등에서 준비하는 어법은 수능 어법 문제를 맞추기 위한 것이라기보다는 수능 독해를 위한 방향성으로 공부하게 해 주어야 한다. 읽기와 말하기 쓰기를 위한 기본적인 문법을 이해하고 응용하는 능력만 길러준다면 초등에 어법 준비는 충분하지 않을까 한다.

▶️ [쥴리영어TV] 참고 영상

초등에 준비하는 수능 1등급을 향한 확실한 처방전

4. 비판적 사고력까지 키워주는 영자 신문 읽기

독해력의 사전적 의미는 텍스트로 되어있는 글감을 읽고 글의 내용이나 작가의 의도 등을 자신의 지식에 비추어 이해하는 능력을 말하고 이 능력은 문자를 읽을 수 있는 독자력, 사용된 문자의 의미를 알 수 있는 이해력이나 문장의 구성을 알 수 있는 문법력의 기초가 되는 것이라고 한다. 이 독해력은 영어뿐 아니라 모든 학습의 시작이라고 해도 과언이 아닐 것이다. 그리고 이 시작의 확장이 문해력이다. 문해력이 조금 더 능동적이고 액티브한 개념일 수 있다. 내용의 구성과 이해를 넘어 요약하고 해석하고 편집 융합등 더 상위개념의 이해력을 요구하는 것이기 때문이다.

그럼 독해력과 문해력을 기르기 위한 제일 좋은 방법은 무엇일까? 어떤 비법이나 공식화된 팁을 많이 배운다고 해도 실력을 키우는 데는 한계가 있다. 거시적 안목을 길러줄 수는 없다는 말이다. 독해력이나 문해력을 늘리는 가장 좋은 방법은 당연한 소리지만 읽기와 반복에 있다. 그래서 어떤 비법보다는 어떻게 하면 제대로 많이 읽느냐에 초점을 두어야 한다.

그런데 문제는 요즘 아이가 너무 책을 읽기 싫어한다는 데 있다. You can lead a horse to water but you can't make him drink. 말을 물가에 데려갈 수 있지만 물을 억지로 먹일 수 없다는 말이다. 아무리 좋은 책을 사주고 읽으라고 해도 아무리 최고의 학습 방법과 선생님을 모시고 와도 결국 아이가 읽지 않으면 모든 것들은 결국 무용지물이 된다.

그렇다고 해서 아이들의 의지만을 기다릴 수는 없다. 강산이 세 번 바뀌는 동안 다양한 아이들을 만났다. 세월과 함께 강산만 변한 것이 아니라 아이들도 변했다는 것이다. 예전의 아이들은 그래도 정서가 있었고 함께 이야기할 이야깃거리가 있었다. 독해 책에 나오는 순수하고 맑은 어린왕자나 같은 모습으로 옷을 바꿔 입고 신분이 바뀌어서 생기는 다양한 재미있는 이야기의 왕자와 거지나 배고프고 불쌍했던 성냥팔이 소녀 그리고 상황이 바뀌었지만 용기를 가지고 살았던 소공녀 등 함께 나누며 네 생각은 어떤데, 너라면 어떻게 하고 싶어, 하고 물어보던 그 시절 말이다.

요즘의 아이들은 기본적인 지식조차 인터넷을 통해 검색하다 보니 책을 가까이 할 시간도 읽고 생각할 시간도 없어 보인다. 아니 읽으려고 하지 않는 것이 맞는 거 같다. 웃픈 얘기지만 딸기가 겨울에 나는 과일로 알고 있는 아이들도 많고 정말 크리스마스가 며칠인지 모르는 아이도 있다. 정말 그럴까 싶지만 실제로 그런 아이들이 있다. 그럴 때마다 영어를 가르치기 이전에 상식적인 것들과 국어능력을 키워주고 싶다고 생각한 적이 한두 번이 아니다.

영어 선생님인 필자가 상담중 제일 많이 하는 말이 "어머님, 영어 잘 가르쳐야 해요"가 아니고 "어머님, 한글 책 많이 읽혀 주세요." 라면 그 심각성이 짐작이 갈 것이다. 한국어 책으로 독해력과 문해력이 쌓여 있는 아이가 영어도 잘 할 수 있다.

그렇다면 어떻게 아이들에게 책 읽는 것과 같은 효과를 주면서 아이들의 독해력 문해력을 키워줄 수 있을까? 추천하는 이 방법 중의 하나는 배경지식과 독해력을 한꺼번에 가져갈 수 있는 영자신문을 읽는 것이다. 영자신문 하면 어렵다고 생각할지 모르겠지만 요즘은 아주 어린연령부터 중고등 아이가 읽을 수 있도록 잘 나누어져 있어서 아이도 쉽게 읽을 수 있다. 무엇보다 책을 싫어하는 아이라고 할지라도 아이가 관심을 가질만한 주제가 많아서 아주 흥미롭게 접근할 수 있다.

영자신문은 학습적인 측면으로도 아주 훌륭한 독해 교재가 될 수 있다. 배경지식이 될 수 있는 시사상식은 물론 사회 속에서 일어나는 여러 가지 사건 사고들을 통해 이해 수준을 높이면서 국제적 관점으로 바라보는 시각과 비판적 논리적 사고력이나 창의력을 기를 수 있다. 아이들은 신문을 통해 정치, 경제, 상회, 사회, 문화, 국제 문제 등에 대한 단어를 익히고, 표현을 질문하고 대답하면서 멀게는 영어논술이나 구술대비 그리고 유학에 대비한 에세이 등도 준비할 수 있다.

장점이 많은 영자 신문은 어떻게 읽으면 좋고 어디에서 다양한 정보와 자료를 볼 수 있는지 알아보자.

1) 역피라미드 형식-Incert Pyramid: 첫 문장에 전체 내용 요약이 있다.

2) 5w1h: who, what, when, where, why, how를 짚어가며 내용을 효율적으로 파악할 수 있다.

3) 헤드라인의 동사의 시제를 확인한다.

   - 동사의 시제가 현재라면 지난 하루 사이에 일어난 사건이다.

   - 동사의 시제가 과거라면 동사 생략된 be+ 과거분사는 수동형으로 해석한다.

   - 동사가 없거나 수동형이라면 be동사를 추가해 해석한다. 주로 be동사는 생략된다.

   - to부정사가 있으면 미래로 해석한다.

   - 동사가 현재분사라면 현재 진행형으로 해석한다.

4) 관사의 생략

   - 의미전달에 지장이 없을 경우 전치사나 관사 등이 생략된다.

5) 콜론(:)은 'say'를 대신한다.

6) 'and' 대신 쉼표를 사용한다.

[Focus] 무료

World Cup

The 2022 World Cup is almost here! People are very excited.It will be in Qatar.★ Let's learn more about the event.FIFA World Cup The World Cup is a big soccer event. It takes place every four years.★ Thirty-two countries play in the event. The winning team gets a trophy.Korean Soccer Team Korea will...

MORE +

기사 리스트	학습 자료

영자신문 사이트(NE times)

ELT 논픽션 리딩 교재로
독해력 키우기

ELT 리딩 교재를 통해서도 읽기 능력을 키울 수 있다. 아이가 책을 읽기 싫어하는 이유 중의 하나는 호흡이 길고 두껍기 때문이다. 그래서 다양한 배경지식과 재미있는 이야기가 짧은 제시된 ELT교재를 더 쉽게 받아들인다. 긴 호흡은 아니지만 리딩을 통한 배경지식 습득뿐 아니라 영어 실력까지 만들어 줄 수 있는 장점이 있다.

학습적인 측면에서도 교과 과정이 적용되기 때문에 주제별 통합형 교과과정에 맞춰 지식을 확장하기에 좋다. 실제로 교재에는 Science, Social Studies, Art, Math, History, Music Literature, Folktale, Sports, Health 등의 다양한 교과 내용을 담고 있다. 이 내용은 중학교 내신의 외부 지문을 이해하기 위한 배경지식 습득에도 도움이 된다. 대부분 ELT 교재는 학년별로 교과과정과 내용이 얼마나 연계되었는지 찾아볼 수 있다.

원서형 ELT 리딩 교재는 비문학 지문을 읽을 수 있는 좋은 교재이기도 하다. 기본적인 리딩 스킬을 묻는 ´ 리딩 컴프리헨션(Reading Comprehension)부터 읽은 내용을 자연스럽게 스스로 도식화하고(Graphic organizer & summary) 요약하면서 추론 능력을 키울 수 있도록 도와준다. 처음부터 아이 스스로 깨우치기 쉽지 않은 영역을 교재를 통해서 체계적인 리딩 전략(Reading Strategy)을 세울 수 있게 된다.

마지막으로 교재 안에 before reading부터 독후 활동에 관한 활동지 등이 교재 안에 수록이 되어 있기 때문에 학습서로서나 리딩 책으로서나 손색이 없어 부모님들의 수고를 덜어 줄 수 있다.

5. 실력을 훌쩍 키우는 영어 게임과 액티비티

아이가 영어에 거부감을 느끼지 않고 영어에 재미를 붙이는 방법으로는 영어 게임만한 것이 없다. 집중력이 약한 아이들부터 시작해서 무엇 하나 하기 싫어하는 아이들조차 자연스럽게 영어 실력까지 쌓을 수 있다. 장점이 많으니 자연스럽게 잘 활용하면 좋다.

특히 초등에서 문법을 책으로만 하면 아이들은 어렵고 힘들고 하기 싫은 영어영역이라고 생각 할 수 있다. 그래서 아이들을 움직이게 하는 당근을 준비해야 한다. 이것이 게임수업이다. 게임수업을 통해 아이들은 어~ 문법 도 재미있네 할만 하네~ 생각할 수 있게 된다.

비싼 영어교구를 구매하지 않고도 엄마가 바로 바로 만들어서 할 수 있는 각 영역별 다양한 게임과 방법들을 제시해 드릴테니 초등 저학년부터 중학 교에 꼭 알아야 하는 필수문법까지 아이들의 성장 단계에 맞추어 활용해 보 길 바란다.

투다이스 빙고게임

1. 주사위 2개를 동시에 던진다.

2. 주사위에 숫자가 나온 곳의 단어나 문장을 읽으면 자신의 말이나 칩을 올려놓을 수 있다.

3. 그렇게 1줄에 6개가 다 채워지면 원 빙고, 2줄이 다 채워지면 투 빙고 가 된다. 몇 개의 빙고를 가져야 이기는지는 아이들과 정하면 된다.

투 다이스 빙고 게임 준비물

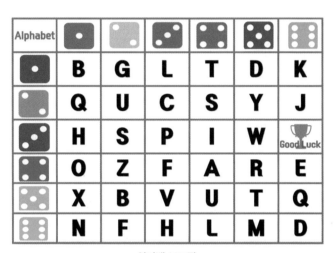

알파벳 보드판

사이트 워드 보드판

be동사와 인칭대명사 보드

1. 주사위 2개를 던진다.

2. 던진 두 개의 주사위의 숫자가 만나는 곳에 말을 놓는다.(던져서 나온 주사 위 숫자대로 위와 옆 아무 곳이나 가능하다.)

3. 나온 곳의 be동사와 인칭대명사를 말하면 칩을 올려놓을 수 있다. 예를 들어 'I'가 나오면 'I am' 혹은 'I, my, me, mine' 이렇게 말해야 한다.

4. 만약 말하지 못하면 칩을 올려 놓을 수 없다.

인칭대명사 보드판

빙고게임

1. 주사위를 던져서 나온 숫자만큼 말을 움직인다.

2. 도착한 칸의 단어나 문장을 읽으면 말이나 칩을 올려놓을 수 있다. 한 글 문장은 영어로 말하고, 영어 문장은 한국어로 말한다.

3. 먼저 정해진 빙고수를 채우는 팀이 이기게 된다.

be동사 보드

1. 모든 말을 start 위치에 놓는다.

2. 주사위를 던져서 나온 수만큼 앞으로 나아간다.

3. 도착한 자리의 정답을 맞춰야 말을 놓을 수 있다. 정답을 맞추지 못하면 원래 있던 자리로 돌아온다.

4. finish까지 먼저 들어온 팀이 이긴다.

There is There are 보드

'There is / There are'는 '있다'는 표현이다.

'There isn't / There aren't'는 '없다'는 표현이다.

한 개가 있을 때는 'is'를, 대상이 2개 이상이면 'are'를 사용해준다. 살짝 리듬을 넣어서 암기하게 해주면 더 쉽게 익힌다.

There is There are 보드판

수동태 보드판   관계 대명사 보드판

게임보드의 또다른 활용

코팅 후 워크시트 클리어 포켓에 넣으면 여러 번 쓰기 연습을 할 수 있다.
수성매직으로 표면에 정답을 쓰며 익히게 하면 좋다.

인터넷에서 모자이크 타일을 구입한 후 라벨기나 매직으로 관련 문법 타
일을 만들어 줄 수도 있다. 보드판 위에 맞는 정답 타일을 올려놓게 하면
된다.

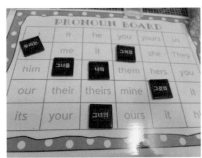

　듣기는 영어 학습의 시작이기 때문에 엄마표 영어에서는 특히나 영어노출을 듣기로 시작하는 경우가 많다. 영어를 배우는 과정에서 듣기가 되어야 말하기가 가능하기 때문이다. 듣기를 통해서 언어의 규칙이나 어법 등도 자연스럽게 배운다. 듣기라는 것은 음원을 들려주는 것뿐만 아니라 생활 속에서 부모가 들려주는 이야기와 책읽기 일상적이 모든 것이 듣기 활동이다. 아이는 부모를 모델링하여 말하기를 하기 때문에 되도록 정확한 어휘와 문장을 통해서 영어를 가르치는 것이 좋다.

True or Flase Game(진실게임)

1. 그림책이나 원서를 한 권 고르고 O/X 막대를 준비한다.
2. 그림책이나 원서를 아이에게 읽어준다. 음원이 있다면 음원을 들려준다.
2. 아이에게 맞는 문장과 틀린 문장을 말해 준다.
3. 아이에게 맞는 문장에는 O 스틱을, 틀린 문장에는 X 스틱을 내게 한다. 책 내용을 이해했는지 확인할 수 있다. * 어린 아이라면 바닥에 0/X를 그려놓고 아이가 정답으로 직접 움직이게 한다. 훨씬 더 재미있게 진행할 수 있다.

순서 이야기 그림책(Sequencing Stroybook) 만들기

1. 활동할 그림책이나 원서를 준비한다. 내용에 시간적 순서가 있어야 한다.
2. 그림책이나 원서를 들려준다.

3. 아이에게 내용의 순서를 그리고 그 안에 스토리를 채워보게 한다.

Hedbanz 게임(스무고개)

1. 그림 카드, 부직포 머리띠, 모래시계를 준비한다.

2. 아이와 오늘 배울 단어를 보여주고 관련 정보를 제공한다.

3. 아이에게 그림을 보여주지 않고 머리띠에 단어를 하나씩 붙여준다.

4. 아이가 영어로 질문하면 알려준 관련 정보를 말해주며 머리띠에 있는

   단어를 맞춰보게 한다.

읽기 게임

읽기의 시작인 파닉스는 기능적인 반복학습이 필요해 지루하다. 다양한 게임으로 읽기의 재미를 길러줄 필요가 있다. 규칙적인 언어의 조합인 파닉스와 함께 규칙에 맞지 않는 단어들의 조합인 사이트 워드도 함께 해주는 것이 좋다. 그래서 읽기 게임들을 할 경우 옆에서 엄마가 꼭 큰소리로 읽고 말하는 유창성을 길러 주는 것이 좋다. 그리고 무엇보다 읽는 것으로 끝내지 말고 읽은 후에 독후활동으로 연결시켜서 자연스럽게 생각하고 말하는 능력까지 향상시켜주면 좋다.

Find the words(문자 찾기 게임)

1. 알파벳 책부터 원서, 돋보기, 막대를 준비한다.

2. 알파벳을 시작하는 아이라면 책에서 알파벳을 찾게 한다. 알파벳과 음가를 말하게 하고 단어도 찾아보고 읽게 해본다.

3. 글밥이 많은 책이라면 복사한 후 아이에게 단어나 문장을 들려주고 찾게한 후 읽어보게 한다.

Silly Sentence(문장 만들기)

1. 이상하고 웃긴 단어 카드들을 가지고 문장을 만들면서 문장의 구조를 익힐 수 있다. 먼저 silly sentence card, sentence board, 타이머를 준비한다.

2. 센텐스 보드판을 만들어 주면 아이가 훨씬 쉽게 문장의 구조를 익히면서 읽고 말할 수 있다.

3. 타이머로 시간을 주고 재미있는 문장의 개수 미션을 주면 여러 개의 문장을 만들 수 있게 된다.

Making story(스토리 만들기)

1. 활동할 리딩교재나 원서, 문장 카드, 타이머를 준비한다.

2. 교재나 원서를 읽는다.

3. 문장 카드에 배운 스토리 문장을 쓰게 한다.

4. 바닥에 카드를 다 뒤집어 놓는다.

5. 타이머를 맞추고 스토리의 문장들을 순서대로 배열해 스토리를 완성한다.

Story mapping(스토리 맵)

1. 그림책이나 스토리 북, A4용지나 스케치북, 색연필을 준비한다.

2. 이야기를 읽고 스토리 맵을 그리는 활동을 한다.

3. 직접 그린 스토리 맵을 이용해서 인물이나 배경 문제 그리고 문제 해결 등을 그림과 함께 적어보고 한 문장으로 표현하고 읽어본다.

말하기 게임

영어에는 우리말에는 없는 리듬감과 악센트가 있다. 그래서 어릴 때부터 말하기 연습을 시킬 때 지속적으로 억양 강세 리듬을 반복하면서 연습해 주는 것이 좋다. 그럴 때 노래와 챈트를 활용하면 좋다. 아이가 좋아하는 만화나 영화 영상을 더빙을 해보기도 하고 대본을 아이가 쓰면서 역할놀이로 연결하는 방법도 말하기에 자신감을 더하고 성취감을 준다. 말할 수 있다는 것은 당연히 쓸 수도 있다는 말이기 때문에 두 영역을 훈련할 수 있게 된다.

Balloon Game(풍선 던지기)

1. 풍선, 단어 카드, 문장 카드, 회화 카드를 준비한다.

2. 아이에게 공부할 단어나 문장, 회화 카드를 암기하게 한다.

3. 풍선을 던지면서 외운 카드를 순발력 있게 말하게 한다. 풍선을 받아서 가지고 있으면 안 되고 바로 토스해야 하는 것이 중요하다.

4. 풍선을 토스하면서 단어나 문장을 말하기도 하고 그 날 배울 대화문을

주고받고 할 수 있다.

5. 만약 풍선이 바닥에 떨어지면 처음부터 다시 시작한다.

Speaking Board Game(말하기 보드게임)

1. 주제별 보드게임 판, 주사위, 말을 준비한다.

2. 게임의 순서를 정한다.

3. 주사위를 던져서 주사위 숫자만큼 이동한다.

4. 그 칸에 있는 질문에 대답한다. 대답을 하면 그 자리에 말을 놓을 수 있고 대답을 못하면 말을 놓지 못하고 처음부터 다시 게임을 해야 한다.

Let's talk about(주제 말해보기)

1. 주제별 말하기 카드, 주사위를 준비한다.

2. 주사 각 면에 아이와 말하고 싶은 주제의 단어를 붙인다.

3. 아이가 스스로 주사위를 던지게 한다.

4. 주사위에 나온 주제의 단어로 마인드맵을 그려보고 문장 말하기 연습까지 진행한다.

쓰기 게임

아이가 자신들의 생각을 글로 써내낸다는 중요함에도 불구하고 처음부터 그 생각을 정확한 영어로 써내는 것은 힘들다. 그렇다고 해서 모든 다른 영역들을 끝내서 쓰기를 한다면 아이들의 사고력은 굳어져서 쓰기를 시도조차 하지 못하게 된다. 그래서 아이가 읽기와 쓰기를 말하기와 쓰기를 콜라보로 함께 해주어야 한다. 읽으면 쓰게 하고 말하면 쓰게 해야 한다는 말이다. 기본적인 게임들을 통해 즐겁게 익히면서 글쓰기의 시작을 해보시길 바란다.

Word scramble game(단어 게임)

알파벳을 통해서 기본 음가와 함께 단어 조합의 원리를 익힐 수 있게 된다.
- 준비물: 알파벳 카드, 타이머, 종이, 펜
- 게임 방법: 알파벳을 철자별로 만들고 잘라서 바닥에 내려놓고 단어 카드를 보여주고 단어를 만들게 하고 써보게 한다. 타이머를 이용해 미션을 주고 미션 안에 만든 단어 개수만큼 캔디나 상을 주어 적극적으로 쓸 수 있게 해준다.

Word chains(끝말잇기)

- 우리나라 끝말잇기 게임으로 쓰기뿐 아니라 말하기 게임으로 해도 좋다. 지루한 단어 암기가 아니라 아이가 끝 알파벳으로 시작하는 단어들을 생각하면서 쓰게 되기 때문에 더욱 다양한 단어들을 말하고 쓸 수 있게 된다.
- 준비물: 단어카드, 타이머, 종이, 펜
- 게임 방법: 시작할 첫 단어를 고른 후 그 단어의 마지막 스펠링으로 시작하는 단어들을 계속해서 적게 한다. 처음에는 단어카드를 활용해서

하지만 익숙해지면 안보고 해보게 한다. 타이머를 이용해서 게임 시간을 정해 주면 더 재미있게 할 수 있다.

Post it 문장 적기

리딩 책이나 원서 그림책을 읽힌 후 아이가 문장을 말하면서 쓰기로 연결하기 좋은 활동이다.

준비물: 그림책, 원서, 리딩교재, 포스트 잇

게임 방법: 아이가 책을 먼저 읽게 한 후에 글씨 부분을 포스트잇으로 가리면서 문장을 말하는 연습을 시키고 포스트잇에 문장을 적어서 써보게 한다.

Making my own minibook(나만의 미니북 만들기)

미니북 만들기는 아이들의 생각을 본격적으로 쓰기훈련으로 시작할 때 좋은 도구가도 된다. 어린 아이들은 그림책에서나 아니면 주제에 따라서 그림을 그린 후 단어나 짧은 단문을 쓰게도 하고 연령이 있는 아이들은 그림 없이 문장으로 자신만의 책을 만들 수 있게 한다. 길이가 길거나 하지 않아서 아이들도 쓰기 대한 부담은 줄여주고 쓰기를 조금씩 늘려 나갈 수 있다.

준비물: A4용지, 연필

게임 방법: 종이를 1/2 이나 1/4로 접어서 표지와 제목 그리고 아이의 이름을 적게 하고 주제 그림을 그리면서 문장을 만들어서 쓰게 한다.

(말풍선들을 이용해서 문장을 만들어 적어보아도 된다)

영어게임 사이트

 aaronbarker: 도블 게임을 할 수 있는 카드 메이커 사이트
이다. 알파벳부터 사이트 워드 단어 그리고 그림들도 자동
적으로 도블 카드를 만들어 준다. 만든 후 복사해서 사용하
면 도블 게임으로 진행해도 되고 I have who has game으
로 해도 재미있게 사용할 수 있다.

 highlightskids: 다양한 삽화 속 숨은그림찾기 게임으로 유
명하고 간단한 영어로 적힌 레시피와 어렵지 않은 과학과
관련한 궁금증을 풀어주는 짧은 기사와 팟 캐스트도 있어
다양하게 영어를 공부하는데 적합한 사이트이다.

 eslgamesworld: 아이가 흥미 있어 할만한 형태로 문법 게
임, 단어 게임, 독서 게임을 구성했다. 초급/중급/고급 난이
도 별로 분류되어 있어 수준별로 공부하기에 적합하다.

 abcya: 학년/수준별로 게임이 잘 나눠져 있다. 알파벳부터,
사이트 워드 연습 빙고, 생활교육이나 과학과 연계된 영어
스토리, 문법 게임, 등 다양한 게임이 제공된다.

6. 중학교 수행평가 준비도 초등에 시작해야 한다.

중학교에서 배우는 영어는 다양한 활동을 하면서 생활 회화를 연습하는 초등 영어와는 분명 다르다. 초등학교에서는 노래, 챈트, 게임처럼 흥미를 돋우는 활동 중심의 수업 방식이라면, 중학교에서는 4가지 영역을 골고루 다루기는 하지만 좀 더 다양한 내용을 정확히 해석하고 이해할 수 있는 문법과 독해 능력 향상 중심으로 학습하게 된다. 그러다 보니 아이는 영어 학습 난도가 초등 때보다 몇 배는 높아졌다고 체감하게 되는 것이다. 특히나 평가 방식도 달라서 갑자기 아이가 준비하기에는 부담백배가 될 것이다. 초등에서 어렵지 않게 영어를 잘 해왔던 아이들조차도 이건 부담이고 위기라고 느낀다. 그러다 보니 학생이나 학부님들의 관심과 걱정은 시험과 평가 부분에 집중된다.

적을 알고 나를 알면 백전백승이란 말을 알 것이다. 걱정대신 평가에 대한 정확한 이해 그리고 준비와 대비를 한다면 그게 또 그렇게 어렵지 않게 솔루션을 찾을 수 있다. 그러나 중학교에 가서 중등 시험을 준비하면 늦는 다는 것을 반드시 알아야 한다. 수행평가에서 제일 높은 난이도를 자랑하는 말하기와 논·서술형 쓰기는 초등부터 천천히 기본을 익혀야 할 수 있기 때문이다. 그럼 중학과정에서 평가에 대한 부분과 어떻게 초등에 어떤 준비들을 해야 할지 알아보도록 하자.

먼저 중학교 교과서에 대한 이해부터 해보자. 중학교 교과서는 학교마다 출판사가 달라서 형태와 내용이 다르지만 배우는 기본적인 요소는 같다. 듣기와 말하기(Listen & Speak), 읽기(Reading), 쓰기(Grammar & Writing)이다. 중학교 시험의 평가는 지필고사와 수행평가로 나뉘는데 보통 이 두 가지 시험이 교과서 위주로 출제되기 때문에 교과서를 정확히 이해하고 기본으로 학습하는 것은 좋은 성적을 받는 데 아주 중요한 역할을 한다. 이 시험 모두 교과서 지문을 중심으로 독해력과 문법의 이해도를 묻는 유형들의 문제가 출제되기 때문이다.

보통 지필고사는 중간, 기말 시험으로 이루어지며, 수행평가는 4영역을 골고루 평가하는 방식으로 치러진다. 수행평가는 학교별, 학년별 유형이 다양하기 때문에 아이들 학교에 맞추어 준비해 주어야 한다. 그리고 수행평가의 비중은 학교마다 다르지만 대체로 지필 평가 60%와 수행평가 40%로 평가된다. 갈수록 수행평가 비중이 높아지면서 시험은 물론 수행평가까지 꼼꼼히 준비해야 높은 내신 점수를 받을 수 있다. 이 말은 수행평가를 잘못 준비하면, 지필고사를 백점을 받고도 성적표에 100점이 나오지 않을 수 있다는 말이다. 지필평가와 수행평가가 합산되어 성적을 받게 되기 때문이다. 그래서 인지 수행평가의 난이도와 비중이 점차 더 중요시 되고 있다.

지필고사가 OMR카드로 시험을 보는 것이라면 이 수행평가는 듣기, 쓰기, 말하기의 성장을 중요하게 생각하는 과정중심의 평가이다. 영역별 수행평가 비중은 교육부의 교육지침에 따라 전체적으로 조정되지만 학교나 교사의 평가유형 선호도에 따라서 달라질 수 있지만 한마디로 아이가 교과수업을 통해 무엇을 배우고 무엇을 알아야 하는지에 대한 과정 평가이다. 이 수행평가의 성적 반영률은 점점 높아지고 있다. 중학교에 가서 준비를 시작하면 아이가 힘들 수도 있다. 초등에서 듣기에 대한 대비 그리고 쓰기와 말하기를 함께 훈련하고 연습해 놓는다면 중학교에 가서는 정말 교과 과정과 선생님의 수행평가 유형에 따라 준비만 해놓는다면 좋은 성적을 기대해 볼 수 있으리라 생각한다.

영역별 수행평가 준비 노하우

그럼 초등에 준비하는 중등수행평가 준비에 대해서 알아보자. 중학교 수행평가 유형들은 보통 크게는 듣기. 쓰기. 말하기이다. 결국 언어의 4대 영역별 과정을 제대로 활용하는지에 대한 시험인 것이다. 듣기는 보통 학교에 따라서 영어듣기 평가를 수행으로 대체하기도 하고 그렇지 않은 경우도 있다. 중학수행의 결정적 영향을 미치는 것은 결국 서술형 쓰기와 말하기이다.

첫 번째로 듣기훈련이다. 전국모의고사 듣기평가를 아이들에게 꾸준히 시켜 주면 좋다. EBS 인터넷 홈페이지에서는 기출 듣기 평가와 대본 답안지 음원까지 제공되고 있다. 듣기평가의 장점은 아이가 생활회화 중심의 내용 등을 통해서 듣기 능력뿐 아니라 의사소통의 문장 등을 익힐 수 있게 된다는 것이다. 우리나라와 같은 영어환경에서는 듣기도 꾸준히 학습되어야 한다.

두 번째는 쓰기이다. 영어영역에서 제일 가르치기 힘들다고 하는 영역 중 하나일 것이다. 팁을 드리자면 학교 선생님이 주신 주제와 포인트 문법이 들어간 글쓰기를 먼저 한글로 아이가 써보게 한 후 그 한글을 파파고나 챗 GPT로 아이가 영어로 다시 한번 써오게 해주면 좋다. 이건 번역기를 베낀다는 의미보다 조금 쉽게 쓸 수 있다는 장점이 있다. 무조건 못하게 하는 것보다는 그걸 잘 사용하는 방법을 알려 주는 것이 훨씬 더 좋다고 생각한다. 문장의 기본구조를 아는 아이들은 이걸 잘 사용해서 엄마의 도움 없이도 잘 해낼 수 있다. 그리고 아래 사항을 잘 적용하면 도움을 받으실 수 있을 것이다.

좋은 입력은 좋은 번역을 만들어 준다.

모든 문장에 주어를 쓰도록 해본다.

영어로 번역된 문장을 다시 한글로도 바꿔본다.

동사의 현재, 과거를 정확히 쓴다.

문장 단위로 끊어서 넣어줘야 좀 더 정확히 번역이 되므로 짧은 문장으로 만들어 본다.

요즘 수행평가에서는 쓰기와 말하기를 한 세트처럼 평가하고 있다. 자신의 생각을 글로 써내기 전 과정 중에 추천해 드리고 싶은 것이 문법과 연계된 쓰기 연습 훈련 교재를 통해 단순 구조부터 제대로 익히게 하는 것이다. 예를 들면 주어 동사의 기본 구조를 먼저 익히게 한 후 단계별로 목적어를 넣고 다음에 부사를 넣는 식으로 '센텐스 스트레치(sentence stretch)', 즉 문장 확장을 연습한다. 예를 들면 누가? who, 무엇을? doing what, 언제?when,

어디서? where, 어떻게? how, 왜? why, 이렇게 말이다. 이 연습으로 아이들은 주어와 동사 다음에 어떤 단어들을 나열하면서 문장을 확장할지를 알게 된다. 이렇게 쓰기를 공부한 후 말하기까지 연계해서 연습시켜 주면 된다.

단순 글쓰기 연습을 완료했다면 다음에는 수행평가를 준비할 수 있는 교재를 선택해서 공부해야 한다. 처음엔 필사를 통해서 전체를 이해하고 다음엔 중심어를 다른 단어로 패러프레이징(phraphrasing)해서 바꿔 쓰는 연습을 하고 최종적으로 자신의 글쓰기를 한다. 보통 이런 교재의 구성은 3권인데 초등에서는 3권중 1권을 2~3번 반복하기를 추천한다.

세 번째는 말하기이다. 말하기 수행평가도 발표라는 큰 틀에서 보며 다양한 관점에서 평가를 진행할 수 있다. 교사의 선호도에 따라서 단순 쓰기와 연계해서 말해보거나 스토리를 암기해서 말해보기 그리고 역할을 주면서 진행하는 롤플레이 영상을 보면서 하는 더빙 그리고 인터뷰 프레젠테이션 등으로 다양하다. 이렇게 다양하기도 하지만 이걸 갑자기 보는 것이 아니고 함께 과정으로 진행하기 때문에 그렇게 어려울 부분은 없다.

발표의 평가기준을 기억하며 아이들을 지도하면 도움이 될 것이다. 암기, 발음, 유창성, 의사전달, 아이컨텍, 그리고 경청이다. 이것은 보통 스피치대회나 스토리텔링 컨테스트에서도 공통적으로 평가기준이 된다.

수행평가는 정말 다양한 영역별평가라는 면에서 짧은 시간이 아닌 긴 호흡으로 가르쳐야 한다. 어려운 것이라 생각하고 부담을 가지기보다는 초등 영어지도 과정 속에서 준비할 수 있는 부분을 미리 익혀두자.

7. 중학교 들어가서 내신 만점 받는 비법이 있다면?

중1은 자유학기제라서 정말 자유로운 영혼이 많은 시기이기도 하다. 그래서인지 중1을 초등 7학년이라고 부르기도 한단다. 초등학생인 듯 하지만 중학생인 아이가 중1 아이들이다. 그래서 시험에 대한 어떤 준비나 대비를 제대로 하지 않으면 본격적으로 시험의 평가가 시작될 중2에 들어갔을 때 당황하고 힘들어한다.

학습에는 전략이 있어야 성취감뿐 아니라 성적향상도 기대해 볼 수 있다. 학습전략이 없다면 아무리 공부만 열심히 한다고 해도 학습 효율이 오르지 않아서 자연스럽게 학습에 대한 흥미가 떨어지고 공부를 멀리하게 되어 결국엔 좋은 성적을 거두지 못하는 학습 부진으로 이어질 것이다. 그렇다면 시험을 위한 어떤 준비와 전략이 필요할지 알아보도록 하자.

중1 자유학년제가 자유학기제로 축소되면서 서서히 중1 지필고사가 다시 시작될 예정이라고 한다. 이미 시행한 지역도 있고 앞으로 시행될 지역들도 점점 늘어날 것이다. 초등에서 잘 다져진 아이들은 무난히 잘 따라가겠지만 그렇지 않은 아이들에게 중학교 2학년 수준의 문법은 생소하고 어려울 수밖에 없다. 그래서 중1에 시험을 보게 된다면 내신 시험에 대한 부담감이나 난이도면에서 천천히 올라가는 느낌이 들 거 같기는 하다.

반면 시험 결과가 고입 내신 성적에 반영되기 때문에 더 큰 부담을 갖게 될 수도 있다. 그래서 중1에 시행될 지필고사를 대비하여 기본 영역의 영어 수업과 함께 학교 내신 대비가 초등고학년에 꼭 필요하다. 중학교 내신을 준비하려면 먼저 무엇이 출제되는지 문제의 유형을 아는 것이 중요하다. 출제자가 무엇을 묻는 문제인지 그리고 그것을 어떻게 묻는지를 잘 파악해야 시험에 맞추어 평소에 하는 내신준비와 시험 전 내신준비 전략을 짤 수 있다.

문제 영역 파악하기

중학교 내신시험의 문제 영역들은 크게 이렇게 다섯 가지로 이루어진다. 이 다섯 가지들은 어휘(단어), 대화문, 어법, 독해, 서술형이다. 단어 학습부터 알아보자.

단어는 학교 선생님께서 주시는 학교 프린트 단어들과 내신 문제집 단어들을 꼭 암기해야 한다. 기본 단어가 되어야 나머지 유형 시험들을 준비할 수 있기 때문이다. 단어외우기에 초시계를 활용해보자. 10개나 20개씩 정해놓고 5분 안에 외우기 10분 안에 외우기와 같이 이렇게 미션을 준다. 그리고 영어는 한글로 한글은 영어로 시험을 보게 한다. 중학생은 꼭 기본학습과 서술형 대비를 위해 한글을 영어로 쓰는 시험도 보게 하는 것이 좋다. 그러나 기본적인 영어 수업이 안 된 아이라면 시간적인 여유도 없고 아이가 부담을 느끼기도 해서 한글 뜻만 시험을 보게 해도 된다.

내신 시험에서는 어휘 문제로 유의어 반의어 다의어 파생어 숙어 그리고 영영풀이 문제가 출제된다. 내신 문제집에서 보면 영영풀이가 있는데 이 모든 영영풀이 단어들을 다 외울 수는 없다. 아이들에게 힌트 단어들에 하이라이트를 치면서 알게 하는 것이 훨씬 효과적인 영어풀이 단어학습이라고 할 수 있다. 필자는 아이가 어느 정도 영어 실력이 잡힌 아이들은 영영사전을 통해 단어를 이해하게 하고 있다. 이것이 훨씬 단어를 직관적으로 이해하는 데 도움이 되기 때문이다. 그리고 내신 영영풀이 시험에서 단어 품사의 힌트를 주면 좋다. 예를 들어 to로 시작했다면 동사, a, an, the로 시작했다면 명사, 나머지는 형용사나 부사일수 있다고 말해주는 것이다. 시험대비도 이렇게 하지만 영어는 단어학습을 할 때 단어의 품사를 영어로 익히게 되면서 어휘의 확장에도 도움이 된다.

그리고 두 번째 중등 시험 유형은 대화문이다. 대화문은 그렇게 어렵지 않지만 시험에 자주 나오기 때문에 읽으면서 내용을 숙지하게 하고 중요한 지문 위주로 암기를 시키시면 된다. 대화문에서는 중요한 지문이 뭐냐면 교과서속 의사소통기능의 핵심 대화문이 들어간 문장이다. 이런 문장들은 꼭 암기하게 하면 좋다. 대화문의 중요 문장이 그 단원에 나오는 필수 문법이 들어가 있기 때문이다.

대화문의 중요사항들을 한글로 적어오게 하고 영어로 다시 한번 쓰게 한다. 이렇게 하면 아이들은 대화문과 함께 중요한 핵심 대화문장들을 익힐수 있고 이해하게 된다.

세 번째는 중등 시험 유형은 교과서 독해 문제이다. 시험대비 가장 출제가 많이되는 중요한 파트라고 할 수 있다. 그래서 먼저 교과서를 공략해야 한다. 내신 시험에서 어쩌면 문제를 많이 푸는 것보다 교과서에 집중하는 것이 더 효율적인 내신준비일수 있다. 본문을 시작으로 필수 문법 대화문 등 내신시험의 중요사항 등이 교과서에서 나오기 때문이다. 교과서 내용을 철저히 숙지해야 하고 가능하다면 교과서를 암기시키면 좋다. 단순 암기라 무리한 방법으로 보일수도 있지만 그래도 중학교에서는 이게 잘 통한다. 특히 문장구조와 문법지식이 없는 아이라면 기본적으로 꼭 해줘야 하는 부분이다. 그런데 교과서 암기라는 것이 말이 쉽지 어떻게 외울지에 대한 방법을 알려주지 않으면 아이들은 시작도 하기 전에 지레 포기하게 될 것이다. 아래 단계대로 천천히 해보자.

쥴리쌤의 교과서 누적반복 본문 암기 7단계 학습법

1) 본문을 한글로 먼저 읽고 쓰게 한다.

   (한글로 먼저 글의 주제와 요지 목적 심경을 이해해야 독해 문제를 이해할 수 있다.)

2) 본문을 영어만 5번 읽어오게 하고 이번에는 영어와 한글을 적어오게 한다.

3) 본문을 영어와 한글로 5번 정도 읽어오게 한다.

   (교과서를 읽는 것은 내용의 전체 흐름을 이해하기에 좋은 방법이다.)

4) 교과서 핵심 문법이나 본문을 설명해준다.

   (설명이 힘들다면 설명이 있는 자습서를 보면서 적어오게 한다)

5) 영어만 있는 본문을 복사해주고 설명들은 것들을 적어오게 한다.

6) 직독직해로 끊어 읽고 순서대로 써보게 한다.

He sent letters/ to newspapers/ across the country.

He sent letters 그는 편지를 보냈다.

to newspapers 신문사에

across the country 전국의

7) 마지막으로 전체문장을 써보게 한다.

이 본문 7단계는 모든 아이들에게 적용하지 않는다. 필요한 아이와 필요하지 않은 아이도 있다. 문장을 이해하지 못하거나 문법지식이 없는 아이들에게는 필요하고 그렇지 않다면 몇 개만 골라서 해도 무방하다. 무조건 암기하라고 하는 것은 아이들에게 너무 많은 부담을 주기도 하고 시험이 끝나고 나면 잊어버리기 때문에 강제성보다는 자연스럽게 외울 수 있도록 단계를 밟아가는 것이 효과적이다. 위 단계로 하다보면 아이들은 모르는 사이에 본문이 암기되어 있을 것이다.

네 번째 중등 시험 유형은 문법/어법이다. 문법은 암기와 이해 그리고 응용이 핵심이라고 할 수 있다. 문법 문제는 보통 밑줄이나 빈칸 선택 그리고 틀린 문법 고쳐 쓰기 등으로 출제된다. 교재나 문법 교재 등에서 꼭 집고 넘어가야 할 것은 문제풀이 채점 후 반드시 오답 확인하기이다. 예를 들면 맞는 거 찾기 문제는 틀린 4개가 왜 틀렸는지 꼭 알게 하고 넘어가야 한다. 아이들에겐 귀찮은 일이지만 이게 실력이 되기 때문이다. 아이가 교재에 나와 있는 문법 문제를 잘 이해하지 못하거나 어려워할 아이들에게 개념의 이해나 쉬운 난이도의 문제를 풀게 하고 싶다면 자체 문법 문제를 만들어서 교과서 포인트 문제를 미리 푸는 연습을 하는 것도 좋다.

그리고 중등 내신 시험문제 유형 마지막은 서술형이다. 서술형은 주관식 시험을 말한다. 서술형 주관식 시험 대비를 위해서는 제일 먼저 본문의 어휘들과 내용파악과 완성이 제일 중요하다. 그리고 어법과 본문 필수문법영작 등 기본적으로 암기되어 있어야 조건에 맞추어 논리적으로 서술하라는 문제에 당황하지 않고 풀어낼 수 있다. 보통 서술형 문제들은 주어진 단어로 문장 완성하기 한글보고 영어로 작문하기 그림에 맞는 문장 완성하기 조건에 맞추어 바꿔 쓰기 등이 출제된다. 중등 내신시험에서 올킬 서술형준비는 교과서 포인트 문법문장들과 학교 선생님께서 주시는 프린트 문법을 통암기 하는 것이다. 교과서 포인트 문법들은 내신기출문제집에 나오는 서술형 문제를 완전히 자기 것으로 만들게 하면 된다.

교과서를 1회독하면 성적향상 5회독하면 반 1등 10회독 하면 전교 1등을 한다고 한다. 말이 그렇지 이게 어찌 쉽겠는가? 다만 영어교과서는 중학교 내신에서 아이가 공부하기에 최적화 된 교재이니 교과서를 기본으로 하라는 것을 강조하는 말이 않을까 한다. 그런데 또 누가 알겠는가? 우리 아이가 영어교과서 10회독해서 영어전교 1 등을 하게 될지!

듣기 평가 준비

중등 듣기평가는 대부분의 학교가 시행중이다. 꾸준히 하기 위해서는 시중에 나와 있는 중학교 학년별 듣기평가 교재를 구입해서 미리 듣기 연습을 하는 것도 도움이 될 것이다. 교재를 통해 듣기 학습을 하면 듣기뿐 아니라 읽기와 쓰기 부분도 함께 학습을 할 수 있는 장점이 있다. 단기간에 듣기 연습을 하려면 EBS 듣기평가 홈페이지를 이용도 추천한다. 홈페이지에 들어가시면 중·고등 기출 문제가 있어서 단계별로 한번에 학습이 가능하다.

한 가지 팁을 드리자면 중학교 듣기는 학생들을 위한 배려듣기를 하고 있어서 아주 천천히 느린 속독로 출제된다. 그래서 초등에 듣기 훈련을 하기에도 무리가 없다. 제 학년보다는 한두 학년 높여서 공부하는 것이 빠르게 듣기 능력을 향상시키는 데 도움이 될 것이다. 그리고 듣기평가 일정은 학교 알리미에 들어가시면 알 수 있다.

장승수 저자가 쓴 『공부가 가장 쉬웠어요』라는 책이 있다. 저자가 이렇게 말한 것은 단순히 공부가 쉬웠다고 하는 말은 아닐 것이다. 공부가 쉬웠다는 것은 공부가 재미있었다는 말일 것이고 공부가 재미있었다는 것은 어쩌면 공부하는 요령과 방법을 터득하고 알게 되었다는 것일 것이다. 그러면서 이렇게 알게 된 자신만의 방법으로 자신만의 학습전략을 세워 효과적인 공부를 한 덕분에 서울대 수석 합격이나 사법시험 합격이라는 좋은 결과를 만들어 내지 않았을까 한다. 아무리 이렇게 해라 저렇게 해라 해도 그것을 자기것으로 내재화 하지 않는다면 결국 무용지물이나 남의 이야기가 된다.

중학교에서의 시험성적이 고등학교로 이어진다고 장담할 수는 없다. 대부분의 아이들은 첫 모의고사를 보면 좌절할 것이다. 중학교100점 성적에서 반토막도 안 되는 점수를 받는 경우가 많을 테니까 말이다. 이건 중학교와 고등힉교 시험 유형의 갭에서 오는 잠시의 혼란일 수도 있고 중학교에서 시험만을 생각해서 한 인스턴트식 공부 때문에 영어 실력이 제대로 쌓이지 않아서일 수도 있다. 그러나 이런 인스턴트식 공부라 할지라고 학습전략이 몸에 배어 학습습관이 잡혀진 아이라면 바로 적응하면서 그 다음 스텝을 향하여 전진할 것이다. 이것이 자신만의 학습 방법과 학습 전략을 익혀야 하는 가장 중요한 이유이다.

yes
you
can

초등에 완성된 영어가
중고등에 흔들리지 않는다.

—

초등에 완성하는, 초등에 끝내는, 초등 영어 비법, '초영비'라는 제목을 붙이며 완성한다는 것은 무엇이고 끝냈다는 의미는 무엇인지 생각해보았다. '끝낸다'는 의미가 초등에 수능 1 등급 맞을 실력을 말하는 것이 아니었음을 이 책을 읽는 독자들은 눈치채셨을 것 같다. 나 역시 그런 무리수를 두며 이 책을 쓰지는 않았다. 오히려 역설적으로 초등에 끝낼 수 없다는 말에 가깝다.

아무리 영어를 잘해서 수능 모의고사를 잘 푼다고 해도 초등은 사고력, 인지능력 그리고 경험치에서 고등 3학년을 따라갈 수가 없다. 고1 모의고사를 어느 정도 푸는 초등 아이에게 수능 시험지를 주고 풀어보라고 하면 논리력과 지식수준이 떨어져서 문제 자체를 이해 못하는 경우가 많은 이유이다. 그래서 초등에 닦아 놓은 기반을 바탕을 토대로 짧게는 중학교 길게는 고등까지 나아갈 힘을 만들어야 한다. 사전적 의미의 '끝내다'와 '완성'을 넘어 초등에 제대로 실력을 쌓아 중고등에 가서도 흔들리지 않는 것. 이러한 힘을 키워주는 영어 학습의 방향과 방법을 제시하는 것이 가장 현실적이고 직접적인 도움이 되겠다고 결론지었다.

초등은 영어 공부의 기반을 끝내는 시기이다. 오랜 시간 아이들을 가르치며 나의 경험치를 적용해보니 중학교 이후에 영어 실력이 급격히 늘어나는 경우는 그렇게 많지 않았다. 그래서 아이에게 제대로 된 영어 실력을 만들어 주고 싶다면 꼭 초등 시기를 잡아야 한다. 그런 의미에서 초등에 완성되는 성공적인 중고등 영어는 실력만이 아닌 중고등에 가서도 흔들리지 않을 아이들의 학습태도와 습관을 길러주는 것이 핵심 전략이자 포인트가 되어야 한다.

그렇다면 성공적인 엄마표 영어의 기준은 무엇일까? 사실 엄마표 영어에서 기대와 성공은 각 개인별 목표와 방향이 달라서 어디까지가 가야 성공이라고 규정할 수는 없다. 어떤 어머님은 알파벳 떼기를, 어떤 어머님은 독립 리딩 전까지를, 그리고 어떤 어머님은 정말 고등 모의고사를 풀 실력까지 만들어야 성공이라고 생각할 수 있다. 그러나 어디까지가 중요한 게 아니다. 얼마만큼 아이와 제대로 소통하고 교감하면서 그 길을 걸어왔느냐가 훨씬 더 중요하고 제대로 된 성공이라고 감히 말씀드리고 싶다.

특히 엄마표 영어라는 이 긴 여정을 가다보면 엄마표와 공교육 그리고 사교육 사이에서 분명 흔들릴 것이다. 엄마표에서 해줄 수 있는 최선을 것들로 아이를 도와주고, 공교육 영어를 믿고 맡겨도 되며, 사교육 도움이 필요하다면 또 도움을 받아도 나쁘지 않다고 생각한다. 오랜 시간 아이들을 가르치고 있는 원장으로 솔직히 말해보자면 사교육은 득과 실이 분명히 존재한다. 잘만 활용한다면 아이의 미래를 위해서 꼭 필요한 선택이 되지만 아이에게 지을 수 없는 짐을 지게 하는 것일수도 있다.

그러니 각자의 선택일 것이다. 무책임한 말처럼 들리는 이 말에는 절대 무책임한 선택을 하면 안 된다는 큰 의미가 있다는 것을 아셔야 한다. 잘못된 선택으로 인한 결과는 우리 아이가 고스란히 짊어지므로 선택의 중심에는 아이가 있어야 한다. 아무리 잘 가르치고 유명한 사교육기관이라 해도 우리 아이에게는 맞지 않을 수 있다. 슬픈 얘기지만 정말 우리 아이 학원비가 교육비가 아니라 전기세 월세 물세를 지급하는 유틸리티 비용으로 사용될 수도 있다는 말이다. 그러므로 아이의 성향과 니즈를 잘 보고 엄마표를 지속하면서 공교육을 믿고 갈지 아니면 사교육 기관을 선택할지 선택과 결정해야 한다. 그 시기나 한계를 알고 선택하는 것은 부모의 몫이다. 적절한 타이밍이 언제인지 그 누구보다도 제일 잘 알 수 있기 때문이다.

　사교육 시장에서 평생 수익을 벌었다. 그러니 더 많은 정보를 나누고 알리는 것이 어쩌면 책임이자 의무는 아닐까 하는 생각이 책을 쓴 배경이 되었다. 20대부터 40대는 치열하게 앞으로 나아가는 것에만 애썼다면 지금의 50대는 돌려주는 나눔의 삶을 살아야겠다고 생각했다. 그런 의미에서 이 책이 엄마표로 최전방에서 아이들과 고군분투하는 엄마표 선생님들과 영어 선생님들께 가닿길 바란다. 초등 영어의 완성을 향해 달려갈 때 하나의 푯대 같은 지침서이자 활용서가 된다면 더 이상 바랄 것이 없을 것 같다.

　　　행운이 따르는 사람은 자신이 행운을 받아들일뿐 아니라
　　　　누군가에게 행운을 운반하는 사람이기도 합니다.
　　　행동하는 사람에게만 행운도, 성공도, 배움도, 이해도 찾아옵니다.
　　　　　　　　　　　　[3초 직관력]

　마지막으로 이 책을 내기까지, 내 영어교사보서의 삶에 도움을 준 침 고마운 분들이 많다. 먼저 나에게 엄마표 영어를 시작하게 해주었고 이제는 잘 자라서 각 자의 자리에서 최선을 다하고 있는 나의 아이들~ 영환, 영은. 이 아이들이 없었다면 나는 더 좋은 교사가 될 수 없었을지도 모른다. 그리고 평생 한눈팔지 않고 이 길을 걸을 수 있게 서포트해준 고마운 남편, 그리고 가족들…. 무엇보다도 평생 나의 제자들과 학부모님들에게 큰 감사를 드린다. 출판에 도움을 주신 우리 예쁜 편집자님과 출판사에도 감사의 마음을 전한다.

내게 주신 작은 힘 나눠주는 삶으로 살게 하신 나의 능력되신 나의 주님께 모든 영광을 돌리며 이 책을 마무리 한다.

이 책을 통해 아이들에게 앞서가는 건강한 영어교육을 시키시기를 바라며! 아이 교육을 위해 애쓰고 계신 모든 열정맘 분들과 현장에서 애쓰시는 모든 영어 선생님들! 마음 깊이 응원을 보냅니다!

"당신은 이미 굿티쳐입니다!"

참고문헌

강은미,《영어 책 천 권의 힘》, 유노라이프, 2020년.

김성효,《초등공부, 스스로 끝까지 하는 힘》, 해냄, 2021년.

김정은,《엄마가 시작하고 아이가 끝내는 엄마표 영어》, 한빛라이프, 2019년.

남효경,《엄마표 영어교육 플랜》, 책찌, 2019년.

박소윤,《처음 영어 독서법》, 팬덤북스, 2020년.

송숙희,《초등학생을 위한 150년 글쓰기 비법》, 2020년.

신혜영,《아이주도 초등 영어의 힘》, 유노라이프, 2020년.

아이걸음,《우리 아이 영어 책 지도》, 헤다, 2021년.

오혜승,《영어 하브루타 공부법》, 다온북스, 2021년.

이규도,《엄마표 영어 놀이가 답이다》, 다산지식하우스, 2017년.

이지연,《엄마표 영어 읽기 공부법》, 로그인, 2017년.

이지은,《너, 영어 교과서 씹어먹어 봤니?》, 포레스트북스, 2022년.

이혜선,《우리 아이 첫 영어 저는 코칭합니다》, 로그인, 2020년.

장소미,《초등완성 글쓰기 로드맵》, 빅피시, 2022년.

전도근,《엄마표 자기주도학습법》, 북포스, 2010년.

최원영,《영어 독서가 기적을 만든다》, 위즈덤트리, 2014년.

GIFT PAGE

쓰기와 말하기를 동시에!
만능 동사북

왜 동사북인가?

영어학습에 있어서 기초공사 중 하나가 문법이라면 이 문법의 핵심 뼈대는 동사라고 생각한다. 이 동사가 문장의 구조를 결정하기 때문에 쓰기는 물론 말하기의 유창성을 기를 때도 동사 학습은 아주 중요하다. 패턴화된 동사 연습장을 통해 동사를 익히다 보면 쓰기 인풋을 통해 바로 바로 말하기 아웃풋할 수 있게 된다. 동사북이 아이들의 영어학습 실력 향상에 기본이 되는 마중물 같은 역할이 되길 기대해 본다.

동사북 활용법

1단계) 동사북에 있는 기본 7가지 문형을 쓰기와 말로 익힌다. 교사가 먼저 한국어로 말해 주고 아이가 영어로 대답한다.

> **ex:** 교사: 나는 잔다.　　/ 학생: I sleep
> 　　　교사: 나는 안 잔다.　/ 학생: I don't sleep
> 　　　교사: 너는 자니?　　/ 학생: Do you sleep?

2단계) 기본 문형을 익힌 후 목적어와 부사를 넣으면서 쓰고 말한다.

ex: I write a letter to Julie.

(나는 + 쓴다 + 편지를 + 누구에게)

I watch tv in the living room with my family.

(나는 + 본다 + 티브를 + 거실에서 + 친구와 함께)

3단계) 의문사와 함께 질문하고 말하기를 연습한다.

ex: What do you write?

What did you write?

What can you write?

What will you write?

Daily Plan (Day 1- Day 50)

Date	Verb	Check	Date	Verb	Check
Day 1			Day 26		
Day 2			Day 27		
Day 3			Day 28		
Day 4			Day 29		
Day 5			Day 30		
Day 6			Day 31		
Day 7			Day 32		
Day 8			Day 33		
Day 9			Day 34		
Day 10			Day 35		
Day 11			Day 36		
Day 12			Day 37		
Day 13			Day 38		
Day 14			Day 39		
Day 15			Day 40		
Day 16			Day 41		
Day 17			Day 42		
Day 18			Day 43		
Day 19			Day 44		
Day 20			Day 45		
Day 21			Day 46		
Day 22			Day 47		
Day 23			Day 48		
Day 24			Day 49		
Day 25			Day 50		

문장의 종류	평서문	부정문
sleep		
I sleep.	I sleep.	I don't sleep.
I don't sleep.	You sleep.	You don't sleep.
Do you sleep?	He sleeps.	He doesn't sleep.
Does Julie sleep?	We sleep.	We don't sleep.
Did you sleep?	She sleeps.	She doesn't sleep.
Can you sleep?	It sleeps.	It doesn't sleep.
Will you sleep?	They sleep.	They don't sleep.
jump		
read		

	문장의 종류	평서문	부정문
ask			
tell			
let			

GIFT PAGE

	문장의 종류	평서문	부정문
help			
finish			
need			

	문장의 종류	평서문	부정문
sing			
enjoy			
solve			

	문장의 종류	평서문	부정문
cook			
live			
use			

	문장의 종류	평서문	부정문
dig			
kick			
Write			

	문장의 종류	평서문	부정문
listen 			
pray 			
practice 			

345

	문장의 종류	평서문	부정문
call			
ski			
wash			

	문장의 종류	평서문	부정문
catch			
cry			
fly			

	문장의 종류	평서문	부정문
laugh			
teach			
hug			

GIFT PAGE

	문장의 종류	평서문	부정문
walk			
bake			
sew			

	문장의 종류	평서문	부정문
dance 			
blow 			
draw 			

	문장의 종류	평서문	부정문
drive			
win			
drink			

	문장의 종류	평서문	부정문
fight			
paint			
exercise			

	문장의 종류	평서문	부정문
marry			
touch			
surf			

	문장의 종류	평서문	부정문
wag			
break			
boil			

	문장의 종류	평서문	부정문
hatch			
breathe			
yawn			

[불규칙 동사표 시험 Set A 1-29]

Date : _____

	단 어 뜻	현 재	과 거	과 거 분 사
1	깨다	break	broke	broken
2	오다	come	came	come
3	자르다	cut	cut	cut
4	하다	do	did	done
5	그리다, 끌다	draw	drew	drawn
6	먹다	eat	ate	eaten
7	느끼다	feel	felt	felt
8	발견하다	find	found	found
9	얻다	get	got	got / gotten
10	주다	give	gave	given
11	가다	go	went	gone
12	가지다	have	had	had
13	듣다	hear	heard	heard
14	유지하다	keep	kept	kept

	단 어 뜻	현 재	과 거	과 거 분 사
15	떠나다	leave	left	left
16	잃다, 지다	lose	lost	lost
17	만들다	make	made	made
18	읽다	read	read	read
19	올라타다	ride	rode	ridden
20	소리가 울리다	ring	rang	rung
21	달리다	run	ran	run
22	말하다	say	said	said
23	보다	see	saw	seen
24	노래하다	sing	sang	sung
25	앉다	sit	sat	sat
26	자다	sleep	slept	slept
27	가져가다	take	took	taken
28	말하다	tell	told	told
29	이기다	win	won	won

[불규칙 동사표 시험 Set B 1-29]

Date : _____

	단 어 뜻	현 재	과 거	과 거 분 사
1	되다	become	became	become
2	시작하다	begin	began	begun
3	가져오다	bring	brought	brought
4	세우다	build	built	built
5	사다	buy	bought	bought
6	잡다	catch	caught	caught
7	선택하다	choose	chose	chosen
8	비용이 들다	cost	cost	cost

	단 어 뜻	현 재	과 거	과 거 분 사
9	마시다	drink	drank	drunk
10	운전하다	drive	drove	driven
11	떨어지다	fall	fell	fallen
12	싸우다	fight	fought	fought
13	날다	fly	flew	flown
14	잊다	forget	forgot	forgotten
15	자라다	grow	grew	grown
16	알다	know	knew	known
17	지불하다	pay	paid	paid
18	놓다, 두다	put	put	put
19	팔다	sell	sold	sold
20	보내다	send	sent	sent
21	말하다	speak	spoke	spoken
22	소비하다	spend	spent	spent
23	서다	stand	stood	stood
24	수영하다	swim	swam	swum
25	가르치다	teach	taught	taught
26	생각하다	think	thought	thought
27	던지다	throw	threw	thrown
28	입다	wear	wore	worn
29	쓰다	write	wrote	written

[불규칙 동사표 시험 Set C 1-29]

Date : _____

	단 어 뜻	현 재	과 거	과 거 분 사
1	낳다, 견디다	bear	bore	born
2	물다	bite	bit	bitten

	단 어 뜻	현 재	과 거	과 거 분 사
3	불다	blow	blew	blown
4	먹이다	feed	fed	fed
5	용서하다	forgive	forgave	forgiven
6	걸다	hang	hung	hung
7	숨기다	hide	hid	hidden
8	치다	hit	hit	hit
9	잡다	hold	held	held
10	다치게 하다	hurt	hurt	hurt
11	놓다	lay	laid	laid
12	이끌다	lead	led	led
13	빌려주다	lend	lent	lent
14	시키다	let	let	let
15	눕다	lie	lay	lay
16	의미하다	mean	meant	meant
17	만나다	meet	met	met
18	올라가다	rise	rose	risen
19	찾다	seek	sought	sought
20	놓다	set	set	set
21	흔들다	shake	shook	shaken
22	보여주다	show	showed	shown
23	닫다	shut	shut	shut
24	가라앉다	sink	sank	sunk
25	펴다	spread	spread	spread
26	훔치다	steal	stole	stolen
27	치다	strike	struck	struck
28	이해하다	understand	understood	understood
29	잠에서 깨다	wake	woke	woken

줄리쌤의 스토리
그래머(story grammar)

영문법이 참 어렵다고 느끼는 이유 중의 하나는 문법 용어 때문이다. 우리나라 교과서의 60%이상이 한자어로 되어 있는 것을 감안하더라도 아이들에게 일본식 문법 용어는 어쩌면 외계어로 들리는 것이 당연하다. 그래서 아이들에게 문법을 지도할 때 최대한 쉬운 용어로 아이가 편안하게 느낄 수 있도록 풀어주려고 노력하고 있다. 문법은 시기보다는 어떻게 어떤 방식으로 접근하느냐가 중요하므로 그 예시를 부록으로 풀어본다.

1. 명사 개념 정리

넌 이름이 뭐야? (네, 전 줄리에요.)

참 예쁜 이름이구나! 세상의 모든 사람이나 물건들엔 이름이 있단다. 여기에 강아지 인형이 한 개 있지? 네가 이름을 지어줄래? (봄이요)

와! 정말 예쁜 이름이구나! 그래 이게 이름이지? 강아지라는 동물에 너는 봄이라는 이름을 붙혀 준 거지. 이게 명사라는 거야, 이름 단어! 어렵지 않지?

이 아이는 아주 중요해 앞으로 말을 할 때 중심이 되어줄 거거든! 단어를 모르면 네가 하고 싶은 말을 할 수도 없고 들리지도 않게 된단다.

지금부터 우리 이름 단어를 10개만 말해보자! 엄마, 아빠, 선생님, 가족, 한국, 한강, 사랑, 우정, 물, 공기 그래 이런 것이 있지? 보니까 눈에 보이는 것도 있고 많은 사람이 모여 있는 것도 있고 세상에 하나만 있는 것도 있고 눈에 보이 않는 것도 있고 뭔가 물질로 만들어져 있는 것도 있다. 그치? 이렇게 세상 모든 것들의 이름 그게 이름 단어 명사야.

2. 관사 개념 정리

이름 단어를 배웠지? 그런데 어떤 것이 이름 단어인지 헷갈리기도 할 거야 그런데 이때 우리를 도와주는 아주 아주 착한 아이가 있어. "나 이름 단어에요."라고 알려주면서 이름 단어 앞에 오는 아이란다.

우리말은 그냥 사과요, 고양이요, 책이요, 하면 되는데 참 어렵다. 그치? 왜 그러냐면 영어와는 다르게 우리말을 사용 할 때는 이런 아이가 없어서 그래. 그래도 어떤 것이 명사를 알 수 있게 해주니 참 고마운 친구야. a, an, the이런 친구가 보이면 그 다음에 오는 단어는 '명사구나.'라고 생각하자!

3. 동사 개념 정리

이름 단어들을 배웠지? 그런데 이름 단어 하나만 있으면 우리가 말을 만들 수 있을까? "엄마, 책, 사과, 강아지." 이렇게 말하면 "그런데요? 무슨 말이에요? 엄마가 뭐요? 강아지가 뭐요? 어떤데요?" 이렇게 되묻게 되잖아.

그러니 이런 이름 단어들의 상태가 어떤지 무엇을 하는지 옆에다 붙여주는 아이가 있어야 되겠지? 예를 들면 엄마가 행복하다. 강아지가 먹는다. 나는 좋아한다. 이렇게! 그러면 우리는 이제 "아~ 이름 단어 하나만 있으면 말이 안 되니까 옆에 'ㅇㅇㅇ가 ~하다'라고 얘기해줘야 말이 되네." 하고 알게 되었어, 그치? 이런 아이들을 우리는 동사라고 불러.

동사는 문장을 말하거나 쓸 때 핵심이고 뼈대라서 가장 중요해! 그리고 한 문장 안에서 이렇게 "~다"로 끝나는 단어는 꼭 한번만 말해 줘야 해. 이 것도 아주 중요해! "나는 먹다 자다." 좀 이상하잖아~ 쌤은 앞으로 이걸 '1 문장 1동사 규칙'이라고 할 거야. 기억하자!

4. be 동사 / 일반 동사 개념 정리

쌤이 한 문장에 '~다'는 하나만 와야 된다고 말해줬지? 그런데 이렇게 다로 끝나는 단어는 2종류가 있어. 이름 단어의 '상태'를 말해줄 때 쓰는 단어와 이름 단어의 '움직임'을 나타낼 때 쓰는 단어이야.

1문장 1동사라고 한 거 기억나지? 그래서 이 두 종류를 같이 쓰면 절대

안 돼~. 영어에는 묻지도 따지지도 않고 외워야 하는 포인트가 있어. 이런 포인트는 법칙이라서 꼭 그렇게 해야만 해. 왜 법은 지키라고 있는 거니까. 그냥 지키면 되겠다, 그지?

우선 이름 단어의 상태를 말해 줄 때 사용하는 것은 am, is, are이란 아이가 있어. 뜻은 당연히 '~다'로 끝나야겠지? 그래서 '~이다/있다/하다/되다'로 해석하면 되는 거야! 이름 단어의 상태를 말해 주는 이 단어들을 be동사라고 해.

'~이다'로는 "○○○는 ~이다."라는 모양을 만들 수 있어. 그래서 "나는 학생이다."는 "I am a student."라고 해줘.

'~있다'로는 "○○○는 ~있다."라는 모양을 만들 수 있어. 그래서 "나는 교실에 있다."는 "I am in the classroom."라고 해줘.

'~하다'로는 "○○○는 ~어떠하다."라는 모양을 만들 수 있어. 그래서 "나는 행복하다."는 "I am happy."라고 해줘.

'~되다'는 보통 am, is, are을 그대로 사용하지 않고 'be'로 모양을 바꿔서 문장을 만들어. "Be happy! Be a good boy! I will be a good girl."처럼! 왜냐하면 이렇게 '~해라'라는 명령문이나 동사를 도와주는 조동사가 오면 am, is, are의 원래 모습인 be가 와야 하는 원칙 때문이지. 이걸 원형이라고 말하기도 하는데 이렇게 알면 쉬울 거야. am, is, are의 엄마가 be라고 해~ 그래서 be엄마가 아이를 세 명 낳았는데 그게 am, is, are인 거야. 얼굴은 다르게 생겨서 '이다, 있다, 하다'로 해석 되지만 엄마는 be인 거지~ 이제 조금 쉬워졌지? 원형은 엄마다!

be동사 말고, 이름 단어의 동작을 말해 주고 싶을 때는 쓰는 동사들을 일반 동사라고 해. 머리부터 발끝까지 그리고 마음도 움직이면 동사가 되는 거야. 예를 들면 '생각하다'는 우리의 뇌가 움직이는 거고 '사랑하다'는 우리의 마음이 움직이는 거지. 누구를 좋아하면 왜, 마음이 울렁울렁 하잖아. 그래서 모두 동사야. 말이나 문장은 이렇게 꼭 '~다'로 끝나도록 동사를 사용해주자!

5. 조동사 개념 정리

문장에서는 이름 단어와 동사가 만난다고 했지? '나는 공부하다. I study.' 이렇게. 그런데 우리가 말을 할 때 "나는 공부하다."라고만 말하지는 않아. "나는 공부할 수 있다. 나는 공부해야 한다. 나는 공부할 것이다. 나는 공부해야 할지도 모른다."라고 말하지.

그럼 어떻게 하면 좋을까? study의 모양을 바꿔줄까? 아니, 아니, 안 되는 거야! 그럴 때 잘 도와주는 친구가 있어. 조수 역할을 해주는 조동사라는 친구야. 이 친구는 동사가 여러 가지의 말을 할 수 있게 해주는 고마운 친구지.

I can study. : 난 공부할 수 있어.

I will study. : 난 공부 할 거야!

I must study. : 난 공부해야 해!

어때? 이제 내가 하고 싶은 말을 이 친구들 덕분에 잘 할 수 있겠지?

GIFT PAGE

6. to 부정사 개념 정리

'~하다'가 동사라고 했지? 그 동사 앞에 'to'가 들어가면 'to 부정사'라고 해. 부정한 나쁜 행동을 한 것이 아니라 어떤 것이 정해져 있지 않다는 말이야.

첫 번째로 뭐가 정해져 있지 않냐면 단어의 종류가 정해져 있지 않아. 자기네 집에서 안 살고 여기 저기 돌아다니면서 명사네 집에도 가고 형용사네 집에도 가고 부사네 집에도 사서 살기도 해. 그래서 별명이 '변신의 귀재'야. 명사로 변신, 형용사로 변신, 부사로 변신. 완전 변신 로봇인거지.

명사로 변신해서 주어, 목적어, 보어 자리로 들어가 볼까?

To study is fun. (주어)

I like to study. (목적어)

My hobby is to study. (보어)

형용사로 변신해서 명사를 도와주자!

I have a book to read

부사로 변신해서 동사, 형용사, 부사, 문장 전체를 도와주자!

I go to school to study.

그리고 정해져 있지 않기 때문에 어떤 일이 아직 시작되지 않았어! 그래서 '앞으로 무언가를 할 거야'라는 뜻을 말하고 싶을 때 사용할 수 있어.

I want to study. I plan to study.

I decide to study. I ask to study.

그런데 궁금하지? 그냥 동사 쓰면 되지 왜 이렇게 복잡하게 하는지. 왜냐면 문장의 기본 규칙 때문이야. 1문장 1동사라고 했잖아. 모든 문장엔 동사가 하나만 있어야 하는데 동사의 의미를 여러 개 넣어 주고 싶을 때가 있어서 생겨난 거지. 예를 들면 'I want study.'는 당연히 동사가 2개니까 안 돼. 그래서 뒤에 오는 동사 앞에 to를 붙여서 'I want to study.'라고 만들어줘야 한단다.

7. 동명사 개념 정리

이 친구는 동사 뒤에 'ing'를 붙여서 만들어주는 거야! 이름처럼 동사가 명사가 되지. 변신을 한 번만 해~. 그래서 어렵지 않아. 착하지? 우리를 힘들게 하지 않으니까.

동사에 ing를 붙여서 명사로 변신하고 주어, 목적어, 보어 자리로 들어가 볼까?

Studying is fun. ^(주어)

I like studying. ^(목적어)

My hobby is studying. ^(보어)

동명사도 한 문장 안에서 동사를 2개 쓰면 안 되고 전치사 뒤에는 명사가
와야 해서 생겨난 거란다.

8. 의문사 개념 정리

궁금한 거 물어보고 싶을 때 쓰는 단어가 있어. 이 단어를 의문사라고 해!
"나는 가."라고 하면 "어디가? 언제가? 누구와 가? 왜 가? 어떻게 가?"라고
물어보잖아. 그때 의문사가 정말 필요해.

의문사는 그 뜻을 잘 듣기도 해야 하고 말하기도 잘 연습해야 해. 왜냐하
면 잘 들을 수 있어야 대답을 할 수 있거든.

그럼 어떻게 물어보는 말을 만드는지 알려줄게. 먼저 의문사에 무엇이 있
는지 알아야 해. 대표적인 의문사는, 6하 원칙이라는 게 있잖아, 그거와 같
아. 누가 'who', 언제 'when', 어디서 'where', 무엇을 'what', 왜 'why', 어떻
게 'how'. 그래서 '5wh 1h'라고 외우면 편해.

의문사 만드는 법을 알아볼까? 의문사를 앞에 두고 단어를 의문문 순서
에 맞춰 다시 줄 세워 주면 돼.

1) 의문사 + be동사 + 주어?

What is your name?

2) 의문사 + 조동사 + 주어 + 동사 ?

What can you do?

3) 의문사 + (do/does/did) + 주어 +동사 ?

What do you like?

What does she like?

What did she like?

4) 의문사 + 명사 + be동사 +주어?

What grade are you in?

5) 의문사 + 명사 + (do/does/did) + 주어 +동사?

What color do you like?

9. 수동태 능동태 개념 정리

말이 참 어렵다, 그치? 그런데 의미를 알면 그렇게 어렵지 않아. 선생님이 너에게 지금 공부를 가르치고 있지? 그럼 너는? 너는 선생님한테 공부를 배우고 있는 거네~. 이걸 문장으로 만들어 볼까?

Julie teaches me.

I teach Julie.

둘 다 맞는 문장일까? 뭔가 이상하지? 앞 문장은 괜찮은데 뒷 문장은 '내가 쥴리쌤을 가르치다'가 되니 의미 전달이 안 돼. 이럴 때 필요한 것이 '수동태'라는 아이야. 내가 무언가를 하는 것이 아니고 어떤 일을 당하는 거 같은 느낌을 쓸 때 쓰는 것이지.

그럼 어떻게 그 느낌을 만드는지 알려줄게. 그 비밀은 be동사라는 친구가 가지고 있어. 선생님이 be동사 뜻을 알려줄 때 '이다, 있다, 하다, 되다'라고 알려준 거 기억나지? 수동태를 만들 때 이 '되다'의 의미로 be동사를 데려다 쓰면 되다. '지다, 받다'처럼 내가 동사를 하는 것이 아니라 '동사가 되어지다'라는 문장을 만들 수 있게 되는 거지! 그럼 다시 만들어볼까?

I am taught by Julie.

이렇게 만들면 나는 쥴리쌤에게 가르침을 받고 있다. 가 되는 거야. 조금 의미를 알겠니?

또 해볼까? '엄마는 나를 사랑하다'와 '나는 엄마에게 사랑을 받는다' 이 둘 중에서 어떤 문장이 주어가 행동을 직접 한 거고 어떤 문장이 행동을 받은 건지 눈에 보이니? 엄마가 나를 사랑한 거니까, "My mom loves me."는 능동태. "I am loved by my mom."은 '나는 엄마에게 사랑을 받는다'가 된 거니까 수동태야.

하나만 더 해 볼까? "I write a letter."는 '내가 편지를 쓰다.'니까 내가 편지를 쓴거고, "A letter is written by me."는 '편지는 나에 의해서 쓰여졌다.'니까 편지가 나에게 쓰여진 거야. 정리하자면, 주어가 하다라는 동사의 행동을 직접 하면 능동태이고 주어가 동사의 행동을 받게 되면 수동태야.

마지막으로 중요한 포인트가 있어. '주어가 ~하다'라는 일반 문장에 '되다, 지다, 받다'라는 수동의 의미를 더해 주는 수동의 문장을 만들기 위해서는 앞에는 꼭 be동사가 와야 해. 그리고 be동사 뒤에 또 동사가 오면 안 되니까 동사도 바꿔줘야 해. 그래서 동사와 형용사가 합쳐져서 "된, 진, 받은"으로 해석되는 과거 분사(P. P)가 와야 하는 거지. 그래서 수동태 Be + p. p라는 모양이 테어난거야.

10. 문장의 종류 개념 정리

문장엔 여러 종류가 있어! "나는 공부하다." "나는 공부하지 않다." "너는 공부하니?" "공부하자!" "공부하는구나?" 다 다르지? 이런 문장에도 이름이 있어! 한번 배워볼까?

그래 그래, 긍정문. I study.

아니 아니, 부정문. I don't study.

하니 했니, 의문문. Do you study?

해라 해라, 명령문. Study hard!

하자 하자, 제안문. Let's study!

하는구나! 감탄문. What a smart boy(yor are)! How smart(you are)!

이제 어떤 문장이든 종류를 알 수 있겠지?

11. 문장의 형식

문장은 주어와 동사로 이루어진다고 했지? 이렇게 주어와 동사로 이루어진 문장의 모양이 5개로 만들어져 있어. 그걸 문장의 형식이라고 해~.

문장의 형식은 가족이라고 생각하면 훨씬 쉽게 이해가 될 거야. 가족을 이루는 기본구성은 아빠와 엄마겠지? 그래서 주어는 우리 집의 기둥 아빠. 그리고 동사는 엄마야! 그러다 보면 아들도 낳고 딸도 낳고 쌍둥이가 있는 집도 있잖아. 문장도 똑같아~ 어떤 가족이 있는지 함께 보자!

이게 1형식이라는 거야 '주어 + 동사'. 그냥 아빠와 엄마만 사는 집도 있어.

2형식은 '주어 + 동사 + (주격)보어'가 오는데 보어는 예쁜 딸이라고 생각하면 돼. 요즘엔 딸을 너무 사랑해서 딸바보로 불리는 아빠들이 많잖아~ 보어는 아빠인 주어에게 힘을 보충해 주는 딸인 거지.

3형식은 '주어 + 동사 +목적어' 이때 목적어는 아들이야. 예전에는 꼭 아들을 낳는 것이 목적인 가족도 있었어.

4형식은 '주어 + 동사 + 간접 목적어 + 직접 목적어'야. 이 가족은 얼굴이 다르게 생긴 이란성 아들 쌍둥이를 낳은 거야. 이런 문장은 '주어+주다동사+에게목적어+을/를 목적어'라고 외워주자.

5형식은 아주 단란한 가족이지. 왜냐하면 아들과 딸이 다 있거든. '주어 + 동사 + 목적어 + (목적격)보어'. 2형식의 보어는 아빠인 주어를 도와주었지만 5형식의 보어는 오빠인 목적어를 도와준다는 건 기억해 두자! 그래서 이 문장은 '주어가 동사하다 ~목적어가 목적격보어 하다'라고 해석해.

그런데 문장이 간단하게 이렇게만 있으면 좋은데 자꾸 길어져~ 왜 그럴까? 이렇게 생각해보자. 너희 집에 가족들만 항상 있지는 않지? 가끔 엄마아빠 친구 분이나 네 친구도 놀러 오잖아 그렇다고 해서 그 사람이 너희 가족이 될 수 있어? 아니지? 그들은 그냥 엄빠의 지인분이고 친구지. 문장에서 이런 친구가 수식어인 거야. 수식어는 있을 수도 있고 없을 수도 있어. 친구가 놀러 올수도 있고 안 올수도 있는 것처럼.

I go.

I go to school.

I go to school with my friends.

I give flowers.

I give flowers to my mom.

I give flowers to my mom for her birthday.

문장이라는 집에 놀러온 사람들도 자리에 쏙쏙 잘 맞춰서 넣어주자. 문장 안에 모든 단어들은 문장에 들어올 때 자기 자리에 가야 하니까~.

▶ [쥴리영어TV] 참고 영상

[완전쉬운 초등영문법]
완초문

쥴리쌤 이야기를 더 듣고 싶다면?

유튜브
www.youtube.com/@julieTV_2022

인스타그램
www.instagram.com/julie.english.school/

블로그
https://blog.naver.com/4you4me34

네이버 제이앤제이에듀카페
cafe.naver.com/lkh0509

MEMO

MEMO

아이 영어,
초영비가 답이다

초판인쇄 2023년 6월 2일
초판 2쇄 2023년 7월 21일

지은이 이경희
발행인 채종준

출판총괄 박능원
책임편집 유 나
디자인 서혜선
마케팅 문선영 · 전예리
전자책 정담자리
국제업무 채보라

브랜드 이담북스
주소 경기도 파주시 회동길 230(문발동)
문의 ksibook13@kstudy.com

발행처 한국학술정보(주)
출판신고 2003년 9월 25일 제406-2003-000012호
인쇄 북토리

ISBN 979-11-6983-389-9 13370

이담북스는 한국학술정보(주)의 학술/학습도서 출판 브랜드입니다. 이 시대 꼭 필요한 것만 담아
독자와 함께 공유한다는 의미를 나타냈습니다. 다양한 분야 전문가의 지식과 경험을 고스란히
전해 배움의 즐거움을 선물하는 책을 만들고자 합니다.